新闻采写
有诀窍

——从获奖作品探讨新闻采访与写作技巧

邓兴军　　著

中国言实出版社

图书在版编目（CIP）数据

新闻采写有诀窍：从获奖作品探讨新闻采访与写作
技巧 / 邓兴军著 . -- 北京：中国言实出版社，2023.5
ISBN 978-7-5171-4443-4

Ⅰ.①新… Ⅱ.①邓… Ⅲ.①新闻采访②新闻写作
Ⅳ.① G212

中国国家版本馆 CIP 数据核字（2023）第 058807 号

新闻采写有诀窍——从获奖作品探讨新闻采访与写作技巧

责任编辑：史会美
责任校对：王建玲

出版发行：中国言实出版社
   地 址：北京市朝阳区北苑路180号加利大厦5号楼105室
   邮 编：100101
   编辑部：北京市海淀区花园路6号院B座6层
   邮 编：100088
   电 话：010-64924853（总编室） 010-64924716（发行部）
   网 址：www.zgyscbs.cn 电子邮箱：zgyscbs@263.net

经 销：新华书店
印 刷：北京中科印刷有限公司
版 次：2023年7月第1版 2023年7月第1次印刷
规 格：710毫米×1000毫米 1/16 23.5印张
字 数：330千字

定 价：78.00元
书 号：ISBN 978-7-5171-4443-4

部分获奖情况

中 国 新 闻 奖

邓兴军等 同志：
　　你们的作品 上课能否晚一点儿
在第十一届中国新闻奖（2000 年度）评选中
获 消息 二等 奖。特颁发证书。

中华全国新闻工作者协会
二〇〇一 年八月

▲ 邓兴军获第十一届中国新闻奖二等奖

中 国 新 闻 奖

邓兴军 同志

你的作品　我们也想参加今年的高考
在第十七届中国新闻奖（2006 年度）评选
中获消息 三等奖。特颁发证书。

中华全国新闻工作者协会
二〇〇七年八月

▲ 邓兴军获第十七届中国新闻奖三等奖

邓兴军 同志：

您与张颖等在《北京青年报》2000 年12月23日
采写的消息《上课能否晚一点儿》被评为北京
新闻奖（2000 年） 一 等 奖，特颁发
此证书。

北京新闻奖评选委员会
2001 年 6 月 1 日

▲ 邓兴军获北京新闻奖（2000 年度）一等奖

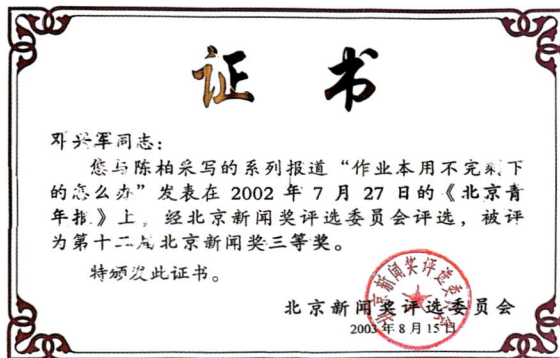

▲ 邓兴军获第十二届北京新闻奖三等奖

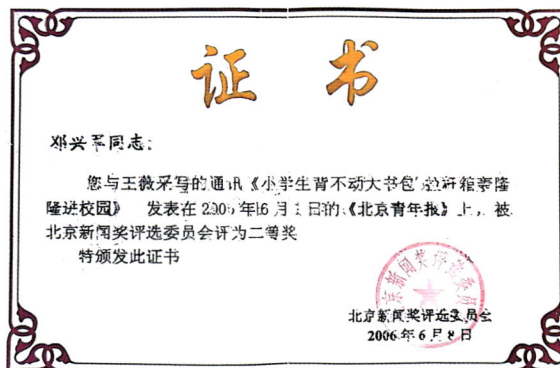

▲ 邓兴军获北京新闻奖（2005 年度）二等奖

▲ 邓兴军获第二十二届北京新闻奖三等奖

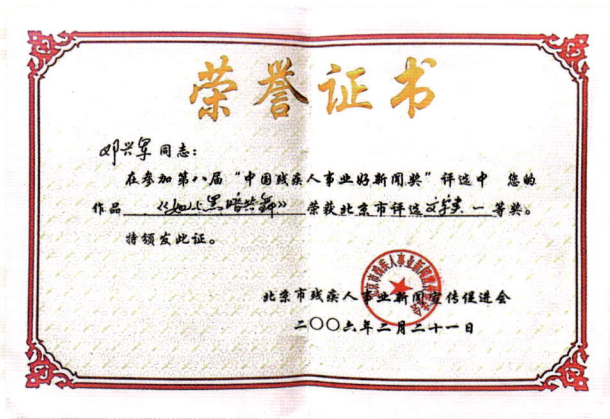

▲ 邓兴军获第八届"中国残疾人事业好新闻奖"一等奖

AWARD OF YOUTH PRESS ASSOCIATION

Certificate

第11届全国青年报刊
"好新闻好作品好活动好论文"评选活动
获奖证书

作者：邓兴军
责编：刘鹤 等 创作的《英语等级考试会不会成为奥数第二》

荣获第11届全国青年报刊"好新闻好作品好活动好论
文"评选活动（报纸文字类）　　一等　奖

特颁此证。

二〇〇六年 十二月

▲ 邓兴军获第 11 届全国青年报刊"好新闻好作品好活动好论文"
评选活动一等奖

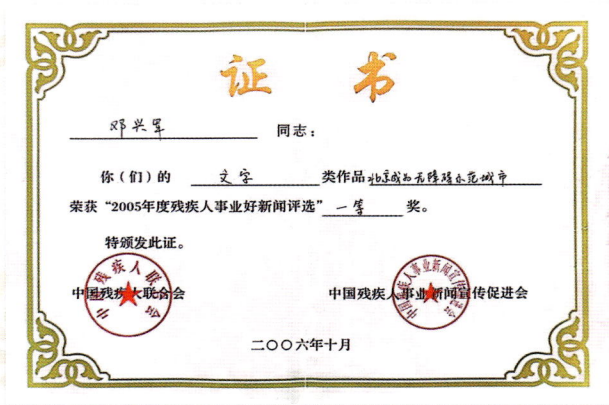

▲ 邓兴军获"2005年度残疾人事业好新闻"评选一等奖

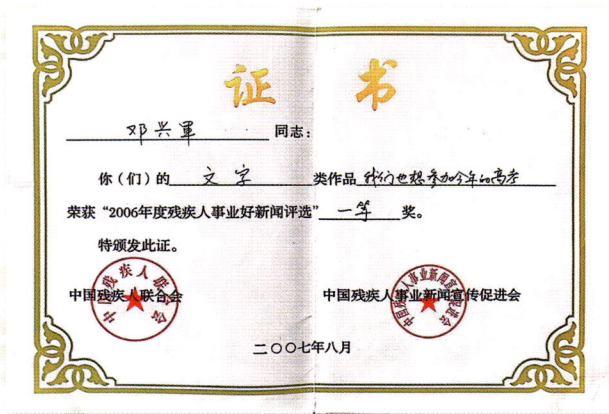

▲ 邓兴军获"2006年度残疾人事业好新闻"评选一等奖

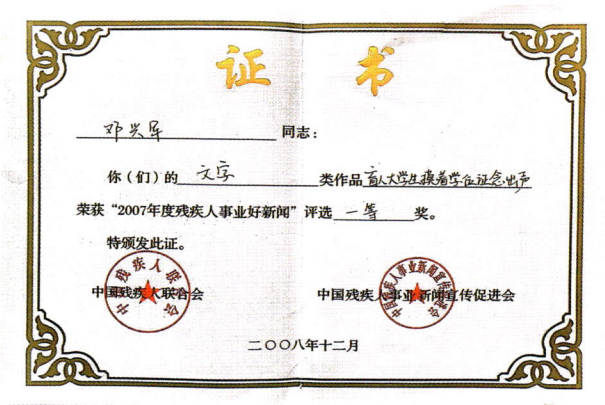

▲ 邓兴军获"2007年度残疾人事业好新闻"评选一等奖

▲ 邓兴军获2001—2003年度教育部优秀新闻暨论文评选一等奖

▲ 邓兴军获 2004 — 2005 年度教育部优秀教育新闻评选一等奖

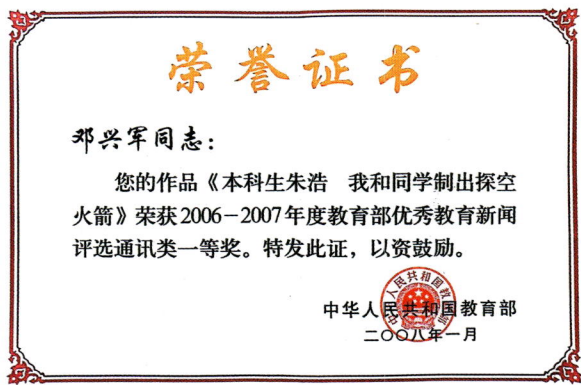

▲ 邓兴军获 2006 — 2007 年度教育部优秀教育新闻评选一等奖

证　书

邓云军 同志：

你(们)编辑的作品《初中南性教育浮市》在第十三届中国新闻奖摄影作品复评暨'2002全国新闻摄影作品年赛中荣获金 奖。

特颁发证书。

▲ 邓兴军获第十三届中国新闻奖摄影作品复评暨
2002 全国新闻摄影作品金奖

荣誉证书

邓兴军同志：

在参加 2006 年度"首都残疾人事业好新闻奖"评选中，您的作品《残疾人就业遭遇'三难'》荣获文字类一等奖。

特颁发此证。

▲ 邓兴军获首都残疾人事业好新闻奖（2006 年度）一等奖

少走弯路，做一名顶尖新闻记者

兴军同志要出版《新闻采写有诀窍》一书，邀请我作序。我勉力为之。

多年来，兴军都是北京地区教育领域最著名的记者之一，是无可置辩的新闻奖获奖专业户，我们圈内人常说他"拿大奖拿到了手软"，"要么在领奖，要么走在领奖的路上"。他获得过中国新闻奖——长期在地方媒体工作，获中国新闻奖的难度非常大；而兴军获中国新闻奖等全国性的大奖还不止一次，从记者到编辑。他多次获得北京新闻奖，全国青年报刊好新闻奖等。

在《北京青年报》工作不久，他就崭露头角，成了北青报总编辑奖的获奖大户。其时我还在《北京晨报》做教育新闻的报道，我们北京地区的教育记者一天之内都要见几面，比本报同事见面的机会多很多。我们是同行，也是朋友；有合作，也因"各为其主"有竞争。而在各新闻单位的同题竞争中，兴军在北青报发出的新闻总是胜出：他采写的新闻角度更好，社会关注度更高，更贴近社会热点，既有教育新闻的专业性，又有市民生活的贴近性。

在北青报工作多年后，兴军与我又不约而同地到了北京市教委所属的北京教育音像报刊总社（现北京教育融媒体中心）工作，都担任了《现代教育报》的副总编辑，成了真正的同事。后来，兴军担任《中小学数学教学》社长、总编辑，我则继续留在现代教育报社。

再后来，我离开现代教育报社到了北京青年报社，兴军则挂职、借调到了北京教育系统关工委担任秘书长工作。不过，新闻采访写作与研究仍是他的主要工作。

与很多知名记者最终转行高校的路径相似，2021年，兴军到了北京城

目录

CONTENTS

第一讲　职业梦想
努力成为顶级记者

新闻是由记者采制的。一个日本新闻学者曾经这样说："要了解一个国家的新闻报道的特点，就必须了解那个国家从事新闻报道活动的记者的特点。"拿破仑曾经说过："不想当将军的士兵，就不是一个好士兵。"那么，这两句话综合起来就是说，只有出色的顶级记者，才能造就出色的新闻事业。作为一个有志于从事新闻工作的青年人来说，仅仅满足于一般性地完成任务，是不够的，而应当有所作为，要能够出色地完成任务。那么，如何才能成为一名顶级记者呢？要想成为一名顶级记者，需要的素质有多方面，比如良好的心理素质、学会仔细观察、能融会贯通，甚至要求多才多艺等。限于篇幅，我只着重论述记者应该具备的政治素养和业务素养两个方面。

第一节　政治素养　成为顶级记者的必需条件

在客观、公正日益成为当今新闻工作者追求目标的时候，新闻工作者首先应该具备过硬的政治素质。尽管目前似乎很多刚从事新闻行业的年轻人已经不屑一顾这样的问题。他们认为，某种政治立场和政治观点会影响对新闻事件报道的客观、公正。

■新闻永远离不开政治

新闻永远离不开政治，即使是在标榜新闻自由的西方新闻界。在 1994 年世界妇女大会在北京召开的时候，一些西方媒体的记者就对妇女的拐骗等问题大肆渲染，却对我国妇女地位的提高只字不提。这些报道就是源于西方记者不同的政治立场而产生的。所以，新闻是离不开政治的，而且，政治素质是新闻工作者的基本素质。

毛泽东在《实践论》中讲道："感觉到了的东西，我们不能深刻理解它，只有理解了的东西才更深刻地感觉它。"只有有了正确的理论指导，我们才能更好地认识社会上各种错综复杂的现象。

■什么是政治素养

那么，什么是政治素养呢？政治素养是指在新闻实践过程中，在大量的错综复杂的客观事实面前，新闻工作者所表现出来的坚定的政治立场和政治倾向性。

新闻工作者的政治素养包括：第一，新闻工作者应该坚持正确的政治方向，同党中央保持高度一致，在原则问题上立场鲜明，态度明朗。第二，新闻工作者应该具有高度的事业心和责任感，充分认识自己工作的意义和肩负的历史使命。第三，新闻工作者要深入到群众的生活中，对人民要有极大的热忱，和人民同呼吸、共命运、齐爱憎。新闻工作者应该做人民群众的忠实代言人。第四，新闻工作者要有坚持真理、为真理而献身的精神。

■如何练就政治高素养

如何练就政治高素养？新闻工作者要打好五个根底：理论路线根底、政策法律纪律根底、群众观点根底、知识根底、新闻业务根底。政治理论方面的修养应成为一个新闻工作者首要必备的素养。

当前，我们要警惕新闻队伍中出现的淡化政治、脱离政治的倾向，例如有些报刊片面强调新闻媒介的商品属性，在价值取向上以营利为最高准则；有的津津乐道于"贵族""豪门"等少数暴发户的奢华生活等。

第二节　业务素养　成为顶级记者的基本要求

美联社国内部记者泰德·安东尼曾做过一个将要开设麦当劳餐厅的小镇的工作的报道。他先后三次光顾这个小镇，一次是在麦当劳开业前，一次是在麦当劳开业的当天，一次是在麦当劳开业六个月后。在与当地的几位商人、一位麦当劳的常客谈话，以及调查了小镇的历史和麦当劳的发展轨迹之后，他找到了报道的立足点："一个小镇渴望同时拥有两种东西——昨天与今天的故事；他们既想与众不同，又想与其他人看上去没有什么区别。"

如果你看到他在日常生活中，会把一些现在用不着，但是可能四五年之后会用得着的书买下来，将人物的名字、联系方式整理和记录下来，你就不难看出他对新闻报道具有怎样的热情，而不是通常人们所想的那样：为什么要去做一个记者？因为这个职业收入高、令人羡慕等。

新华社记者郭超人在回答"什么样的人才能当好记者"这一问题时说："多数人能想到的、做到的，而你想不到、做不到，就根本不能做记者；多数人能想到、做到的，你也能想到、做到，你能当记者，但只能当一般的记者；唯有多数人想不到、做不到，你想到了、做到了，才能当一个好记者。"

美国著名记者杰克·海敦在《怎样当好新闻记者》一书中写道：新闻专业的学生，应该像哲学家培根一样，把一切知识都当作自己的领域。要培养对历史、政治、宗教、文学、音乐、艺术、戏剧、电影等兴趣。可见，中外新闻工作者对新闻从业者的业务素养要求是多方面的。

■没有高度的社会责任感成不了名记者

任何一个行业的佼佼者，都必须具有高度的社会责任感，新闻行业的顶级记者、编辑也不例外。记者向来有"无冕之王"之称，掌握着更多的话语权，进行信息传播和舆论监督。因此，相较于其他行业来说，具有高度的社会责任感是新闻从业者最基本的素养，要更遵守严格的道德规范、承担广泛的社会责任。

3

什么是社会责任感？

按照相关词条的解释，社会责任感就是在一个特定的社会里，每个人在心里和感觉上对其他人的伦理关怀和义务。也就是说，具有社会责任感的人，一定要有对其他人负责、对社会负责的意识，而不仅仅是为自己的欲望而生活。

古今中外，世界知名的记者都具备高度的社会责任感。

著名的战地记者罗伯特·卡帕非常憎恨战争，把揭露战争当作自己的责任，他的一生都在为自己的责任奋斗。在他战地记者的生涯中，每次都冲在最前面，他说："如果你的照片拍得不够好，那是因为你靠得不够近。"在诺曼底登陆战中，他和战士们一起战斗，成了第一批到达海滩的人。他认为，照相机本身并不能阻止战争，但照相机拍出的照片可以揭露战争，阻止战争的发展。

近代著名记者邹韬奋对新闻高度的社会责任感更是使其成为新闻事业先驱。他从业的 20 余年，为救国运动，为民主政治，为文化事业，奋斗不息，虽坐监流亡，却决不屈于强暴，决不改变主张，直至最后一息，犹殷殷以祖国人民为念。他的文章从来不畏权势，勇于一贯地讲真话，批评时弊不怕得罪人；他一生办刊物、办报纸、办书店，提倡和身体力行的主旨是"竭诚为读者服务"；在抗战前国民党对日本妥协时期，他不避个人安危，力主抗日，在抗战以后，他所办刊物和书店，一直高举着抗日的大旗。以他的名字命名的中国韬奋出版奖是目前我国出版界的最高奖项，以他名字命名的另一奖项"韬奋新闻奖"是中国新闻界的最高奖项。

新媒体时代，人人皆为传播者。

新媒体裂变式的传播方式和速度，更要求信息的发布者具备高度的社会责任感，借助新媒体平台及时迅速地传播信息，通过舆论监督匡扶正义，竭诚用心服务大众，从而促进社会和谐发展，帮助人民过上幸福生活。

■没有敬业和吃苦精神胜任不了新闻工作

新闻工作是体力劳动和脑力劳动相结合的艰苦工作。记者工作起来往往没白没黑，食不定时，白天到处采访，晚上还要写稿，遇到重大的活动和突发事件就要加班加点。所以，要想成为顶级记者，没有敬业和吃苦的精神是不可能胜任的。

美联社记者乔治·艾斯珀就是这样一个敬业的人。

当他采访一个20年前被国家卫队杀害了的孩子母亲的时候，他先是在暴风雪中开了一小时的车，才到达了这个母亲的住处。但是他遭到了拒绝：这个母亲不愿意接受采访，并挥手让他离开。后来，艾斯珀回忆说："我没有逼她，也没有转身离开。我只是站在那里，浑身湿透，冰冷的雪水不停地滴下来。"后来，这位母亲接受了采访，谈了两个小时。这个采访之所以能够成功，是记者的敬业精神感化了那位母亲。

关于敬业精神，我深有体会。

2000年12月，我正式成为《北京青年报》记者。在做获奖新闻报道《上课能否晚一点儿》（该报道获得2000年度北京新闻奖一等奖、中国新闻奖二等奖，被列入多所高校新闻写作教材，入选人民教育出版社出版的高中语文选修教材）的时候，正值寒冬腊月，不仅那几天是一年中最冷的日子，那年冬天还是10年来北京最冷的一个冬天。为了掌握第一手资料，也为了新闻写得扎实、准确、感人，我连续三天在清晨5点钟就开始了采访，交通工具则是一辆旧自行车，并选择了三条不同路线，最远的一次骑行10公里。我用详尽的事实和精确的描述，以及最感人的细节写成不到1000字的消息《上课能否晚一点儿》。这也是我在《北京青年报》署名的第一篇新闻作品，此前的新闻作品署名是"实习记者"。

■ 比一般人更深厚的专业知识

现在，从事专业报道的记者是越来越多。如果一个记者对自己报道领域内的知识一无所知的话，他就很难对这一领域内出现的新事物感兴趣，并准确地去报道它们。比如安排一名一点不懂预算和预算程序的记者去写一篇关于国家经济预算的报道，读者将很难看到有意义的文章。

我本人曾经就犯过这样一个错误。

者的称号。

这篇文章的开始是这样写的：

在一个池塘里，一辆车正在缓慢地下沉，车里困着4岁的莱恩。

在冰冷的水中，一名男子游到了车后窗，用力地想要砸碎玻璃……

这篇报道体现了记者叙述新闻事件的一种技巧，让读者感觉像是在讲故事。

在《工人日报》成立40周年的时候，《工人日报》出了一本新闻作品选。其中一篇获得1988年全国好新闻消息一等奖的写作让我非常难忘，也让我在平常的消息写作中会不自觉地去模仿。

这篇标题为《职工愤然把万余斤鲜奶倒进县府大院》的开头是这样写的：

4月25日陕西省扶风县食品厂职工把五汽车臭牛奶倒在县政府

大院。令人窒息的奶浪，冲出大门，蜿蜒流过县城的半条街。至今，

没有人对这件事负责，人们还在愤怒地议论着。

读者读了这样的开头，都会有一种被震撼的感觉。我认为，一个记者如果没有用表现力很强的文字写新闻，那么即便再轰动的新闻事件也可能激不起读者的阅读兴趣。

第二讲　记者手册
遵循规范引导职业成长

"你认为世界上最崇高的职业是什么？"

清华大学新闻学院著名教授、博士生导师李希光先生在新学期第一堂课上总是问学生这么一个问题。

李希光说，如果他们都回答是记者，那么他就很放心了。

为什么？

有的学生讲医生是最高尚的，但医生动一次手术只能救活一个病人，而一篇好文章可以救活成千上万的人；有人还讲当老师是最高尚的，但老师一次最多教几十个人，而记者一次报道是为成千上万人服务，他们的报道大到可以决定社会历史进程的发展，决定社会公众的价值评判取向，小到能决定一个组织、一个企业的兴衰，所以他们才有"无冕之王"的说法。

但，"无冕之王"并不是"无法之王"，记者的工作只限于在自己的责任范围之内。什么是记者的责任？在我国，记者的责任在于捍卫真理，报道真相，客观公正，记录历史，建言社会，守望和监测中国社会环境，维护社会正义和社会主流价值准则，满足公众的知情权。

"倘若一个国家是一条航行在大海上的船，新闻记者就是船头的瞭望者；他要在一望无际的海面上观察一切，审视海上的不测风云和浅滩暗礁，及时发出警告。"美国著名新闻人普利策这样说。

第一节　记者的任务与素质要求

《北京青年报》作为中国文化改革试点单位，开创了一个属于它的报纸传媒时代。《北京青年报》编写的记者规范给了我最基本的培训，让我成长为《北京青年报》最辉煌时期的知名记者之一。《北京青年报》对记者是怎样规范的呢？

一、记者的定义和职责

记者是新闻事实的收集人、选择人、记录人和传递者，是新闻事实的发现者、新闻意义的开掘者，是新闻报道内容的实现主体。记者对稿件中的新闻事实的真实性负责。

二、记者的基本工作任务

1. 寻找、收集和获得新闻信息，通过采访发掘事实真相是新闻报道的中心环节；记者每天都要主动出击，寻找新闻，无所畏惧地寻求新闻的真相

新闻信息的来源称为新闻信源，基本可以分为两种。

（1）外向型新闻信源：记者通过主动观察社会生活和深入调查研究而发现的新闻事实。这些新闻事实的获得仰仗于记者长期的知识和实践经验的积累、敏锐的新闻观察力、高度的事业责任心以及出色的政治修养。

（2）内向型新闻信源：报社编辑部和记者被动获得的新闻信息和线索。基本可分为以下几种：

① 记者通过业缘关系建立的信息网：记者跑口单位提供的新闻信息、通讯员提供的新闻信息、各种工作会议提供的新闻信息等。

② 热线新闻信息和通讯员提供的新闻线索：读者通过报社新闻热线提供的新闻线索或新闻信息。

③ 党和政府的方针、政策、决议、指示及领导同志的重要讲话，党政机关和业务部门的各种会议，上级宣传部门下达的新闻宣传任务和指令性报道。

④ 读者来信。

⑤ 其他媒体的报道。

对于本报来说，外向型新闻信源是独家新闻的主要发源地。此类新闻对

提升本报舆论领袖的地位和影响至关重要。内向型新闻信源是媒体间竞争的主战场。此类报道是保持本报的都市主流和权威媒体品牌形象的最有力武器。

⑥广告及天气预报。

2. 选择和整理新闻信息

现实生活中的事实是海量的、无穷无尽的，任何新闻报道都不可能也无必要把如此繁多的事实报道出来，它们必须经过记者的选择、整理和归纳，才能形成报道。对新闻信息的选择，包括两种情况：

（1）强迫性选择：毛泽东同志曾经指出："报纸的作用和力量，就在于它能使党的纲领路线，方针政策，工作任务和工作方法，最迅速最广泛地同群众见面。"作为党和共青团的喉舌，在报纸容量有限的情况下，党和政府的方针、政策与政治诉求的报道必须在本报上优先得到保证；

（2）需要性选择：本报所刊登的新闻一定是符合本报的新闻价值取向、报纸定位、新闻理念、所希望达到的传播效果、符合本报的表现形式和新闻市场规律的。为此，本报记者必须对本报的新闻追求和报纸定位有准确、深刻的理解。

3. 写作新闻信息

写作和找新闻同等重要。本报记者既要关注寻找新闻，也要关注写作新闻。有些记者只重视找新闻，但是在写作上却一塌糊涂。记住：没有好的写作，好新闻也会被糟蹋，编辑在编辑时要将你的新闻改好也是非常困难的。

三、记者的素质要求

1. 较高的理论、政策水平和较强的政治敏锐性与判断是非的能力

新闻工作者的政治态度、立场、倾向、思想信念在很大程度上决定新闻传播活动的性质和方向，故其政治素养是最为重要的。记者一定要有很强的政治素养，必须善于用马克思主义立场观点方法和党的方针政策去分析，才能辨别是非，做出正确的报道抉择。记者的政治素养体现在：要有正确的人生观、世界观、价值观；要有对国家、社会高度的责任感和使命感；要有群众观点：为群众服务，做群众的代言人，情为民系，利为民谋；要有坚持真

理、为真理献身的精神。

2. 出色的社会活动能力

记者需要与形形色色的人打交道，需要先于他人感应和捕捉新的变化、新的信息，还随时可能介入意外事件之中……凡此种种，都需要记者有出色的社会活动能力。

3. 广博的知识和熟练的业务能力

（1）烂熟于胸的专业知识。记者首先应该是谙熟新闻理论、采访技巧的新闻专业人士。

（2）较好的文字表达能力。文字是媒体最基本的信息编码形式，记者应该具有较好的文字表达能力，对新闻事实的表述一定要做到真实、准确、科学、清楚、鲜明和生动，熟悉媒体特有的语言风格和表达方式，在此基础上，形成自己的表达风格。

（3）包罗万象的百科知识。新闻传播的内容涉及方方面面，包罗万象，因此，记者应该尽可能多地掌握各种知识，包括社会科学、自然科学的知识，以及当今社会发展中出现的各种新技术和新思想，做到知识渊博、粗通百家。

4. 严谨的工作作风和勇于牺牲的精神

新闻传播是一项极其严肃的工作，新闻信息一经传播，即刻会产生巨大影响，丝毫马虎不得。严谨的工作作风是记者必不可少的修养之一。新闻传播还是一项十分艰苦、有时甚至可能存在危险的工作，没有勇于牺牲的精神是难以胜任的。当外界发生重大事件时，记者应该不讲条件，争分夺秒地前往新闻现场进行采访。

5. 敏感的新闻意识和创新手段

记者应该做到：（1）能见微知著，在平凡的生活中，发现别人想不到的新闻线索和新闻故事；（2）能慧眼识珠，准确鉴别事实的新闻价值所在及其大小；（3）能落叶知秋，对某些重大新闻事实的出现做出科学的预见；（4）能与众不同，发现新颖的报道视角；选择别人想不到的采访对象；使用别人没有使用过的语言报道新闻事件；（5）能一触即发，在新闻采访中，迅速抓住新闻事实。

6.不断学习的能力

新闻工作对从业人员的知识储备要求较高，没有足够的知识积累，我们就很难对一些新闻事件做出反应，即使做了报道，处理也很难恰如其分，就像你要是不知道帕瓦罗蒂是谁，就不知道他在北京开办最后一场音乐会的意义；你要是不知道黄霑是谁，就可能漏报他去世的新闻，或者即使做了，也只能是边栏一条百字讣闻；如果你是一个彻底的科学论者，就不会让"千年木乃伊和现代人怀孕"这种拙劣至极的新闻出现在报纸上；如果我们的记者知道在联合国总部前有一个著名的反战雕塑"打成结的手枪"，我们在做台湾连战在北京大学演讲的报道时，就不会把连战说的"一把枪打成结"说成是"一把枪打进铁"。

学习是新闻从业人员工作的一部分。知识每天都在更新，记者就必须每天学习。学习也包括向我们的对手学习，学习他们的办媒体经验和思维模式以及锐意进取的精神；学习还包括重新向教材学习。我们很多年轻同志没有受过新闻学教育，写出来的东西很多都不合规矩，怎么办？还是两个字：学习。学习是避免错误新闻、失实新闻的最好手段。

第二节　记者的日常工作流程规范

（1）每日寻找和发现新闻。在编辑的指挥下，及时采写有关突发事件以及负责分管领域的新闻，向本报新闻平台提供新闻故事的全貌和背景，不得漏发自己所分管领域内的重要新闻。

（2）在所分管领域内建立广泛的社会联系。建立自己的新闻线索库和专家智囊库，与那些能够提供新闻线索的人或者能够帮助找到提供新闻线索的人保持联系，知晓他们的住址、电话等联系方式，当新闻发生时能向编辑及时提出报道选题和建议。

（3）随时与编辑沟通。沟通的内容包括报道主题、侧重、风格、视角、体例、文字长度和可能的版面的编排形式等。当离开办公室赶赴新闻现场采访时，记者应及时向编辑通报采写进程，并在规定时间内发回稿件。

（4）对新闻事件要有穷追不舍的精神和不断调查所需数据的能力。

（5）要善于调动各种采访手段获得新闻事实和有关素材，当摄影记者不在现场时，文字记者要自己承担起拍摄新闻图片的任务。

（5）除非不可抗拒的原因，无论何时记者应能随时按照单位指令，赶赴指定地点投入工作，完成采访。涉及重要政策、敏感问题或社会生活中的热点、难点问题，记者因故不能完成采访工作，不得自行安排他人替代，应由版组主编和主管副总编统一安排。

（7）跑口记者承担日常新闻报道任务主力责任，"守土有责"是跑口记者的基本要求。跑口记者手上要有一个完备的名单，你所涉及部门的机构构成，各级负责人姓名、联系方式（办公室电话、住宅电话、手机、电邮），专家姓名、联系方式，宣传联系人或新闻发言人的姓名、联系方式等，要详细开列。口内资源属于单位公有财产，单位有权视需要对资源进行调整分配，任何记者不能以个人理由拒绝调配。各口记者要将条线联系方式副本交所属部门和单位备份。

（8）每日阅读。在阅读时，记者要把与自己工作相关的东西读透。不仅读自己的媒体平台刊发的消息，也读有竞争关系的媒体平台刊发的消息。

第三节　新闻写作规范

一、讯头和署名规范

（1）本报消息的标准讯头表述为：

　　本报讯（记者　某某）

（2）根据中宣部、国家广播电影电视总局、国家新闻出版总署联合发出《关于新闻采编人员从业管理规定（试行）》，本报记者所采写的所有新闻稿件必须署记者真实姓名；如因种种原因，不便署真实姓名或不便署名的，须报请值班副总编辑以上领导批准。

（3）本报社论、各版所配发的由本报人员采写的言论，除特殊要求外，均须署作者真实姓名。

（4）本报转发或摘发其他媒体的新闻或现成材料，只署原新闻源的名称，一律不署记者名字。

（5）本报社所属其他报刊的记者在本报上发表消息，其身份视同本报记者。

（6）消息稿件署名一般不超过 2 人，通讯稿署名一般不超过 3 人。

（7）本报记者就同一新闻事件所采写的不同体裁、不同视角的报道同时在一个版上出现，该记者只能署一次名；记者就同一消息渠道（比如新闻发布会）获知的内容完全不同的新闻事件而采写的多篇消息，可以分别署名。

（8）编者按和编后语均不署作者名字。

二、署名规范

1. 文字记者

（1）本报记者采写的消息的讯头：

位置：文首，标准格式为：

□□**本报讯**（记者□某某）

当消息是由两人共同完成时，两记者名字可以并列联署，中间用□分开。格式为：

□□**本报讯**（记者□某某□某某）

（2）本报记者在外地采写的消息的讯头：

位置：文首，标准格式为：

□□**本报某地讯**（特派记者□某某）

（3）专访、特写、分析和通讯的署名规范：

位置：文尾，标准格式为：

■**本报记者**（如是派到异地进行采访的记者，"本报"后可加"某地特派"字样）□**某某**

（4）本报记者或编辑翻译外电、外刊的新闻的署名规范：

消息前加"本报讯"，作者如是本报人员，不署"本报记者"名称，名字加括号署在文章最后；作者如是社外人员，也把名字加括号署在文章最后。

位置：文尾，标准格式为：

（某某）

（5）服务信息的署名规范：

热线版边栏服务信息：此类文字不加讯头，署名位置在文尾；如是本报人员所整理或采写，不标署"本报记者"名称，只把名字改黑体加括号。

位置：文尾，标准格式为：

（某某）

实用服务信息：此类文字不加讯头，署名位置在文尾；如是本报人员整理或采写，不标署"本报记者"名称，只把名字改黑体加括号。

位置：文尾，标准格式为：

（某某）

（6）本报记者或编辑整理的新闻背景资料的署名规范：

此类文字均不加讯头，作者名字改黑体加括号署在文章最后。

位置：文尾，标准格式为：

（某某）

（7）本报同一位记者就同一新闻事件所采写的不同体裁、不同视角的报道的署名规范：

所写消息按前面所规定的消息的署名规范署名一次，其他所有报道内容统一署名一次，位置在最后一部分文字后。也就是说，同一记者就同一新闻事件所采写的所有体裁的报道，最多只能署两次名字。

例：

本报讯（记者 某某）前国家男篮主力队员王治郅昨天终于在中国男篮领队匡鲁彬的陪同下，从洛杉矶乘机回京。今天早上5时20分，王治郅所乘的班机降落在首都机场。在阔别祖国四年半后，这位浪子终于回家了。

现场：机场接受采访希望参加奥运会

……

花絮：国内数十记者误听传言空等一场

……

背后：为使大郅回归　男篮领队亲赴美国劝说

……

■本报记者　某某

（8）整版文字系同一记者所写的情况的署名规范：

只在所有文字最后署名一次，格式为：

■整版撰文／本报记者□某某

（9）本报实习记者、通讯员的署名规范：

与记者署名规范基本相同。

位置：文首，标准格式为：

□□本报讯（实习记者□某某、通讯员□某某）

位置：文尾，标准格式为：

■**本报记者　某某　通讯员　某某**

（10）前面版面（主要是要闻 A1、A2 版）向后面相关版面转文的署名规范：

如果前面版面登载的是全部新闻稿件的前一部分，向后面相关版面转文的是该新闻稿件的后一部分，在内容上二者是前后累加的关系，则在此稿件的前面部分标署本报讯头和作者名字（根据有关要求不能署记者名字的情况除外）。

例：

创新投融资的"中关村模式"

本报讯（记者　**某某**）首笔交易数量达 3 万股、成交价 5.08 元，日前，中关村知名的民营企业——北京时代科技股份公司在深交所代办股份转让系统挂牌上市，成为中关村"新三板"的第三位成员，且其首笔成交价明显高于之前挂牌的世纪瑞尔和中科软。

据介绍，时代集团是中关村非上市股份公司转让报价系统开办

步确定：是自杀。该乘客名叫黄××，重庆人，1963 年生，43 岁。他在卫生间里用一枚小刀片割开了自己的脖子，从而导致死亡。

■摄影 / 本报记者　某某

（4）摄影记者为自己所摄新闻照片配发的说明的署名规范：

署名位置在该文字的最后处，标准格式为：

■摄影报道 / 本报记者　某某

例：

因为飞行途中在卫生间内发现一具男尸，中国南方航空公司一架从沈阳经重庆飞往昆明的客机（航班号 CZ6403），在昨日 13 时 55 分到达昆明机场后，警方迅速对机上 170 名乘客展开调查，寻查事情真相。

■摄影报道 / 本报记者　某某

3. 本报人员制作的图表的署名

署名位置在所配稿件的最后，不标"本报记者"名称，标准格式为：

■制图 / 某某

例：

本报讯（记者　某某）因为飞行途中在卫生间内发现一具男尸，中国南方航空公司一架从沈阳经重庆飞往昆明的客机（航班号 CZ6403），在昨日 13 时 55 分到达昆明机场后，警方迅速对机上 170 名乘客展开调查，寻查事情真相。

记者了解到，经过初步鉴定及调查，目前死亡乘客的死因已初步确定：是自杀。该乘客名叫黄××，重庆人，1963 年生，43 岁。他在卫生间里用一枚小刀片割开了自己的脖子，从而导致死亡。

■制图 / 某某

4. 本报所用资料配图的署名

署名位置在所配稿件的最后，标准格式为：

■图 / 本报资料

例：

　　新华社柏林电　有"门神"美誉的德国著名守门员卡恩 10 日表示，他不会因为只担任替补守门员而退出国家队，他将参加今年夏季在德国本土举行的世界杯足球赛。

　　卡恩当日在慕尼黑举行的新闻发布会上称，他接受国家队主教练克林斯曼对德国队正选门将的选择，并全力支持包括竞争对手莱曼在内的这支国家足球队。他说："我们必须结束有关卡恩和莱曼的讨论，这不会成为矛盾的根源。我不是一个不能承受失败的人，尽管我为此感到失望。重要的是，我要参加 2006 年世界杯足球赛。"

■图／**本报资料**

第三讲　新闻线索
好新闻只给慧眼识珠的人

"我为什么总觉得没啥可写的？人家为什么总能发现独家新闻？"这是很多记者尤其是新入行记者的困惑。这个困惑，实际上源于没有新闻线索。

我们先要搞清楚什么是新闻？

按照《现代汉语规范词典》的解释：一、新闻是个名词，指媒体所报道的新近发生的各种消息，比如头条新闻；二、泛指社会上新近发生的事件。我的理解，对于个人来讲，只要是新鲜的东西都可称之为新闻，哪怕对别人来讲是旧闻的事件：比如我毕业于北京师范大学，现任某大学新闻学院教授，曾任某报社长兼总编。对于了解我的人说，这不是新闻，但对于其他人来说，这就是新闻。对于大众来说，新闻只能是新近发生的事情或者新近公开的事情。

我再补充解释一下，新闻中"闻"是一种途径，含义宽泛，不光是指鼻子闻到的，通过各种渠道得来的都可以归为新闻的"闻"，比如网络、调查、目睹、会议等。而"新"则包括时间上的新、内容上的新、形式上的新等。构成一篇新闻的要素是什么？可以用"5W1H"来说明：即 WHEN（时间）、WHERE（地点）、WHO（谁）、WHAT（什么）、WHY（为什么）、HOW（如何）。这六要素只要有一个是新的，均可认为是新闻。

新闻线索的获取方式很多，可以说时时处处皆有获得新闻线索的可能，有的还可能是重大独家新闻线索，但机会只给慧眼识珠的人。总结我的从业经验，主要有五个途径。

第一节　岗位分工
新入职记者获得新闻线索的基本保障和稳定来源

每一个新入职的员工，单位都会根据其实际能力和单位需求，对其进行岗位安置，落实岗位要求。新闻行业也不例外。

新入职人员会被分到不同的部门，比如总编室、时政部、国际部、体育部、文化部等，每个部门对每一个员工进行行业领域划分，比如时政部会分为教育新闻、政法新闻等。

进入负责报道的领域后，只要超过 1 人就会继续细分，行话叫分口。以教育为例，行政部门可分为教育部、省（自治区、直辖市）教育厅、省（自治区、直辖市）教育考试院、区县教育厅、高校及科研院所、中小学幼儿园、职业院校、培训机构、跟教育有关的社会机构（比如青少年研究中心）等。

部门主管领导会根据以往经验，根据产生新闻信息的总量，基本趋于均衡地进行人员分工。

分口后的记者持公函或其他方式与负责单位的新闻中心、宣教处或宣传科、办公室等对接。这些单位只要有新闻发布会就会通知各新媒体备案的新闻记者参加新闻发布会进行新闻报道。这也是新入职记者获得新闻线索的基本保障和稳定来源。

需要特别提醒的是，刚入职记者与分口单位联系上后，除等待所联络单位通知参加新闻发布会外，还要不断地与所联络单位具体工作人员进行联系，一方面便于很快建立熟稔的工作合作关系，另一方面也是为了索取更多的新闻线索，尤其是一些不通过召开新闻发布会也可发布的消息和进行的新闻报道。

联系时间以每周一下班前 1 小时到 30 分钟为宜。如果该单位下午 6 点下班，开始联系的时间最好在下午 5 点到 5 点半。因为，一是这时基本确定了本周的工作安排和事项，二是留出 30 分钟到 1 小时的交流时间，三是不影响对方正常下班，四是获取新闻线索后，如果有重大报道，便于与单位汇报沟通，事先进行充分的新闻报道策划，比如开选题会确定重点报道内容、是否增派人员、预留版面等。

跑口时间长了的老记者，会对跑口单位的会议报道兴趣减少，甚至会对跑口单位的会议新闻挑肥拣瘦，从而错失了重要的新闻线索。

我的中国新闻奖获奖作品《初中有了性教育课本》，就是 2002 年北京市海淀区教委首次在全区范围内开设青春期性教育课程，通知媒体去参加现场活动时写出的报道。不知道为什么，我成了唯一去现场的新闻记者，也成就了这篇获中国新闻奖的独家报道。

还有一些人对为跑口单位的一些活动进行正面报道产生抵触心理，认为带有吹捧之嫌，但碍于跑口单位的面子又不得不去参加。一些人到了现场拿了新闻通稿就走了，一些人听了一段时间觉得没什么新闻点也走了。怎样在这样的活动中发现有价值的新闻线索，考验的是一个记者的新闻素养。

以我的经验来看，记者不仅要在新闻通稿里找新闻点，还要对参会的主讲领导深入了解，有些领导在读完准备的大会材料后，会因为是内部会议而在会议结束前 5 分钟提出一些内部的要求，这些内部的要求恰恰是重要新闻。

这就是会议活动报道最后 5 分钟现象。

2005 年 7 月，北京市教委举行例行工作会议，并邀请媒体参会报道。基于我对时任北京市教委主任耿学超的深入了解，当参会记者觉得这是一次毫无新闻亮点的工作会议而纷纷选择中途离开时，我却坚持听会直到会议结束。会议结束前 5 分钟，耿学超主任对现场参会领导的要求，传递了大量有价值的重大信息。

作为跑口记者，一定要与跑口单位建立密切而深厚的业缘关系，这样就基本能保证完成日常的新闻报道工作量。跑口记者如果新闻素养较好，能对跑口单位创作出较高质量的新闻作品和提出富有重要参考价值的宣传方式，将会获得跑口单位更多的新闻线索和参与重大报道的机会，比如独家采访部门最高领导人、随团参加重要的国内国际活动、深入参与跑口单位的重大宣传策划等。

每一个行业都是庞大的，只要能跑开、跑深、跑透一个行业，新闻线索

高考"错字"的处罚力度确实有必要。从他多年任教的经历看，现在高中学生识字量、汉字书写方面，水平不是在提高，而是在逐年下降。

对于第二个新闻事件，中央教育科学研究所研究员戴汝潜指出，中国语文教育必须以义务教育阶段母语基本过关为目标，大学开设语文课不值得宣扬。

10月24日，关于汉语又出了一条新闻，世界最大的汉语词典——《韩汉大辞典》在韩国完刊。据韩联社报道，《韩汉大辞典》共16卷，收录了5.5万汉字和45万单词，是世界上词汇量最多的汉字词典，超过了我国的《汉语大词典》（共13册，5.6万词条，37万单词）。

联系起近年来端午节等中国传统节日屡被国外申遗，我突然明白了这些老学者当天发言时的激情和愤慨，我也突然明白了市教委副主任罗洁反对外语过度干扰汉语教学的激昂。因为，他们不想让汉字在我们手里被封存起来。

套用当前最流行的一句话：民族的才是世界的。再次援引专家们的一句话：一个民族连自己的文字都没有了，这个民族也就距离消亡不远了。

高中论述类文章阅读训练：

拯救汉字教学

□邓兴军

日前，北京语言大学、中央民族大学、北京师范大学、中央教育科学研究等单位的几十位语言专家聚会，驳斥了社会上流行的"汉字最难学"说法。他们还联名拯救日益被忽略的汉字教学，力图拯救在学校教学中汉语大有沦落为弱势语言的趋势。为此，他们发明了几十种汉字识字法，证明汉字是世界上最容易掌握的语言。

中央民族大学副教授赵明德愤慨地指出："国人对汉语的冷落，不可避免地造成了汉语在社会角色中的失衡，从而也严重削弱了语文学科在学校教育中的地位。课程改革以来，最突出的问题是语文课时的减少，老师们普遍感到语文教学时间不够。"

现在中小学生"错字"现象非常严重，已经成为整个社会的现象。网络上的"错字"更是比比皆是，而且似乎社会还形成了一种共识，就是对网络上的错别字不应苛求，于是以讹传讹。专家们指出，浮躁的社会风气也直接影响着师范院校里的学生。一些学生尽管也完成学校规定的作业了，但质量却下降了。这样的学生又出来再教学生，自然就"恶性循环"了。

为拯救近年来语文下滑、母语降温的负面影响，这些大多已经满头白发的语言专家联名上书有关部门，极力反对汉字拼音化的同时呼吁社会重视汉字识字教学，"汉字教学已经到了急需改变的时候了"。汉语拼音化也被专家们称为"世纪的误导"。

专家们指出，基础教育的语文改革特别是小学的识字教学改革，是解决这一问题的关键，因为汉字识字教学是挽救汉语沦为弱势语言的基础的基础。

当前的语文状况是怎样的呢？北京语言大学教授李润新指出，一方面，课改的新理念在深入人心，探索在继续，取得不小成绩；另一方面，大、中、小、幼的各个学段都被削弱：课时减少，教材问题多，教法陈旧，效率不高。

"识字成败是汉字教学成败的第一关，识字教材对语言的推广和使用至关重要，《三字经》《百家姓》《千字文》等就为汉字的发展立下汗马功劳，为编写启蒙教材作者更是呕心沥血，传说《千字文》作者周兴嗣曾为写此书熬成白发。"中央教育科学研究所副研究员张田若说，"但是令人遗憾的是，目前没有一套适用的教材。""记得有一年教育部召开课本主编会议，搞语文教材的有一二百人出席，这是一支难得的队伍，应该好好发挥作用。但是，这批人大多数被边缘化，实在不应该。"

中央教育科学研究所研究员戴汝潜则指出，目前还必须让学生摆脱西方语言学理念的误导。他说，如果儿童语文学习的第一课是脱离已有的母语基础的、不知其意的 BPMF，何谈主体主动发展？如果书面语学习的第一笔就是强化与汉字毫不搭界的弧形笔画，何谈写好汉字？如果在尚无母语基础的情况下，大搞双语教学、提倡与字母接轨、与拼音接轨，以至于"粉丝""梅地亚"之类司空见惯，何谈错别字不泛滥？

（选自《北京青年报》2008 年 11 月 4 日，有删改）

1. 下列不属于造成现在汉字教学形势恶化的原因的一项是（　　）

A. 错误的认识得不到纠正，似乎还在成为一种社会共识。

B. 浮躁的社会风气也直接影响着师范院校里的学生，他们教出来的学生也浮躁。

C. 语文课时减少，教材问题多，教法陈旧，效率不高。

D. 专家联名上书没有得到应有的重视。

2. 为拯救汉字教学，专家们做了哪些工作？

3. 从文中看，近年来哪些因素造成"语文下滑、母语降温"这种汉语在教学中沦为弱势语言的现象？

必须要纠正有些新闻记者的一个认识误区：我是新闻记者，我的工资待遇等都是单位给的，我不光是要替跑口单位进行正面宣传，还应该对跑口单位履行新闻媒体的舆论监督作用。

确实，舆论监督是新闻媒体的天职之一，但是每一个新闻单位对记者都有不同的分工和职责。跑口记者主要是落实跑口单位的信息宣传需求。新闻单位履行舆论监督功能，主要由热线记者或者机动记者完成，或者由跑口记者交叉完成，举个例子，政法口的可以对财经口进行舆论监督，财经口的可以对教育口进行舆论监督等。

跑口记者如果不能正确认识跑口与舆论监督的关系，将会受到跑口单位的特殊对待，将会失去跑口单位提供的新闻线索，最终导致两败俱伤。

第二节　培养线人
人人成为新闻线索爆料者，提供独家信息完成纵深采访

"线人"原是警察获取情报的来源之一。

我们这里的"线人"，是指为新闻报道提供线索的人。每一信息都跟人有关联，倘若每一个人都把自己掌握的信息及时爆料给新闻媒体，则能丰富新闻媒体新闻线索的来源，提升新闻媒体新闻报道的竞争力。

新闻史上重大独家新闻报道，比如水门事件，都离不开线人冒着生命危险提供报料。

水门事件的爆料者美国联邦调查局副局长，当时被称为"深喉"。水门事件或者水门丑闻，是美国历史上最不光彩的政治丑闻事件之一，其对美国本国历史以及整个国际新闻界都有着长远的影响。

在 1972 年的总统大选中，为了取得民主党内部竞选策略的情报，当年 6月 17 日，以美国共和党尼克松竞选班子的首席安全问题顾问詹姆斯·麦科德为首的 5 人潜入位于华盛顿水门大厦的民主党全国委员会办公室，在安装窃听器并偷拍有关文件时，当场被捕。然而时任总统理查德·尼克松及内阁试图掩盖事件真相。直至窃听阴谋被发现，尼克松仍然阻挠国会调查，最终导致宪政危机。

由于此事，尼克松于 1974 年 8 月 8 日宣布将于次日辞职，从而成为美国历史上首位因丑闻而辞职的总统。

"水门事件"一词，通过转喻，已经包含了尼克松政府成员进行的一系列秘密的、经常是非法的活动。命名"水门事件"的后缀"门"已经成为美国以及世界其他地方的政治和非政治的丑闻的代名词。

率先报道水门事件的是《华盛顿邮报》的两名记者，其中一位是年仅 29岁的鲍勃·伍德沃德。这位耶鲁大学的高才生在美国海军服役 5 年之后，进入了《华盛顿邮报》当记者。另外一位是 28 岁的卡尔·伯恩斯。

两位年轻人将初生牛犊不怕虎演绎得淋漓尽致。他们的报道也许比子弹

更有杀伤力。水门事件一开始，两人就紧紧抓住各种线索不放，哪怕是尼克松总统赢得了连任大选，司法部门都准备偃旗息鼓，他们仍然穷追不舍。所以水门事件的真相大白，与两个年轻人的锲而不舍是有极大关联的。因为报道水门事件，伍德沃德获得了 1973 年的普利策新闻奖。

但是，作为两个年轻人，伍德沃德和伯恩斯再有热情，纵有通天的本领，也不可能了解到如此之多的美国最高决策团队的内幕。

这一切都是因为伍德沃德有一个神秘的线人。他有个令人不寒而栗的代号——深喉。"深喉"这个代号在水门事件的时代就广为人知，但深喉是谁却无人知晓。直到 30 多年后的 2005 年，当时已经年过九旬的马克·费尔特才承认，自己就是那个深喉。当时他的职务是美国联邦调查局副局长。

从 20 世纪 80 年代末开始，我国一些富有创意的媒体开通新闻热线，并通过提供有偿的新闻线索培养一批"线人"，新闻线索一旦被采用一般会给爆料者 100—1000 元不等的报酬，重大的新闻线索甚至会重奖一辆价值几十万元的小汽车。

除了单位培养线人确保信息源的供给外，每一位编辑记者都应该有意识地培养自己的线人。

哪些人适合作为"线人"培养？

作为教育领域的记者，我从开始负责教育领域报道的那一天起，就给自己定下了长、短期采访目标：三年内至少与北京 600 所中小学幼儿园建立联系，其中要与名校、中等学校、普通学校各 100 所建立良好的业缘关系，这些学校最好覆盖到北京全部地区，每所学校联系人中既要有校长及校级领导干部，也要有负责宣传的党办校办主任、招生办主任、团委书记、大队辅导员、教研室主任等中层干部，还要有各学科老师，包括体育、舞蹈等小学科，最好还有一些活跃的学生家长；将来要走遍北京所有学校，建立亲密关系。因为长期耕耘在北京中小学校，以至于去北京某个地方的路线，只要告诉我附近有什么学校，即便是位于错综复杂的北京胡同里，我也能以学校定位提供准确的行车路线。

在这样的目标推动下，我每天都为实现目标而努力。通过日常的多方面

来拗口或没有意义。比如《雨中登泰山》写于改革开放之后，当时宣扬的是下定决心排除万难的精神，而现在改革开放已经初显成效，更重要的是要提高学生的鉴赏能力。"北京新干线高中语文教研组专家成员霄虹老师说，"增加的内容则主要是从提高学生的人文素质角度考虑，比如《别了不列颠尼亚》《奥斯维辛没有什么新闻》等都是从人性角度挖掘。而《论语》《苏武传》等增加内容则加重了对学生传统文学的普及与认知。"

语文老师们告诉记者，以某一主题为编写主导的新《语文》教材，内容增加了很多，比如高一语文中就增加了名著导读、表达交流等，扩大了学生的视野，降低了学生掌握知识的难度。让语文老师们担忧的是，改后的教材内容能否与三年后的高考要求接上轨，"课时少内容多，老师讲解浅学生容易印象不深，讲多了又怕课时不够"。

记者了解到，本市新课程改革将使用两套教材，以地理中轴线划分东西各使用一套，比如东城、朝阳等东部地区使用同一套教材，西城、海淀等西部地区使用另一套教材。"目前所有的教材内容还都在改革中，至于将来使用哪套教材，只能通过三年后的高考来检验。"

解读高中新课改四大变化

■新课改·内容变化■

课本新增《探索与思考》等栏目

新版本教材除了内容设置上打乱了老版本高一到高三知识分布格局外，每一种课本上的内容以及要求也有变化。新教材内容的整合很明显，数学教材中新增加了程序语言等信息技术内容。另外，课后供学生巩固知识的习题也不再只提供一套，而是根据难易程度分为A、B两组，不同的学生可以选做不同的题目。

新课本中还出现了一些新栏目，其中包括探索与研讨、思考与交流、思考与讨论等。北京一零一中学副校长陆云泉说，以前课堂教学不讲交流，现在强调学生主体地位，通过这种栏目的设置促进课堂结构发生变化，从而使课堂变成双向的、立体的交流与研讨，使学生从被动的知识接受转变为积极地参与课堂教学。

■新课改·课程设置■

由一条线变成搭积木

新课程改革的最大变化是实行模块化教学，每门课知识学习的顺序也将因此发生巨大变化，内容设置以及教学顺序从原来的线形结构改变为螺旋形结构，知识结构之间的关系也已不再像原来那样紧密关联，更像搭积木。

比如数学科目必修部分分为 1 到 5 个模块，除了第一模块在第一学期统一学习外，其他模块的学习顺序各学校可根据自己学校实际情况随机变动，因为每个模块的内容都是相对独立的，考试范围也限定在模块教学之内。

记者了解到，这一变化在文科科目表现更为突出。语文的模块分为阅读与欣赏、表达与交流、诗歌与散文、新闻与传记、小说与戏剧等，老师可随意根据自己的情况变更任何一个模块开设的时间。历史不再分中国与外国史，不再按年代顺序编写和教学，而是按专题进行讲解，比如历史上重大改革回眸、中外历史人物评说、世界文化遗产荟萃等。

■新课改·教学方法■

老师无法吃老本

这个暑假，担任高一教学任务的老师们，除了继续参加相关培训外，便是思考如何备好下学期的课程。"不能吃老本了！"一位新高一老师说，"以前的教案基本上没有用了。"

　　这位老师告诉记者，新课改要求老师必须有意识地培养学生的探究精神，因此课堂教学方式将发生颠覆性的变化，"照着书本念的课堂教学现在不行了，老师的教学必须从原来更多地考虑如何教改变到学生如何学"。

　　"因此，课堂教学无论从内容到方式，都必须使学生参与进来。"这位老师说，"老师课堂传授的不仅是知识，更多地要在呈现知识的基础上，激发学生对知识的探究、感悟和创新"。

■新课改·评价学生■

考勤也跟成绩挂钩

　　新课改下对学生如何进行评价？记者了解到，尽管各学校各有特色，但都非常重视对学生的多元化评价。"每个模块教学结束都要进行考试，其中的成绩包括过程性评价和终结性评价两部分。"北京一零一中学副校长陆云泉说，"其中过程性评价占 15%，终结性评价占 85%。过程性评价包括学生的考勤、作业、学习态度等；终结性评价包括平时的考察和模块教学结束后的考试"。

　　北京一零一中学学生高中三年的综合性评价有四大块，分别为德育学分、学科学分、活动学分、奖励学分。"学科学分、活动学分的获得是，学生通过一门记一门的学分，学校通过学生考试成绩的优劣给予积点，积点学分越多说明学生越优秀；包括科技发明、发表文章等在内的奖励学分，则根据实际情况记录在学生综合评价手册中。"陆云泉副校长说，"最特殊的是德育学分，学生一进校门便给予相应的学分，在上学期间学生存在违纪等情况则要扣分，学生要想高中毕业必须通过其他方式（比如获得市区三好学生、优秀干部、优秀住宿生、获得年级组长以上表扬等）弥补被扣掉的德育学分"。

　　陆云泉副校长指出，根据这样的评价体系，即便将来没有统一高考，也能逐项或者综合分出学生的优劣，"学分越多说明学生知识

越渊博，积点越多说明成绩越优秀，德育学分越多说明学生品质越

好，奖励学分越多说明学生个性特长越突出等"。

他们不仅需要通过我对外进行正面宣传，学校存在困难需要社会援助时，也把我当成了对外传播诉求的重要途径。

我的中国新闻奖获奖作品《我们也想参加今年的高考》就是这样得来的。

当年，北京盲人学校有几名视障学生学习很好，这些学生除了参加北京市统一的针对视障考生提供的"单考单招"方式继续高等教育外，也想参加全国普通高考以求更广阔的求学空间和拓宽未来的就业机会。

这几名学生的班主任很支持，给我打电话希望帮忙呼吁，"选择上普高，而没有选择上职业性质的按摩、钢琴调律等技能课，其实他们就是有一种考虑：走一条创新的路。一直以来，盲人的就业方向无外乎两条：推拿按摩和钢琴调律。前者是盲人就业的老路，后者是新开的路。他们最大的追求，就是能够跨出盲人就业的传统圈子，寻求自己在社会上的新位置。"

我经过多天深入细致全方位的采访，带有强烈冲击高考改革性质的长篇通讯《我们也想参加今年的高考》报道刊发，引起社会残疾学生享有普通高考权利的关注与讨论。

第三节　勤奋阅读
勤奋阅读成为"行业专家"，海量信息中慧眼识珠

优秀的记者一定是长期勤奋阅读的。

干几天就换个行业，是成不了顶级记者的。长期盯在一个行业，每天不勤奋阅读也成不了顶级记者。优秀的记者都是知晓和掌握大量的行业信息，对其按照新闻属性进行分析，才源源不断地发现行内新消息、新趋势。

都阅读什么？怎么阅读才能发现新闻线索？

作为信息的搜集者和传播者，每日阅读行业信息或跟行业有关的信息，是每位编辑记者的必修课程。只有如此，才能保证及时获得新鲜丰富的行业资讯；日积月累专业资讯储备，能迅速地以专业角度辨识、分析行业的新政

策、新动态、新趋势、新问题等，符合新闻规律的好选题就会源源不断。

获取和发现新闻线索的主要途径包括所报道领域的官网网站（含政府官网、相应的科研院所网站等）、专业媒体和其他媒体（含报纸、杂志、网络等）的相关信息。要想成为顶级记者，这就是每位编辑记者成长修炼的必修课。

我多年从事教育新闻报道，已成长为圈内最知名的记者之一。下面就以教育行业为例介绍记者要勤奋阅读什么。

■官方新媒体

官方新媒体指的是教育系统内的所有官方网站、微信公众号等所有形式的新媒体，当然，进入行业久了，我们就会总结出哪些官网新闻线索最多。以我的经验看，需关注的官方新媒体主要包括：教育部，省（自治区、直辖市）教委，中央和省（自治区、直辖市）教育科研机构，中央和省（自治区、直辖市）教育考试院，大中小幼学校，一些知名的社会教育机构、研究中心等。

其中要求每日阅读浏览的官方新媒体包括教育部官方新媒体、省（自治区、直辖市）教委官方新媒体、省（自治区、直辖市）教育考试院官方新媒体三大类，而且要做到"一日四览"，分为早上8点、下午2点、下午6点、上床睡觉前，好处是能及时获得行内官方动态，日积月累专业信息，快速判断信息变化等。

为什么要在这四个时间段浏览官方新媒体呢？

主要目的是不遗漏，尤其是在新媒体日益成为社会主要信息发布平台的当下，及时发现新闻发布显得尤为重要。

早上8点钟左右：主要是为了浏览昨天晚上睡觉后发布的新信息。这种情况多发生在一些重点高校发布的招生录取信息，有时一些政府机关也会选择在比较晚的时候发布。

下午2点钟左右：主要是为了浏览从上午8点到下午2点前这一段时间发布的新信息。现在的政府非常重视与媒体的合作，为了方便媒体记者参加采访、及时发稿，一些重要的会议和信息都会在上午进行和确定，把下午大段的时间留给记者采编稿件，有的甚至要对记者采编的稿件进行审阅。官方新媒体在这个时间段发布信息的概率很大、信息分量也很重。这个时间段一定要及时浏览官方新媒体，一是为了发现新闻线索，二是如果信息重大，也便于编辑者进行选题策划，包括采访突出的重点内容、涉及的新闻角度、刊发文字的多少等，给参与采访的记者留出下午时间进行充分采访和写作。

晚上6点钟左右：这个时间段是"一日四览"中最重要的一览，这个点是一天中下班的时间，政府当天需要发布的信息应该都公开发布了。主要原因还有：一是政府信息发布，经过白天工作者的一整套工作流程，下午定稿的比较多；二是一些重要的政府会议，考虑到工作餐、交通等问题，也会选择下午进行；三是如果早上8点和下午2点都没浏览的人，这个时间的阅读和浏览就可以涵盖从昨天夜里到当天发布的所有新信息。每天6点钟阅读和浏览官方新媒体，必须成为编辑记者的每日必修工作，否则可能会漏报或晚发重大新闻。这种官方信息的漏报，对于媒体的杀伤力是致命的，尤其是在同城新闻竞争中的负面作用更明显。

晚上睡觉前：这个时间因编辑记者自身的作息时间而定，不管晚上几点前睡觉，只要不晚于深夜12点，都应该习惯地把当天的官方新媒体浏览一遍，确认当天没有新的信息出现再熄灯睡觉。这个时间段的新信息量较少，但不排除因为一些特殊需要而有意选择一天中较晚时候发布。这样做的好处是，晚上睡觉很踏实，不会因为担心漏报信息影响睡眠质量。

在官方新媒体中，还要尽可能地阅读和浏览其他教育单位官方新媒体，包括教育科研机构、知名高校和中小学等。这些官方新媒体的阅读和浏览，编辑记者要根据其社会关注度、新闻产生量等进行分类，确定日浏览还是随机浏览，以及日浏览的频率等。

北京大学、清华大学等全国知名高校，校园里的任何一点风吹草动，都能引起社会极大关注，对他们的关注度完全可以与教育部、各级教育厅和考试院等同。

其余的则可根据网站内容更新频率及时浏览阅读。好处是提供深度权威

问题的最佳方式。来自北师大的教育专家说："择校费的收取要做到合理、公开、透明，杜绝暗箱操作的方式，并引入社会评价和中介机构评价的制度。"

现在的中小学上学，已经全面禁止择校，因此也就不存在所谓的择校费了。但是，当年择校费确是一种社会现象。家长为了孩子能上一所好小学、好中学，除了成绩优异、特长突出外，就是要交纳一定的择校费。

每所学校的择校费到底是多少？社会关注度极高。

记得当天，这篇文章写完交给编辑的时候，编辑激动了："明天肯定能获总编辑奖一等奖"。

北京青年报总编辑奖是报社奖励编辑记者的业务奖项，每天都评，分为一等奖、二等奖、三等奖，其中一等奖全年才有两到三篇。这篇2月刊登的稿件因为是个重大的独家新闻而荣获一等奖。

2008年，我获得了北京青年报总编辑奖一等奖2次、二等奖50多次，是全报社获得总编辑奖最多的记者。

通过这篇文章，我最大的收获是"发现重大独家新闻，只给有准备的人"。

我是负责教育领域的跑口记者，除了认真完成日常新闻报道外，从2005年就一直关注择校问题以及秘而不宣的择校费。

那天，按照惯常的工作习惯，我浏览了某教科研院所官方网站，在一个不起眼的角落里发现了这个调查报告，并从调查报告中发现了最有价值的新闻——"首次公开的北京择校费平均超2万元"。

我想如果不是长期的积累，不是长期的思考，不是长期对相关信息的关注，这条有价值的调查报告就被淹没在网站的海量信息里了。

如果不是来源于官方新媒体，这条爆炸的信息可能看似是一个谣言，作为社会影响巨大的新闻媒体如果不对信息源核准，肯定不能公开刊发。

实际上，这篇消息刊登后，相关部门就找我询问信息源。我如实地告诉对方，这篇信息来自于哪里，并把事先保存的网页截图、原文截图等发给对方。

这条重大的信息其实也带来了负面影响。后来，我按照习惯再登录浏览这个官方网站，就需要输入密码才能登录网页浏览网站上发布的消息了。而我没有密码，好长一段时间都无法登录该网站。

■专业媒体

专业媒体也应该成为补充专业信息的重要载体，包括《中国教育报》以及比较有分量的教育期刊，如《人民教育》杂志等。

到底看哪些要因人而异，但最好长期固定阅览这些专业媒体。

以我的经验来看，通过专业媒体获取新闻线索的数量有限，毕竟新闻非常关注首发，尤其是新媒体兴起后，专业媒体刊发的新闻很快会被各种新媒体转载，新闻的"新"就失去了，专业媒体刊发的行业新闻便很少会被本单位媒体采纳。

获取不了多少新闻线索，是不是就不要阅读和浏览呢？

答案是否定的。

因为，专业媒体给你提供丰富的专业资讯。只有了解了大量的专业资讯，才能帮助和提升我们在芜杂的信息中判断哪些具有新闻价值以及新闻价值的大小等。因此，阅读大量的专业媒体信息，实际上是帮助我们成长为业内专家，能够迅速判断业内信息的价值和写出业内叫好、社会认可的优秀新闻报道。

■综合媒体的相关新闻报道

每日阅读和浏览官网和专业媒体信息，为成长为一名优秀记者提供了必要的信息保证。但如果仅限于从这些途径获取新闻线索，要想成为优秀记者只能比拼写作技巧，还不能从独家新闻方面略胜于同行。

要想全面胜出同行还需要每日阅览综合媒体的相关新闻，包括这些媒体的教育版面、教育频道等刊发的教育新闻，也包括这些媒体其他版面刊发的跟教育相关的综合新闻，每日浏览的频率可以与教育部等官方新媒体相同。

这些综合媒体既包括新华社、人民日报、中央电视台等官方传统媒体，也包括百度、今日头条、腾讯、新浪等新媒体。

每日阅读这些综合媒体的新闻报道，一方面是学习这些媒体新闻报道的写作经验，另一方面是因为这些报道本身也可能蕴含着很好的选题。

在已发布的新闻报道中发现新的新闻线索进行采访报道，也是我们行内经常说的"二次新闻"报道。一些好的"二次新闻"报道，其影响甚至比原发新闻影响还要大。

我在2009年9月10日教师节刊发的"二次新闻"报道《地理教材竟将陕甘划入华北》，就是从新华社刊发的时任国务院总理温家宝在北京三十五中听课的报道中发现的新新闻线索。

温总理在三十五中听课后指出所用地理教材有错　记者调查发现——
地理教材竟将陕甘划入华北

9月4日，温家宝总理到北京三十五中学听课。据新华社等媒体报道，温家宝总理赞成地理课把地理和地质、气候结合起来，也指出了教材中的问题——教材对我国地区的划分不清楚，甚至有错误，缺乏自然的或行政的依据。昨天记者通过采访了解到，该校选用的地理教科书把陕西、甘肃划入华北地区。

■陕甘划入华北地区　总理听课发现问题

当天上午，北京三十五中学地理老师纽方萍上的地理课，内容是第九章"中国区域的差异"。华北地区是本章节的起始课，也是这节课的上课内容。课堂上纽方萍老师通过提问学生去了哪些地方让学生认识区域的差异，同时还通过投影显示了华北地区包括的省市自治区。"温家宝总理非常赞赏学生去了很多地方，比如南京、台湾、欧洲等，也赞成地理课把地理和地质、气候结合起来，同时指出了教材中的问题。"纽方萍老师回忆说，"温总理认为新版本的教材区域划分有问题，陕西、甘肃不应该划在华北地区中。"把陕西、甘肃划入华北地区的初中地理教材由中国地图出版社出版。在老的地理教材区域划分中，华北地区只包括北京、天津、河北、山西和内蒙古自治区；陕西和甘肃划入西北地区。

■地理教材至少三个版本　对"华北区"描述不统一

"现在中学教材版本很多，比如地理教材至少有三种版本，总理听课的西城区用的是中图出版社的版本，海淀区的中学使用的是人民教育出版社编写的教材，还有的区县使用的是北京师范大学出版社编写的。"北京市中学地理特级教师白洁说。据介绍，在海淀人教版地理教材中华北地区与老教材一致，仍为北京、天津、河北、山西、内蒙古自治区。

北京市中学地理特级教师张凯接受记者采访时明确表示，把陕西、甘肃划入华北地区不对，尤其是将甘肃划入华北很荒唐，因为从地域、地理、经济等方面来看，甘肃都跟华北比较远，应该划入西北或者西部。

目前我国地理教材对大区域的划分主要有三种方式：一种是按照自然地理划分，一般分为北方地区、南方地区、西南地区、西北地区等；第二种按照行政区划划分，分为华北地区、西北地区、东北地区、西南地区等；第三种是按经济划分，分为东部地区、中部地区、西部地区等。

■"中图版"教材1995年编写

从1995年秋季起，北京市部分区县的三年制初级中学开始使用由北京市组织编写的九年义务教育初中地理教材。这套教材是由北京教育学院宣武分院二部和北京市教育局教学研究部合作编写的，由中国地图出版社出版，包括教科书、填充图册、教学参考书和陆续配套的电教教材。

这是一篇典型的"二次新闻"报道，但我却挖掘出了比原报道更令人关注的新闻，那就是"地理教材竟将陕甘划入华北"。

该文刊发后，第二天不仅成为各大门户网站的头条新闻，而且转载率超过千万次。

当年 9 月，温家宝总理走进北京三十五中，坐在教室里与学生听了一上午课。我供职的《北京青年报》，作为地方媒体转发了新华社的相关稿件。

9 月 10 日是教师节，编辑部找我做些教师节应景式常规报道。我便开始登录网站，浏览最近几天的教育新闻报道。看到了新华社刊发的时任国务院总理温家宝到北京三十五中听课的消息。

我跟北京三十五中很熟，问编辑部是否可以采访北京三十五中教师，让他们谈谈温总理听课后的感受写篇报道。既有关注度，也有新内容。编辑觉得不错。在没有其他更硬气的应景教育新闻时，这样的应景新闻还是很吸引人的。

为了写好文章，进行有针对性的提问，我特别认真地读了新华社刊发的新闻稿，其中"温家宝总理赞成地理课把地理和地质、气候结合起来，也指出了教材中的问题"引起了我的关注和思考。

我的提问便从温家宝总理"指出了教材中的问题"是什么问题开始。我个人从初中到高中，地理一直是优势学科，地理基础知识掌握得很扎实。老师回答说："温总理认为新版本的教材区域划分有问题，陕西、甘肃不应该划在华北地区中。"新版地理教材中的这种说法，到底是新的提法还是出现的失误？我又对地理教材的版本、每种教材中的提法等进行了全面权威采访。最终完成了这篇一千多字的消息，于 9 月 10 日教师节当天刊发。

这个报道进一步从一个侧面、一个细节报道了国家领导人踏实和勤于思考的工作作风，也成为当年教师节最亮的一篇跟教师有关的报道。

该报道引起社会巨大反响。

关于温家宝总理听课、教材内容纠错等，全国媒体展开了激烈讨论，主要有两种声音，一种声音如《总理纠错为何成"媒体报道不实"》，一种声音如《温总理较真中学地理课本　重申：将陕宁划归"华北"欠妥》。

总理纠错为何成"媒体报道不实"

四川在线天府评论　2009 年 9 月 22 日

这注定是一个冰点评论由头。日前，中国地图出版社对温家宝总理为该社出版的地理教材纠错作出回应：自然地理概念中的"华北地区"，包含陕西、甘肃、宁夏的一部分，与通常认为的原行政或经济概念中的"华北地区"是两个不同的概念。地理教材出版方称是"媒体报道不实"。（9月21日中国新闻网）

如果说成"媒体报道不实"，只能有两种类型：一种是，温总理并没有为中国地图出版社的自然地理教材纠错，新闻事实并没有发生，是媒体无中生有，胡编乱造；再一种是，虽有温总理为教材纠错，但媒体报道出现了理解把握性偏差，曲解了原意。

但是，笔者从中新社新闻字里行间却看不出以上所包含的两种类型。而是通篇阐述自然地理概念华北地区与行政或经济概念华北地区的区别。明眼人一看便知，是教材出版方不同意温总理的纠错。而出版方又不便说出温总理纠错不当，而把矛头指向"媒体报道不实"，这是标准的官场"又要当、又要立"的技巧。

老一辈革命家陈云同志极力主张"不唯上，不唯书，只唯实"。个人理解，就是真理不唯高官定调，不唯书本定夺，而唯实践是检验的唯一标准。中国自然地理区分，属于学术界范畴，在于实事求是，在于符合中国自然地理实际。高官、教材虽然说了，但还要看是否符合中国自然地理实际。如果，中国地图出版社的自然地理教材是学术界一致公认的权威教材，那就要据理力争，就要在温总理纠错后敢于正大光明地实话实说，表明自己的不同立场和观点，而不要言不由衷地归咎于"媒体报道不实"。

据北京三十五中学上"中国区域的差异"地理课的地理老师纽方萍回忆，"温总理认为新版本的教材区域划分有问题，陕西、甘肃不应该划在华北地区中。""有问题"，问题是可以讨论的；"不应该"，应该是可以商榷的。但是，温总理没有表述成"有错误""应该改"，说明仍然有必要经过权威性的专家、学者去商讨以取得共识。因此从根本上说，媒体没有错，而是教材出版方表述暧昧，用词不当。

温总理较真中学地理课本
重申："将陕宁划归"华北"欠妥

汉网－武汉晚报　2009 年 10 月 15 日

据中新社电　10 月 12 日晚，国务院总理温家宝致电新华社总编室更正其讲话稿中关于岩石分类的错误。在此同时，针对此前广为关注的北京中学教材中"华北"分界的问题，温家宝表示他认真研究过，将陕西、宁夏划到"华北"欠妥。

今年教师节前夕，温家宝总理到北京第三十五中学听课，课后对地理课做如下点评："讲华北一下子我就听糊涂了，因为课本讲的既不是自然分界，又不是经济分区，也不是行政分区，华北怎么把陕西、甘肃和宁夏包括进去了？课本对中国区域划分的依据不足，无论是自然的、经济的还是历史沿革的划分都没能讲清楚，有的是错误的。"

随后，上述提到的教材出版方——中国地图出版社在其网站发布声明称媒体报道不实，并称自然地理概念中的"华北地区"，包含陕西、甘肃、宁夏的一部分，与通常认为的原行政或经济概念中的"华北地区"（包括北京、天津、河北、山西、内蒙古五个省级行政区域）是两个不同的概念。

目前，国家测绘局已会同相关部门并组织相关专家进行研究，以期从自然、经济、行政等方面对中国的区域进行更合理的划分。

据了解，现行初中地理教材中的中国地理分区普遍采用中国自然地理分区方案进行表述，即全国分为北方地区、南方地区、西北地区、青藏地区四个大区。北方地区内部包括华北地区和东北地区两个亚区。

10 月 12 日晚与温家宝通电话的新华社值班副总编辑吴锦才评价说："总理身上有科学家认真、严谨的风格，他对文字的推敲是十分仔细的，而且，会多方征求权威专家的意见。"

据吴锦才回忆："新华社曾经播发温家宝总理接受美国《科学》杂志采访的稿件，那天正好也是我值班。播发稿件前，也是晚上9点多，总理亲自打电话到新华社总编室，说'先不要急着发出去，我还想请几位院士帮我再看一看'。其中在提到映秀地震方向时，他将记录稿中关于地震走向的专用术语仔细作了修正。"

作为当时在全国都有巨大社会影响力的《北京青年报》，也非常关注该篇报道带来的社会反馈。我作为后期追踪报道的参与记者之一，也被相关单位邀约做专访。

但后来，我的专访安排被取消了。

此后，一直到当年的11月上旬，《北京青年报》才刊发了关于此新闻报道的第二篇相关报道，《初中地理教材"陕西甘肃划入华北"争议有结果　新版教材明春使用争议内容不进课本》。这个报道也是我写的。

当年的11月9日，针对刊发《温总理在三十五中听课后指出所用地理教材有错　记者调查发现——地理教材竟将陕甘划入华北》的报道，北京市教育委员会副主任罗洁在北京市2008—2009学年度课改工作交流会上接受我的采访时，给予了明确回应："义务教育阶段教材跟高等教育不一样，没有争议的内容才允许用。有争议的内容不进入义务教育阶段教材，因为义务教育阶段教材内容体现的是国家意志和时代要求，内容上坚决不允许有争议。"

当时北京义务教育阶段教材首轮修订已经结束，从第二年春季开始，小学一年级到初中三年级将开始启用修订后的新版教材。

北京教育科学研究院原副院长张铁道说："义务教育阶段教材修订的第一阶段主要包括对语、数、外、地理等17个学科进行的纠错式修订，以及难易程度的修改，还将加入体现时代发展新变化的内容。目前已经协调六家出版社，完成了各科的调研报告。"

北京义务教育阶段教材由北京教育科学研究院基础教育课程教材研究中心编写。北京教科院原副院长张铁道表示，新一轮的教材编写将严格按照教育部颁布的新课程标准细则编写，"新修订的义务教育阶段教材虽然也支持一纲多本，但争议内容不进入义务教育阶段教材也是基本原则，对于现有教材中明显有问题的、不符合时代要求的、错误的内容，都将在新修订后的教材中给予纠正。"

对于新华社关于国务院温家宝总理这次去北京三十五中学听课的信息，我进行了两次"二次新闻"报道，都非常成功，上述的这篇消息获得了当年度北京青年报总编辑奖一等奖，另一篇是我组稿，由北京三十五中学学生写的《我的同桌是总理》获得北京新闻奖一等奖。

我的同桌是总理（节选）

这是一组来自三十五中初二（5）班学生的作文，小作者们带着惊喜和幸福心情，从不同侧面讲述了与温爷爷在一起上课时感人的细节。让我们与这些学生一起感受共和国总理那亲切朴实、仁爱忧民的情怀，还有对教育和未来一代的重视和期望。

我的同桌是总理
三十五中初二（5）班　◎常子宜

今天是 9 月 4 日，从早晨醒来，睁开双眼，还是平常的一天，真的是再平常不过。怀着一颗平常心，却得知了一个不平常的消息：今天，温总理要来我们学校，亲身感受当前中学课堂教学的实际情况。我不禁为之一振，心里想："温总理是一个国家的总理，天天为国事操劳，还要视察学校，真是辛苦！"

到了音乐教室，我的右边座位空着，我心里一惊，不会是总理要坐在这里吧？！我满脑子都在想：一会儿温总理来了，我应该怎么向温总理问好？我该说什么呢？……想着想着，便看见很多领导和记者从门外进来。也是在突然之间，一个在电视上看到过无数次的熟悉的脸庞映入眼帘，温总理来了！

随后，温总理径直向我旁边的座位走来，当他经过我身旁的时候，我从内心深处发出一种声音："温爷爷，您好！"总理微笑着，对我轻轻说了一句："你好！"接着又亲切地对我说："我今天就跟你同桌吧！"我幸福地笑着，因为今天我的同桌是总理。

已经上课了，我的内心却还是激动不已，无法平静。这节音乐课是新学期的起始课，老师先就此学期要学习的音乐课提出了几个简单的问题。要是搁在平时上课，我会大胆地举起手来，但是，今天……不知怎么了，手是怎么也举不起来，面对这样的僵局，温总理小声对我说："你怎么不举手啊？"这大概是来自于长辈的嗔怪吧？！如此的亲切温暖。最终，我不知为什么还是没能举起手来，老师却叫了我的名字。我站起来的瞬间，耳边响起了温总理亲切而爽朗的笑声，这似乎是对我的鼓励吧……

接下来，我们则聆听了"The King of Pop"——Michael Jackson的歌曲 *We Are the World*。当音乐进入高潮，温总理轻声地与我谈起了 Michael Jackson，总理问了我几个关于 Michael Jackson 的问题，我一一回答了。随着音乐声结束，我突然想到一句话："爱他们，从了解他们开始！"这句话是多么适合我们亲爱的温总理啊，一个国家的总理，为治理国家，他首先便选择了了解。

终于进入了课堂的主旋律——《让世界充满爱》，我们跟随着旋律歌唱着"爱"，总理也在轻声哼唱，一首"爱的歌"把整堂课的主题升华。

在整堂课快进入尾声时，老师邀请两位男同学、两位女同学合唱《让世界充满爱》。这一次我骄傲地举起了左手，从容地走到台前，用心把这首歌唱给总理听，那时，我没有一丝恐慌，因为我想台下有一个平和而且温柔的眼神在鼓励着我……

40分钟一晃便过去了，总理又对我们讲了一番话。我们认真地倾听着，生怕落下一个词语……最后，总理对我们说："我爱你们！"我们也齐声回应道："温爷爷，我们爱您！"幸福，便在总理的脸上绽开。

接着，我们又一起唱起了《幸福拍手歌》，在欢快的乐曲中，我想了很多很多，并在心里大声地说："温爷爷，您整日奔波，为国事操劳，请您一定要保重身体！"

　　我望着温爷爷，幸福洋溢在我的心头，也就是在瞬间，这种幸福传递给了每一个人……

第四节　道听途说
随时记录核实"道听途说"，小道消息转化为新闻线索

　　"道听途说"看起来与新闻相悖，但"道听途说"来的却可能是最新鲜的选题。当然这要求我们必须认真地去核实，把"小道消息"或"谣言"转化为新闻线索。

　　"现在的孩子早上上学太早了，听有的妈妈说孩子早上要喝咖啡提神。"一所中学班主任老师说，"早上上课能不能晚一点儿。"

　　这是 2000 年冬天我去北京市海淀区一所中学采访时"道听途说"获得的消息，对此很好奇"现在的孩子早上上学能早到什么程度？是个别现象还是普遍现象"等。

　　我把当时听到的信息及自己对此问题发出的疑问记录在采访本上。

　　后来连续实地做大量的调查完成了系列报道《上课能否晚一点儿》，该报道一刊发就引起读者共鸣，"建议中小学生早上晚点上学"成为 2001 年"北京两会""全国两会"一号提案，报道获得了北京新闻奖和中国新闻奖。

　　2005 年"六一"儿童节前夕，编辑部想要进行应景式的报道。

　　编辑部介绍说，近期也收到了多名记者发来的关于"六一"儿童节的消息。但这些消息都很普通，几乎是清一色的儿童节司空见惯的活动报道，比如举行入队仪式、某个明星到小学参加入队活动、某个学校举行"六一"游园会等。

　　编辑部主任问："你这儿有什么要发的信息吗？"

　　没等我回答，她又问："你一直说学生课业负担重，到底有多重，能通过什么说清楚吗？"

　　从 2000 年到 2005 年，我对学生学业负担过重持续关注，也写了一些有

影响的新闻报道，尽管社会反响很强烈，但学生的学业负担依然没有减轻。

编辑部主任这么一问，我突然想起来一件事，问："前几天我参加了北京市政协教育组组织的一次座谈会，一位政协委员会上发言时提到：听说现在的孩子课业负担很重，原来的书包有的都换成了拉杆箱。我把委员们所说的内容要点记录下来，但是否是真的，我还没去核实。"

经过一番交流与沟通后，我们达成共识，对我记录的政协委员的表述进行实地采访，写一篇深度报道，定位于"六一"儿童节当天的主打新闻。

为了调查的范围更广，编辑部特意增加了一名记者。我们去了小学门口调查核实，写出了《小学生书包背不动　拉杆箱轰隆隆进校园》的深度报道。该报道刊发后影响极大，获得北京新闻奖二等奖

此后，"拉杆箱"成为小学生学业负担重的形象描述，还被一些精明的企业家发现了商机，大量生产"拉杆箱"式的学生书包。

记者在六一节前一天调查小学生书包重量
小学生背不动大书包
拉杆箱轰隆隆进校园

书包对于每个上学的孩子都是必备品。然而过重的书包对于一个小学生来说，则是一个沉重的负担。昨天，记者发现，现在的小学生为了减轻双肩的负担，已经摒弃了双肩背的背包，拖着拉杆箱上学了。昨天，记者来到北京一些小学门口调查情况。

下午3点20分，正是小学生们放学的时间。校门口熙熙攘攘，家长们在校门前等待着接孩子，记者看到，果然有小学生拖着类似于行李箱的书包从学校里走了出来。这种书包稍大，除了装上了拉杆以外和别的书包没什么两样，是厂家针对在校学生课业繁重而特殊设计的。

一名拖着粉红色书包的三年级小学生告诉记者："书太多太沉，这样拖着就不累了。"而一些没有拖着这种书包的学生身上，也背着沉重的书包。记者注意到，来接学生的家长，见到孩子，第一个动

作都是一手接过孩子手中的书包，免得孩子被沉重的书包压坏了。

■拖着行李箱上下学

拖着行李箱上下学。这个行李箱里装满了一周上课用的课本、教辅书和作业本等各种学习必需用具。

在日前北京市部分政协委员举行的一次关于"学生减负"的座谈会上，朝阳区一位家长介绍了她曾经对社区内学生的书包重量做过一次调查：初一学生书包最轻的也得13斤。

这位家长告诉记者，她家附近的几所学校，每到周一总能看见一些学生拿着行李箱当书包用，学生说书本太多、太重，他们根本就背不动，于是央求家长用车将其送到校门口，然后拉着行李箱去上课。

昨天下午放学，记者在海淀区一些小学门口看到，小学生们的书包大多都在背上"隆"起一个大包。一个小女孩告诉记者："奶奶称我为小蜗牛。"而据记者了解，许多学校为减轻学生上下学负重，利用教学楼走廊为学生建了书包储藏阁。

■学生课本最多可达20本

现在小学生的书包里最多会装多少课本？在20年前，任何一个老师都会回答：语文、数学，多了再加一个常识。可是现在的老师要回答这个问题，却只能含糊地说"可能是十多本吧"。

记者对东城、西城、海淀的一些知名小学采访时了解到，现在小学课程动辄十多门，除了语文、数学、外语，还有思想品德、美术、音乐等，另外各自还开发了许多特色教材。除了书本，几乎每门课都要配备练习册、课外阅读等。加上学生为了上个好初中而报的各种课外辅导班需要书本，最多一个学生的书包里同时装了20本教学用书。

课程多了，相应的作业也就多了。据小学生介绍，仅数学作业就需要3个本子：课堂作业本、家庭作业本、课堂笔记。在小学生的书包里，还装有各种科目的测验卷子，使得原本已经丰满的书包肚子彻底鼓了起来。

■课本精美了但也变重了

本市中小学教材用书，基本由北京出版社印制。"与原来课本黑白印制相比，现在全部采用彩色印制，使用纸张的重量也由原来的55克胶增重到80克胶。"北京出版社有关人士介绍。

记者了解到，课本使用纸张克数的增加，是导致书包整体增重的一个主要原因。

与前些年相比，现在小学生课本不仅变厚了，而且变大了。北京出版社有关人士介绍，原来课本是32开，现在都是16开，书本大了一倍。记者发现，由于现在课本多采用插图，因此同样的教学内容，现在的课本页数比原来增加了许多，无形当中使书本变厚、变重。

■孩子们的负担有多重？

崇文教委小教科一位老师说："孩子从幼儿园就有负担了，在现实情况的逼迫下，家长从幼儿中班就考虑给孩子报什么班了，比如珠心算、美术、音乐、舞蹈等。"

朝阳教委督导室主任诸平说："看着孩子累成这样，我们都觉得心酸。但是，现在孩子的负担越来越重，重得已经使成年人失去了同情心。"

■学生书包不能超过5斤

"小学三年级学生的书包，最重不能超过5斤，否则可能导致学生脊柱侧弯、变形，从而影响孩子身体形态发育。"首都体育学院运动人体科学系教授姚鸿恩说，"学生书包重量控制在3斤左右为宜，对于这个年龄段的孩子来讲这已经不轻了。"

姚鸿恩教授说，小学生的骨骼和成年人不一样，他们的骨骼中有机成分和水更多，因此不容易骨折，但由于抗压、抗弯能力差，因此一旦长期负重骨骼就很容易弯曲变形。

基于小学生身体发育的这个特点，姚鸿恩教授特别指出，小学生长期负重，会给孩子的生长发育造成多种危害，比如脊柱侧弯变形、腿变成 O 形或者 X 形、足弓可能被压成扁平足。

"过早地长期负重，特别影响孩子的身高发育。"姚鸿恩教授说，"小学生长期负重太大，容易造成孩子过早地骨化完成，从而使本该达到的身高却没有达到。"

调查显示，四川、湖南等山区青少年身高普遍低于平原地区。姚鸿恩教授指出，这跟他们过早地、长期地背着沉重的背篓上山砍柴、背粮食有很大关系，"另外，这些地区的孩子普遍脊柱侧弯严重"。

新闻现场：

小学生书包平均重量 9 斤左右

昨天，记者分别对正在上小学三年级的一个男孩和一个女孩书包的重量，以及课本的数量做了一个量化的调查。调查后记者发现，目前，学生书包的平均重量基本在 9 斤左右，如果将课本都摞起来，已经到达了孩子们的膝盖。

■42 斤小女孩儿背起 9 斤书包

莉莉今年 9 岁，身高 1.23 米，体重只有 42 斤。她每天回到家里，爷爷都会打趣地说一声："我家的小登山队员回来了。"这个称呼自然来自于孩子每天肩上背着的大书包。莉莉身材比较瘦小，小肩膀上全是骨头，可是每天上下学她都要背上 9 斤左右的书包。记者仔细地看了看孩子的课程表，发现除了星期一只有 4 门课，要带的书最少外，其他几天东西都不少，星期五还要上 7 门课，东西就更多了。

记者将孩子的书本全部摞起来发现，书本的高度已经达到了 23 厘米，几乎到了小姑娘的膝盖。而将所有的书本摊开，家里的客厅已经没有了走人的空间。孩子的妈妈说："记得我小时候读书时，除了语文、数学等课本，书包里就没有东西了。可现在的孩子，不仅要背上课本还要背上与课本相关的练习册，这下重量一下子就增加了。"

记者进行了一个简单的计算。比如：莉莉今天要上一节语文课，她应该带语文书，可相关的书还要带 4 本，书包一下子就被占据了不少的地方。

■小男孩两个书包不同课程分开用

和柔弱的女孩子相比，男孩子在体质上的确有些优势，但在沉重的书包面前，优势就没那么明显了。明明今年 9 岁了，身高 1.4 米，在他的班级里算是个中等偏上的个头儿了。但是当他把自己的书垒成一摞放在脚下量时，书的高度也达到 16 厘米了。

记者让明明站在地秤上，指针指了 28 公斤；再让他背上书包称的时候，指针一下子指到了 33 公斤，也就是说，他每天要背的书包重达 5 公斤。明明背着自己的书包只一会儿，就已经发怵了。他的姥爷说，幸亏明明的学校离家不远，要不多累啊。记者用 8 公斤的弹簧秤吊起了明明所有的书，没两分钟就感觉腰开始酸了。可想而知，这么重的书包背在 9 岁小孩肩头时的沉重。

明明的妈妈告诉记者，孩子每天都要背着沉重的书包去上学，有时候还要再拿着自己画画用的纸笔和兴趣小组用的滑轮。明明每天要装的书本塞进书包就已经很勉强了，如果再塞别的根本装不下。于是，明明的妈妈干脆给他准备了两个书包，到了周六要上提高班的时候，明明就用另外一个书包来装自己英语班和数学奥校的书本。

随手把"道听途说"来的信息记录下来，在完成常规采访后分析核实这些"小道消息"要成为职业习惯。在信息传播便捷的时代，"道听途说"则提供了大量的独家新闻。作为一名优秀的新闻从业人员，就是要不经意地去倾听旁边人聊天内容，见了熟人就要海阔天空神侃，并及时记录要点，积攒信息素材，然后再去核实。

不光是随手记下"道听途说"，还要养成随手记下"所思所想所问"的习惯。每天对自己阅读到的消息或文章，对其中不懂的、好奇的内容发问，然后去寻找"答案"，也是获取丰富新闻线索的好途径。

第五节　特殊时段
会议结束前后 5 分钟，常规工作会议易发独家信息

记者最日常的新闻报道是负责领域的相关报道。这些报道大多数来自于记者负责的政府部门或相关单位的工作会议报道。工作会议的刊发量至少要占到记者采写刊发稿件总量的 50% 以上，有的甚至达到 90% 左右。

工作会议报道由于通过举行新闻发布会的方式进行，举办者会邀请所有备案的媒体记者，因此记者很难发布独家新闻。

一些工作会议由于年年举行，加上又以正面报道为主，久而久之一些记者产生懒惰行为，即便来到会场也是签个到，领取会议通稿后就撤离了。

在这些记者的行为意识里，这样的工作会议新闻如果不是新政策等硬消息，便不会产生重大信息，编辑刊发这样的工作会议新闻的可能性也比较小，即便刊发也是为了维护业缘关系，从而采取弱化处理。

通过多年对工作会议报道的经历，我发现了工作会议一个有趣的现象。

工作会议结束前 5 分钟，也就是大会的工作流程全部进行完毕，包括经验交流、领导讲话等结束后，参会的主管领导尤其是一把手，会脱离原讲话稿就本系统存在的一些现象或问题提出具体的要求，把一次工作经验交流会变成工作问题分析会、解决问题要求会。

2003 年 7 月，临近放暑假，北京市教委举行领导干部工作会。

这样的工作会议年年举行，每年举行两次，一次在放暑假前，一次在放

寒假前。因此，多年参加此类工作会议的老记者们，对于这样的工作会议已经产生职业倦怠了。

按照惯常的思维，这样的工作不会有重要的新闻，甚至这样的工作会议在都市类媒体中都难以刊发。因此，老记者们领了新闻通稿后纷纷撤离。

当天我是个例外。因为，除了这个采访外我没有别的采访安排，于是我选择留下来，认真地听会上的各个发言，权当是一次教育工作内容培训。

工作会议进行得很流畅，一些工作好的学校做了经验交流，最后是时任教委主任的耿学超发言。他读完了大会准备的领导讲话。

至此，我也没有发现有异乎寻常的重要新闻点，甚至产生了一丝遗憾：今天的新闻能发就不错了。

突然，耿学超主任的声音提高了，听得出来甚至有点发怒了："目前北京教育乱收费有回潮现象。哪个区县教育乱收费出了问题，首先要追究区县教委主任的责任，然后上追到所在区县领导责任。"

尽管没有乱收费的具体事例和内容，但一个乱收费回潮现象和追究领导的责任，就已经是很重要的信息了。

于是我以《北京遏制教育乱收费现象　出问题先追究领导责任》为题写了一篇短消息，对本次工作作了新闻报道，没想到第二天成了独家信息，被新华社等各大媒体给予转载。

更没想到的是该报道还得到耿学超主任的高度赞赏。因为我的报道点正是北京市教委想要传播的信息。

因这篇报道，耿学超主任对我做的市教委工作新闻报道非常赞赏，对我关于市教委的工作报道内容非常信任。我们也因此建立了良好的私人关系。

也是因为出色的新闻报道，以及个人品行，我与后来的北京市教委主任姜沛民、刘利民、线联平等，以及教育圈内赫赫有名的中国人民大学附属中学校长刘彭芝、北京四中原校长刘长铭等建立了良好的私人关系。他们为我采写很多有价值的教育新闻报道提供了居功至伟的支持和帮助。

北京遏制教育乱收费现象
出问题先追究领导责任

北京市教委主任耿学超昨日表示，目前北京教育乱收费有回潮现象。哪个区县教育乱收费出了问题，首先要追究区县教委主任的责任，然后上追到所在区县领导责任。

耿学超要求，对于一些学校补课收费屡禁不止，以及有的甚至打着民办教育培训机构旗号，实际上都是义务教育阶段的老师和学生的现象，各区县要认真给予解决，不要为了应付市教委而找对策。

耿学超提出，各区县不要把学校用高考分数进行排队，"对于假期补课要根治，尤其是乱办的奥数、英语等各种班"。

按照北京市教委日前发出的通知，各小学、初中和高中不得以任何名义办升学补习班，义务教育阶段公办学校一律实行免试就近入学，不准小学、初中招生举行选拔考试，不准占用学生休息时间组织集体补课等，对违规操作者将一律严肃处理。

通过多年的采访实践还发现，除了常规工作会议结束前5分钟易有独家信息，会议结束后5分钟内也是最容易采访到独家新闻的黄金时间段。

在常规工作会议举行的过程中，即便有记者采访敏感话题或求证内幕消息，掌握内幕消息的官员或相关人员都会口风较严，对于一些不方便回答的问题大多以外交辞令回复。

一旦会议结束了，会场上的聚光灯灭了，与会人员就会放松警惕，很容易随口回答记者的提问。

2005年5月，中国青少年发展基金会举行希望工程庆祝活动，邀请了三位希望工程标志性人物团聚。这本身是一个比较好的新闻，关注度也比较高。但如果只是常规地刊发这次聚会，该活动的新闻分量略显轻了一些。

在整个活动举行的过程中，尽管拍摄希望工程标志性照片的著名摄影记者解海龙，以及参加活动的主办方和三位邀请来的"大眼睛"苏明娟、"大鼻涕"胡善辉、"小光头"张天义也都发了言，但他们的发言内容很常规。会上也让记者提了一些问题，这些问题提得中规中矩，答得也小心谨慎，尤其是三个年轻人可能是第一次面对如此宏大的记者采访团，都显得放不开，回答问题也是简单的几个字。

作为长期关注希望工程的记者，我对希望工程和三位年轻人都有一些问题想问。看到他们面对众人拘谨的样子，我决定会议结束马上找他们聊。

我们聊得非常轻松愉快，获得了很多鲜为人知的独家秘密。

一次带有宣传性质的聚会庆祝活动，被我写成了有趣好玩的揭秘报道，比如"小光头"没领到过希望工程一分钱、"大鼻涕"差点取代"大眼睛"成希望工程标志性照片等，编辑以近半个整版的篇幅、多图配文的形式给予刊发，第二天也成了网上唯一被广泛转发的关于本次活动的新闻报道。

希望工程三知名代言人昨回家 并首次透露当年小秘密
希望工程标志照 差点没选大眼睛

昨天上午，希望工程的三个标志性照片的主人翁，"大眼睛""大鼻涕""小光头"第一次一起回到"希望工程"这个家，看看在那里工作的"亲人们"。在感动的气氛中，记者了解到了三个曾经在全国家喻户晓的孩子一些鲜为人知的秘密。

■ "大眼睛""大鼻涕""小光头"昨天才互相认识

上午9点多，位于圆恩寺胡同的希望工程办公院内，走进来三个年轻人：女孩的大眼睛格外明亮、穿着红T恤的男孩眼神有点忧郁，另外一个男孩身着军装，显得很是威武。"踏进门的一瞬间，我们觉得特别激动。"他们说，"觉得这是回家了。"

这三个年轻人，就是希望工程三个标志性照片的主人翁："大眼睛"苏明娟、"大鼻涕"胡善辉、"小光头"张天义。他们以渴望上学的眼神和自身的经历，唤起了全国人民捐资助学的热潮。据悉，截止到去年年底，希望工程共捐助了275万名贫困学生，援建了11888所希望小学，收到海内外累计捐款27.3亿元。

"别看他们都是全国家喻户晓的人物，但他们还是第一次见面。"中国青少年发展基金会有关人士说，"'大眼睛'今年大学毕业，已被安徽一家银行录用。'大鼻涕'当了兵，'小光头'现在读大二。"

孩子们说，因为要参加中央电视台的一个节目录制，所以才有机会一起来到北京，并一起回家看看。

■ "大鼻涕"差点取代"大眼睛"成希望工程标志性照片

"大眼睛"苏明娟的那张照片是众所周知的希望工程标志性照片。但是，"大鼻涕"却曾经差点取代"大眼睛"而成为希望工程的标志性照片。据中国青少年发展基金会有关人士介绍，"大鼻涕"是希望工程使用频率最高的照片之一，所有的看到照片的人都会联想到"大鼻涕"在声嘶力竭地喊："我要上学！"

"大鼻涕"真名叫胡善辉，现在是济南军区后勤部队的一名志愿兵。1992年，著名摄影记者解海龙用镜头进行农村教育状况调查时，透过窗户纸看到孩子们正在读"山、石、水、火"等字。"大鼻涕"读得特别卖力，他皱着眉头，流着鼻涕。

"大鼻涕"的形象发表后很受喜爱，并差点取代"大眼睛"成为希望工程的标志性照片，"后来因为觉得女孩子更能够感动人，才选了苏明娟。"拍摄三位孩子的记者解海龙说。1992年希望工程开始大规模宣传，"大鼻涕""大眼睛"和"小光头"成为家喻户晓的人物。

■ "小光头"没领到过希望工程一分钱

被称为"小光头"的男孩以惹人怜爱的形象，格外打动了无数有爱心的人士。他就是张天义，今年20岁的他是江苏盐城工学院二年级学生。

"我从来没从希望工程领到过一分钱。"张天义昨天向记者透露说，"照片见报后曾经接到过一个爱心人士300元的捐款，指定给我和照片上另外一个小伙伴，我200元他100元。家里人觉得小伙伴比我们家更贫困，所以把钱就全给了他。"

　　事后没多久，"小光头"随着家人从安徽到江苏无锡打工。"大家只知道我的形象，但却不知道我叫什么名字，又因为全家迁居，所以我从来没有领到过希望工程的一分钱。""小光头"说，"但是我能顺利地完成学业考上大学，也是在社会爱心人士的帮助下完成的，学校给我免掉了学费，老师则对我的生活和学习给予了帮助。"

第四讲　新闻策划
周密策划精制新闻精品

有了令人兴奋的好线索，并不等于能写出好新闻，怎样将一条好线索发展成为一条好新闻：周密策划！

周密的策划为后续工作推进做好了基础准备。周密的策划一方面可以由个人单独完成，也可以由集体完成。

《上课能否晚一点儿》《儿歌变灰了童年扭曲了》等系列报道获奖，部门选题研讨发挥了重要作用。

在研讨会上，我作为选题发现者，先向大家介绍情况并阐述我即将采取的采访方式、写作角度等，然后再由大家集体出谋划策对选题进行完善、对采访写作进行援助。

当年，也是因为在部门例会上的业务研讨，才让看似平常的学生上学太早上升为《上课能否晚一点儿》大讨论，引起社会巨大反响，获得北京新闻奖一等奖、中国新闻奖二等奖。

正是事先周密的策划，《上课能否晚一点儿》从导语、材料、写作等方面都达到了新闻作品的典范，被选入全国高中语文教材（人民教育出版社）。

人民教育出版社编辑表示该篇作品有三个优点：一是中国新闻奖获奖作品，写作质量有保障；二是文章短小精悍，适合选入中学语文课本；三是新闻反映的主题内容学生比较关注。

《上课能否晚一点儿》选题策划一开始分为6篇。

1．开篇以《现代生活节奏的改变使年轻父母对孩子7点半上学越来越不适应——上课能否晚一点儿》为题率先开展全市探讨

现代生活节奏的改变使年轻父母对孩子7点半上学越来越不适应
上课能否晚一点儿

近日，记者接到家长来电，说现在的孩子每天上学的时间太早了，这与不少年轻家长的工作生活时段出现了"冲突"，建议早晨晚一点上学。

昨天早上5点30分，记者在海淀区香山路看到，寒风中昏黄的路灯下，三三两两的学生已经骑车上学了。6点钟，颐和园附近的几所中学里教室的灯已经亮了。6点30分，北京某中学第一批学生已经到校了。7点钟，记者来到另一所中学门口，一个穿黑红相间棉衣的学生说，现在是进校高峰期。记者在沿途看到，不管是街上骑车的人还是坐公交车的人，学生占的比例都在60%以上。7点20分以后，路上几乎看不到上学的学生了。

在332路中关村车站，送女儿上学的家长王炼说："学生这么早上学，不仅孩子困，家长也困。另外天黑路远，不送也不行。"刚送完孩子的家长孙均枫抱怨说："孩子7点多进校了，可是我9点才上班。现在，回家吧，太远，上班吧，太早。大冷的天，这一个多小时只好在大街上溜达。"教师井妍说在开家长会的时候，家长总是埋怨与孩子没有交流的机会，说自己还没有起床，孩子就上学去了，等下班了孩子又要忙于做作业。由于学生上学过早，部分学生都来不及吃早餐。

一位教一年级的女老师则对记者说："我们也觉得应该改改早上上学的时间，尤其现在到了冬天，孩子们即便住在附近也得6点半起，到校的时候天还没亮。晚上睡得又早，好多孩子八九点钟就睡，

不在最佳睡眠时间睡觉效率也不高呀！"

最近，国际上有不少研究报告指出，青少年的"内部时钟"令他们较晚才休息，需要在早上多睡一点儿。有关研究也发现，推迟高中的上课时间有助提升学生的成绩及改善学生纪律问题。美国一家研究组织建议，将过去高中生7点半前到校时间全面推迟四五十分钟。

北京联合大学副教授郝天慈认为上午8点上课比较合适，同时压缩中午学生休息时间。另外，根据冬夏天气变化特点也应有适当变化，冬天晚点儿，夏天早点儿，避免学生上学的时候天色比较暗，确保学生的人身安全。

关于学生早上到校的时间问题，记者咨询了有关教育行政部门。东城区教委中教科科长说，教育部、市教委、区教委对学校几点钟上早自习没有统一规定，也没有时间上的要求，学校可以自行安排。宣武区教委中教科一位老师说中学的早自习一般在7点半，具体时间学校可以自己定，没有明文规定；小教科的老师则明确说，小学应该是没有早自习，从减轻学生的负担出发，要求学校不要办早自习，但没有相关的具体文件。

（刊发日期：2000年12月23日）

2. 以《早上学容易导致疾病——专家指出：孩子长期身心疲惫会引起心理紊乱、体质下降》为题，将教育界专家意见公布出来

早上学容易导致疾病
专家指出：孩子长期身心疲惫会引起心理紊乱、体质下降

"学生长期处于疲惫状态，很容易使学生食欲降低心理紊乱，而且还会导致一些隐性疾病。"北京师范大学教科所研究员赵忠心说，"学生的作息时间应该与社会主流人群同步，以保证学生充足的睡眠。"

昨天下午，海淀区某中学女生王爽向记者讲述了她一天的作息

安排。她把闹钟定在早上 5：50。她家楼底下的停车场没有灯，由于天黑，每天早晨取车的时候都特害怕，有时候甚至怀疑表是否坏了，自己起早了。7：20 开始上早自习。如果没有作业的压力，她说大多数同学实际上早自习都在聊天，还不如在家多睡会儿，这样上课精力就会更加充沛些。中午 12 点下课。正常下午上课在 1：20，可是现在学校在中午还加了一节课，改成 12：40 了，这样每天中午吃饭就跟赶集似的。下午上连堂课。她说自己一天也就睡 7 个小时，同学们都觉得累，真的。就在记者采访王爽的时候，家住朝阳的杨女士来电说，由于上学早睡觉晚，她上小学的女儿早晨起来强睁着眼说要喝咖啡，说这样可以提神。

"学生身心长期处于疲惫状态，不仅影响学生体质的发展，还可能导致一些隐性疾病，到成年才能显现出来。"北京师范大学教科所研究员赵忠心说，"现在的孩子由于上学太早太急，无暇吃早餐，长期以后就没有了食欲，学校管理严格，心理压力过重，从而很容易导致心理紊乱。而缓解心理压力的最好的办法就是休息。"他认为减轻学生负担应该从两个方面着手，一方面是减轻课业负担，另一方面就是要减轻心理负担。"现在学校、家长对孩子的前途都以考上大学作为标准。加上整个社会竞争激烈，个人生存难度增大，家长无形当中把自己感受到的社会压力传递到孩子身上，而且扩大了社会竞争压力。他们只看到社会激烈竞争残酷的一面，没有看到这样的社会条件也提供了更多的机会。"

他指出，要想减轻学生的负担，首先要降低现有我国课程的教学难度和深度，另外值得注意的是提高现有的师资水平。作业多、课时长尽管是老师负责任的表现，但也不排除老师对自己的教学缺乏自信。他认为学生的作息时间应该与整个社会的主流人群同步，保证学生充足的睡眠，这样学生才会有时间、有精力、有兴致，以舒展的心态参加体育文娱活动。

（刊发日期：2000 年 12 月 28 日）

3．以《八点上课一样早放学——学校作息时间是否需要法律约束》为题，刊发教师、学校校长及家长等多方面意见

八点上课一样早放学
学校作息时间是否需要法律约束

■教师说：上学早，教学效果较差，老师学生生物钟都乱了

"对教学效果特别不好。"东城区某中学数学王老师说她代表了大部分老师的想法，"学生起得早，老师要起得更早，班主任就更辛苦，许多老师不愿当班主任，除了其他因素外，在很大意义上讲，许多老师把每天早晨早到校看成是一项负担。因为他们在管理学生的同时，也负担着同任课老师一样的教学任务。天天疲于赶早到校，这样备课时间就减少了许多，上课难免会处在疲惫状态，老师很难在教学上做出特别的突破。"王老师说这些话的时候，办公室的其他老师纷纷表示赞同。

■校长说：按照教学大纲要求，上学晚一点完全能做到

如果晚上课，按照教学大纲要求，教师的授课任务和学生的学习能完成吗？北京市第一中学校长王晋堂说，初一到高三，教学大纲规定每周上课30节。上午上4节课时间足够了。记者也算了一下，按照完成大纲要求每周5个工作日计算，每天上课是6节。一节按45分钟计算，课间休息10分钟，课间操20分钟，加上午饭1个小时，一天学生在校时间累计390分钟，也就是6个半小时，如果还有一个小时的课外活动，学生每天在校时间7个半小时。如果从上午8点开始上第一节课，到下午3点半就可以放学了。王晋堂校长认为，晚一点上学对处在身心知识发展期的学生来说是可持续

性受益的。北京一中小学部要求8：10到校，8点半上第一节课。小学生早上上课就非常从容。王晋堂校长分析认为，目前学校要求早上学跟传统观念闻鸡起舞有关。

■大家说：用法律规定学校作息时间

据了解，目前中小学生的作息时间并没有统一规定。东城区某中学初一数学王老师所在办公室的老师一致建议，能否用法制手段把中小学生的作息时间固定下来，以此约束学校的上课安排。家长乔林生说："我认为表面上是一个孩子上学早晚的问题，实际上这是一个维护孩子生存权利的问题。比如在睡觉时间让孩子爬起来上学就是对他生存权利的不尊重。"王晋堂校长认为，学生作息时间的统一规定需要上级主管部门、执行部门一块儿动作，全社会形成共识。他说，他非常不赞同早上学，上课早起得早，睡眠受到影响，长此以往，孩子总是处于高度紧张状态，从孩子的生理特点来说也应该晚一点。北京师范大学教科所研究员赵忠心教授认为，学校急需制定和完善各种相关法规，学校的作息时间也不例外。

（刊发日期：2001年1月8日）

4．以《大中小学学习时间为十、八、六小时——学习时间有定量——早上学还是晚上学　政府没有死规定》为题将政府的意见及时地发布给公众

大中小学生学习时间为十、八、六小时
学习时间有定量
早上学还是晚上学　政府没有死规定

本报关于《上课能否晚一点儿》的报道见诸报端后，在社会尤其是学生家长中引起强烈反响。到底针对学生上学，政府方面有无相关规定？记者日前专门采访了北京市教委的相关负责人。

■教委对学生在校时间的总量进行控制

负责中小学教学管理的北京市基教一处的有关负责人告诉记者：教委并没有规定具体的早晨上课时间，但对中小学在校时间总量有控制。以小学为例，相关的规定要求小学生的在校课时应该是6课时，一般各校上午4课时下午2课时，还要保证中午的吃饭时间以及课间休息时间，因此，目前各校通常采取的8：00上课规定，是从新中国成立以来一直沿用下来的。

据该负责人介绍，一些小学要求7：40到校，一些学校规定7：30以前不开校门，使一些学生们早到了还不能进校，这也使一些家长很有意见。市教委也就此问题进行过讨论。关于学生上学的时间，家长的争议也很大，一些家长认为学生太辛苦，同时太早上学也不安全，建议推迟目前的上课时间；另外一些家长则认为，能否再提前上课时间，因为大多数家长的上班时间也是8：00，送孩子上学自己上班就要迟到。

■学生学习时间有要求

从目前来看学生上学时间问题仍是一个没有结论的问题。但从市教委记者获得了这样一则信息，经国务院批准，1990年前国家教委及卫生部专门下发了《学校卫生工作条例》，从学生的健康角度对学生的学习时间提出了定量要求：要求小学生的学习时间（包括自习以及在家学习的时间）不得超过6小时，中学生不得超过8小时，大学生不得超过10小时。

据教委体卫处白荣正副处长介绍，在该条例中，还对学习的环境等多个影响学生身体健康的因素进行了规定。谈及目前的上课时间，白荣正副处长告诉记者，由于全国的地域差别很大，各地的上课作息时间都不尽相同。即使在北京，各校的时间也不尽相同。

（刊发日期：2001年1月9日）

5.《7点40分后才能进行教学　课前备课不得超过15分钟——上海、黑龙江规定了上课时间——有关专家认为：过早上学侵害了学生教师的"休息权"》为题，报道外地各教育部门的相关规定

7点40分后才能进行教学　课前备课不得超过15分钟
上海、黑龙江规定了上课时间
有关专家认为：过早上学侵害了学生教师的"休息权"

义务教育阶段的中小学生必须在7点40分以后才能进行正式教学活动，第一节课课前准备时间不得超过15分钟，而且不得占用准备时间统一授课或补课。记者日前从上海市教委和黑龙江省教委等处了解到，中小学生早晨上学有了明文规定。

上海市教委基础教育处的一位老师说，关于中小学生早晨到校问题，上海市教委是有文件规定的。义务教育阶段的学生必须7点40分以后才能进行正式教学活动。对于学校要求学生在7点40分以前上早自习，文件规定也是不允许的。高中学校参照此规定执行，但不包括技术性学校，因为技术性学校学生住宿。据这位老师介绍，上海市有个别区县和个别学校早晨上学时间还要再晚一点。她认为，过早地上课对学生的成长发育有影响，8点钟上课还是有一定道理的。

而黑龙江省教委则在去年一月出台了相关政策，要求学校不得强行规定学生统一参加早自习和晚自习。并要求上午第一节课上课时间每学年第一学期不得早于8点，第二学期不得早于7点30分，第一节课课前准备时间不得超过15分钟，教师不得占用准备时间统一授课或补课。

随后记者又采访了成都市教委和广州市教委。尽管教委对学生

早晨上课时间没有统一安排，但是相关部门的老师都认为有必要对学生早晨上课作出相应的规定。成都市教委普教处的一位老师说，在成都市许多学校把正式上课时间都定在8点以后。

"早自习应是学生自愿的，绝不能强求，否则就侵害了学生和教师的休息权。"四川师范大学教育心理学专家游永恒教授说。留美教育专家黄晓星则认为，学校占用学生太多的时间，这种教育忽略了学生的基本权利，学生更需要蓝天和新鲜的空气，需要心理感情的关注，而不是劳役般的作业和上课。"孩子没有了欢乐的童年，把学习当成了痛苦，这是现代教育的悲剧，即使这个孩子将来成功了也是伪成功，"中国青少年研究中心"赏识教育"研究室主任周宏说，"学生过早地上学上课造成了整天的疲惫不堪，使得他们远离了生活和生命，结果抓的是芝麻丢的是西瓜。"

（刊发日期：2001年1月10日）

6. 以《一个上午反馈电话30多，读者反馈总计近300个 读者希望把学校的作息时间纳入整个教育体制考虑—— 谁在关心"上课能否晚一点儿"》为题，将本报读者的 反馈情况和读者的希望详细地公布出来

一个上午反馈电话30多，读者反馈总计近300个 读者希望把学校的作息时间纳入整个教育体制考虑

谁在关心"上课能否晚一点儿"

《上课能否晚一点儿》自2000年12月23日在本报连续报道以后，引起了社会广泛关注。但是谁最关心上学能否晚一点儿呢？

自2000年12月23日《上课能否晚一点儿》见报一直到记者发稿前，有关《上课能否晚一点儿》的读者反馈电话一直不断。据

值班记者统计，最多的时候一个上午 30 多个。目前通过电话、信件和传真等方式记者已经接到了近 300 个读者反馈意见，主要以家长、学生和老师为主。其中最关注此事件的是家长，要占到 70% 以上，其次为学生和老师，还有一些其他人员，比如电梯工等。

在这些人员中，其中有两例比较特殊。一例持反对态度，主要理由是，自己也是 8：00 上班，如果孩子上学时间定在 8：00，送完孩子自己来不及上班。一例认为此举纯属炒作，并举例说报纸曾经就减负问题多次报道，结果是学生课业负担依然没有减下来，孩子经常在家花大量时间做作业，最晚的时候要做到深夜 1 点。建议如果不办实事就不要炒作。但是末了却说至少应该说一说。

赞同者里面为孩子安全和身心健康担忧的占到相当大的比例。主要是上学太早，冬天天冷不说，因为天暗还容易发生意外。女孩家长和学生主要从安全考虑，男孩家长则担忧社会不法分子利用天黑人少胁迫孩子，比如交所谓的"保护费"等。教师的观点则大多认为教学效果不好，老师和学生同样要处于疲惫状态和不安全状态。在来信来电中，大家强烈要求对上学早、课业重予以讨论，并对学校的作息时间做出相应的规定。他们还说，虽然教委控制学生在校时间，事实上能严格按照教委规定要求的学校却不多，不仅学生要早到，还要晚补。另外希望把学校的作息时间纳入整个教育体制考虑。

（刊发日期：2001 年 1 月 12 日）

正是因为事先策划很周密，才让系列报道的每一篇文章采写起来都有目的、有顺序。《上课能否晚一点儿》刊发后，媒体圈内的评价很高："把所有的点占全了，让别的媒体都无法通过跟进去超越。"

好的新闻策划，有时不止一次。

在 2001 年 2 月召开的北京两会报道期间，报社再次对"上课能否晚一点儿"系列报道进行策划，继续从政协委员以及提案提交等两个角度呼应新闻主题，引发社会关注。

这次报道策划离上次报道策划时间间隔不到1个月，尽管只有《学生缺觉　委员心疼》《帮学生"找觉"的提案交了》两篇，每篇篇幅不长，但每篇都不可或缺，时间相连，分量很重。

市政协基础教育组几位委员认为，应该把睡眠时间还给孩子
学生缺觉　委员心疼

政协会议一年一次，委员们大多也是一年才见一面。见面的头一个话题是什么呢？前天的市政协会议开幕式之后，基础教育组的王晋堂、赵新华、韩英英几位委员边走边聊的话题居然是学生们早上太辛苦了，上课太早，普遍睡眠不足。

王晋堂委员每天早上在上班的路上看到，蒙蒙亮中匆匆赶路的全是穿校服的学生。他甚至一眼就能认出谁是他们一中的，谁是五中、二中的。"尤其是小学生，迷迷糊糊被家长拽起来，胡乱吃点东西，赶紧出门。全家人就像仓皇出逃一样。"对这一情景，作为一中校长的王委员感触很深，"长此以往，太不利于孩子的身心健康了"。

在昨天下午的小组讨论会上，"学生缺觉"又成为一个热点话题。

韩英英委员掐着指头计算着学生的睡觉时间："学校一般早上7点30分早读，许多班主任加码，要求学生7点15分到校。离学校两三站地的学生，路上要花半个小时，学生6点20分必须起床。如果家与学校跨着区，到不了5点就得起床。还有许多市民在近郊买了住宅，孩子却在城里念重点高中……现在的学生晚上一般10点之前是睡不了觉的，作业、练习太多。这样一算，大多数学生不能保证每天8小时睡眠。"

陈燕华、王晋堂委员都认为学校应该把孩子的睡眠时间还给孩子。几位委员正商量着交一个提案：小学校早8点之前不得开始教学活动。

会后，当记者电话采访在下午的小组会上没有就学生缺觉问题

发言的吴昌顺委员时，吴委员说："这是一个显而易见的问题，我们基础教育组的每个委员都有一肚子话要说。作为一个校长，谁希望自己的学生每天早上不能从容吃早点？但是，解决这个问题难度太大。首先，学生每周的课时必须降下来，现在各种各样的教育进课堂，周课时无法减少到 30 课时之内；其次，即便周课时能降下来，学生 8 点到校上课，师生流必将与上班流汇合，给早班公交带来更大的压力。这是一个需要市政府协调解决的问题。"

（刊发日期：2001 年 2 月 4 日）

帮学生"找觉"的提案交了

昨天凌晨 1 点半，为学生普遍缺觉而担忧的王晋堂委员经过一个多小时的伏案工作，把他的担忧变成了一件 550 字的提案：市教委可否规定小学生到校时间不得早于 8 点，并于昨天下午将提案递交政协提案委员会。

他在提案中写道："睡不好早觉——睡眠不足，吃不好早饭——甚至废止朝食，长此以往极不利于学生身心健康""小学生上午 4 节课，每节 40 分钟，加上课间操，8 点至 8：30 上课完全够了。"

与该提案同时递交的还有《关于建议制定中小学学校法》的提案。在这个提案中，他建议给中小学校办学条件的上、下限制定出法律规定，没达到下限的是政府失职，超出上限的是教育资金的浪费。

（刊发日期：2001 年 2 月 5 日）

提案工作是一项最具政协特色的传统工作。

所谓提案是指政协委员和参加政协的各党派团体以及政协专门委员会，向政协全体会议或常委会提出的，经提案审查委员会或者提案委员会审查立案后，交承办单位办理的书面意见和建议。

3 月，北京市教委召开新闻发布会，正式下发通知要求本市中小学将上课时间推后半小时。

　　一篇新闻报道产生如此大的效果，引起如此良好的社会反响，再次引起报社上下的高度关注，就此作出第三次新闻策划。

　　这次报道的文章尽管只有两篇，连标题都一样《上课终于晚了点儿》，双重呼应原来的《上课能否晚一点儿》。这两篇报道，尽管标题一样，但角度不同，第一篇宛如原子弹爆炸一样，告知社会本报报道所产生的巨大社会影响，第二篇详尽揭秘该系列报道的前因后果，向社会证明此影响是由于本报的报道首发，引起社会共鸣而产生的结果。标题修改，从"能否"到"终于"，既有改革的艰辛，也有成功的喜悦。

　　《上课能否晚一点儿》系列报道，是《北京青年报》最成功的新闻报道之一，为报社赢得读者的尊重、社会的认可树碑立传。

《上课能否晚一点儿》的讨论有了回音，市教委正式下发通知
上课终于晚了点儿

　　本报去年 12 月 23 日起开始了《上课能否晚一点儿》的讨论，本市其他媒体也相继呼吁。日前，市教委正式下发通知，要求本市中小学将上课时间推后半小时。

　　市教委根据我市实际，提出学生每天到校时间，小学一般不早于 7：50，中学不早于 7：30；离校时间小学一般不晚于 4：30，中学不晚于 5：30。各区县可结合本地区实际和季节变化适当调整。严格执行课程计划，不得随意增、减课程和课时。要保证学生每天有 1 小时体育活动时间（含体育课、课间操和课外体育活动）。因教改实验或其他原因需要对课程计划和课时进行调整的，应报区县教育行政部门批准后执行。

　　按照原国家教委颁布的《学校卫生工作条例》有关规定，学生每天学习时间（包括自习），小学不超过 6 小时，中学不超过 8 小时。参照相关条例，市教委对学生作业量提出明确规定要求：小学一年级一般不留书面课外作业，二、三年级的书面课外作业量一般不超过 30 分钟，四年级一般不超过 45 分钟，五、六年级一般不超

过 1 小时；中学生每天不得超过 1.5 小时，要求提供活动性、实践性家庭作业。

通知再次发出呼吁，不得占用节假日、双休日和寒暑假组织学生上课，更不得收费上课、有偿补课。严禁各级公办学校以其他名义在学校举办各种收费性文化课学习班。学校有义务指导学生合理安排课余时间，充分利用各种活动设施及场所组织学生开展多种形式的课外活动。同时，要做好小学生课前、课后管理工作。对一些年龄较小需根据具体情况及家长要求，经家长提出申请后采取多种方式给予照管，帮助家长解决后顾之忧。

市教委要求，各区县要遵照本通知精神，加强对学校执行情况的检查，各中小学要通过家长学校、家长委员会等多种形式做好向学生家长的宣传工作，主动争取社会、家长的支持与配合，自觉接受社会和学生家长的监督。

松榆里中学的丰主任说，新措施最大的好处就是孩子们能吃上早饭了。"我们这儿的孩子以前典型的早餐就是一包方便面，没水的时候就只能干吃，一到第四节课孩子们就饿得够呛。不是家长不给做饭，离家远的实在是来不及"。

当记者问到新措施是否会对教学有所影响时，丰主任向记者详细介绍了现行的中小学课程安排。7：00 到 7：30 是值日时间，7：30 到 7：50 早读，8：00 上课。新规定执行后，上课还是 8：00，只不过早读时间被挤掉了。谈到这里，丰主任也有一点忧虑："以前各学校的早读一般安排的都是朗读英语和语文，这是很有必要的。现在的孩子们本来朗读水平就普遍比较低，要是再把这块儿时间砍掉了，唯一弥补的办法就是老师们在课堂上抽出一点朗读时间来。"

家长谈得最多的是孩子们上学更安全了。中学生杨梦的父亲对记者说："冬天天还没亮孩子就得出发，又是个女孩子，家长就更不放心了。别看只晚了半小时，可大不一样呢！"

（刊发日期：2001 年 3 月 9 日）

一个抱怨引发一场新闻调查
一场讨论引来政协委员关注
一个提案引出政府相关决策

上课终于晚了点儿

本报去年12月23日开始的《上课能否晚一点儿》的系列报道最终有了回应，日前市教委专门为此做出了一项规定，将市中小学学生的上学时间向后推迟半小时。在这件关乎全市160万中小学生的决策出台前，新闻媒介历史性地发挥了作用，由新闻媒介的关注带动了政协提案，最终带动了政府有关部门的决策。

■一个抱怨引发了一场新闻调查

去年12月份，一位女读者给本报青年部打来电话，抱怨现在的孩子上学太早。她说："孩子早起嚷嚷着要喝咖啡，说是可以提神。现在的孩子上学太早了。"

这个习以为常的现象引起了本报记者邓兴军的关注。去年12月18日，记者开始了第一次调查。清晨6点钟，在刺骨寒风中，记者骑着自行车从香山路到白颐路。随后几天，记者又换了几条路线，从西二旗住宅区出发沿京昌路再转学院路抵达积水潭、从颐和园出发沿万泉河路到北洼路等。每次从6点到7点10分这段时间，与记者同行的除了菜贩子外就是学生和老师，还有一些就是送孩子上学的家长。中学生一边连连打哈欠一边拼命地蹬车，小学生有的干脆就抱着父母睡着了。一位家长无可奈何地指着已经在自行车后座上睡着了的女儿说："上学太早，孩子长期不吃早饭对健康会有影响的。"

辛苦的不只是学生，还有老师和家长。离家远的老师在路上大约需要一个多小时，为了能赶上第一节自习课，5点半就得起床。一次一位在中学当老师的朋友给他讲述了一次经历：她因为记错了日期，一大早来到学校却发现当天没有自己的课，就决定到银行和邮局去办点事。她说那天天很冷，转了一个多小时邮局和银行竟然还没有开门，而这时候学校已经上第二节课了，早自习更是从7点20分就开始了。她说她那时才意识到，比起许多行业来说，原来她的上班时间这么早。

她还说，由于学校没有课间餐，到上午最后一节课的时候，大部分学生已经饿得捂着肚子趴在桌子上。下课铃响以后，如果老师多说一句话，学生就极不耐烦地嚷嚷："老师，我们都快饿死了，先让我们吃饭吧。"往往是老师还没有走下讲台，学生已经冲出教室直奔食堂了。一位体育老师告诉记者说，他上体育课时，总要准备一点糖水，因为总有那么几个孩子因为早晨空腹导致低血糖而晕倒。记者的采访证明这并不是个例。

通过大量采访记者了解到，睡眠不足已经不是一两个学生的问题，而是一个普遍问题。教师说因为上课太早，学生和教师的生物钟都乱了。专家对此分析说，由于孩子每天过早地上学，长期导致的睡眠不足容易引起许多潜在的疾病，比如焦虑等。学生上学早晚这件事情看起来不大，但中小学生是一个民族一个国家的未来。

■整个报社都在关注上课能否晚一点儿

记者的调查引起了报社上上下下的关注，本报总编特别加派记者，继续深入报道此事，前后参与此项报道的记者多达7名，在版面上给予全力支持，在一版、三版以及青年新闻版连续对此进行的报道多达8篇：2000年12月23日，本报头版以《现代生活节奏的改变使年轻父母对孩子7点半上学越来越不适应——上课能否晚一点儿》为题率先在本市开展了一场探讨；2000年12月28日，本报青年新闻版以《早上学容易导致疾病——专家指出：孩子长期身心疲惫会引起心理紊乱、体质下降》为题，将教育界专家意见公布出来；2001年1月8日，本报青年新闻版以《八点上课一样早放学——学校作息时间是否需要法律约束》为题，将教师、学校校长及家长多方面的意见刊发；2001年1月9日，本报特别采访了北京市教委有关方面负责人，该负责人表示，此事已经引起有关部门的重视，并正对此进行调研工作，青年新闻版以《大中小学学习时间为十、八、六小时——学习时间有定量——早上学还是晚上学 政府没有死规定》为题将政府的意见及时地发布给公众；2001年1月10日，本报又特别电访了外省市各有关教育部门，青年新闻版以《7点40分后才能进行教学 课前备课不得超过15分钟——上海、黑龙江规定了上课时间——有关专家认为：过早上学侵害了学生教师的"休息权"》为题，报道了外地各教育部门的相关规定；2001年1月12日，本报青年新闻版以《谁在关心"上学能否晚一点儿"》为题，将本报读者的反馈情况和读者的希望详细地公布出来。

其实在一年前，本报现代教育版就曾刊发过记者写的《上学能否晚一点儿》的言论，当时的读者反馈远没有这次强烈，看来问题是到了非解决不可的时候了。

在连续报道过程中，我们感受到了诸多的赞赏，也体会到了媒体的责任，许多学生和家长一边赞扬我们替他们说了话，一边哭着诉说早上学给一家人带来的危害，教师们也以自己的亲身经历讲述了一个个让人心痛的事实，专家则通过理论和实际分析早晨上课晚一点的可能性。

■政协委员专门为孩子上课早晚做了提案

媒介的关注不只引发了社会的广泛参与，更重要的是引起了决策部门的重视。市政协委员王晋堂、赵新华、韩英英、陈燕华等就这次讨论写成提案，本报记者邓兴军在1月7日就此事采访过市政协委员王晋堂，他说按照教学大纲，上学晚一点完全能做到。他认为，学生作息时间的统一规定需要上级主管部门、执行部门一块儿动作，全社会形成共识。本报记者杨晓光在本报北京两会专刊分别以《市政协基础教育组几位委员认为，应该把睡眠时间还给孩子——学生缺觉　委员心疼》（2月4日第3版）、《帮学生"找觉"的提案交了》（2月5日第3版）为题刊发了市政协委员的提案。

随即，由本报引发的这场讨论引起了本市以及外地媒体的关注，首都各主要媒介均纷纷对此呼应，例如《北京日报》在2月10日刊发了题为《上学早好还是晚点儿好》的讨论。

教委有关部门负责人接受我们的采访后对此也予以高度重视，并进行了调研工作，发现各校在实际运作中，早上上课时间并不是很统一。部分学校要求学生到校时间过早确实给部分学生及家长带来了不便。市政协委员们在北京两会期间对学生早晨上课太早的提案出台后，市教委迅速对此做出答复，3月份专门成文下发通知，对中小学早晨到校的时间做出硬性规定，要求小学到校不得早于7点50分，中学不得早于7点30分，学校按照原国家教委颁发的《学校卫生工作条例》严格控制学生的学习时间。

据教育界有关人士透露，由媒介引发讨论，引起政协委员关注并提案，并最终带动政府进行决策在教育界尚属首例。此规定尽管目前还没有下达到各学校，但在学校已经引起了相当的反响。尤其是在家长与学生中间更是反应强烈。一些学生很高兴地说："以后可以吃些早点，不用再饿着肚子等到第四节课结束了。"

（刊发日期：2001年3月11日）

《上课能否晚一点儿》系列报道被选进北京大学公共管理硕士（MPA）案例库。这是该案例库的第27个案例，是唯一因为新闻媒体真正起了舆论监督作用，政府真正把媒体作为获取信息的主要渠道并做出相应决策的一个案例。

《上课能否晚一点儿》为什么能入选北大MPA案例库呢？

"因为该案例具有丰富的内涵。"北京大学主管MPA案例采集、政治学与行政管理系主任王浦劬教授解释说，"首先，新闻媒体在社会公共服务当中，通过提供信息，帮助政府进行社会所需要的科学决策，这显示了媒体的作用。其次，在现代社会当中，政府如何适应社会需要，提供优质的服务，包括政策、制度、法律等无形的公共产品，怎样使政府的决策更加适合大众的利益要求，这也提供了一个成功的典范。第三，如何提高义务教育这个公共教育的品质，适应被教育者的特点，通过这件事也给出了明确的解决方案。"

王教授一再强调《上课能否晚一点儿》丰富的内涵是它入选北大 MPA 案例库的关键。另外他还认为，通过这个案例可以透视出"我们的新闻每天越来越多地成为政府机构完整的信息提供者，为政府的正确决策和公共服务提供重要的影响因素"。

我组织实施参与采编的获奖作品《校车何时开出来》《儿歌变灰了童年扭曲了》等延续了《上课能否晚一点儿》模式，均事先对报道进行全方位周密策划。

《校车何时开出来》涉及开篇报道《现代城市交通越来越发达，但是家长对孩子上下学路上的安全却越来越担心。家长问——校车何时开出来》以及《接送孩子上下学成了家长们一项长期的艰苦的功课——上下学何时不用家长接送》《记者体验上下学》《学校开班车遭遇困难》《校车开不出　问题出在哪儿》《我愿为校车开通出把力》《开通校车不能再等》等 7 篇报道，该报道刊发在《北京青年报》，产生了巨大的社会影响，"尽快开通校车"甚至成了 2002 年北京两会政协委员的"一号提案"。

《儿歌变灰了童年扭曲了》则涉及《谁在传播灰色儿歌》《儿歌市场有多大》《专业音乐机构缘何不愿创作好儿歌》等 9 篇报道。尽管刊播的媒体《现代教育报》影响不大，但却通过网络媒体以及其他媒体的跟进报道，于 2013 年获得了北京专业报刊新闻奖一等奖。

因此，要想写好新闻报道，首先要进行新闻策划，好的新闻报道都进行了优秀的新闻策划。

广义的新闻策划是指新闻传媒的形象策划，它包括传媒发展战略策划、传媒营销策划、内部管理机制策划、广告策划以及媒体的风格和定位策划等。

狭义的新闻策划是指新闻采访策划，即新闻业务中的"战役"策划，指新闻传播工作者在一定时期内，为了达到某种传播效果，对具体的新闻事实的报道所作的设计与规划。也就是指记者对将要采访的题材重大的新闻事实所作的事先谋划或筹划。对已经发生或将要发生的新闻事件如何进行报道，进行分析、构思，经过反复酝酿、调整，从多个报道方案中优选出最佳报道方案来加以实施，以达到一定的报道目标、实现预期的传播效果的过程。

一般来说，新闻策划大体分为以下五个步骤：

步骤一：确定主题

主题的选择是整个新闻策划的灵魂，是统率整个活动的思想纽带和思想核心。主题的确立往往建立在掌握种种资料和整合种种资源的基础上。

一个新闻可以从不同的角度来做，不同的角度有不同的重点，不同的角度会产生不同的方案，所以一般在讨论后都要从多个方案中选择并确定一个主题。确定这个主题的唯一标准是新闻价值的大小，即追求新闻价值的最大化。

这里所形成的主题往往比较宽泛并有待于进一步细化。必须说明的是，在最初的讨论时期，主题的宽泛有利于从多个层次展开新闻采访活动。

步骤二：体裁与风格

体裁关系到报道的性质。可以选择解释性报道或是预测性报道、调查性报道的新闻体裁，也可以在分析研究的基础上提出对策性很强的研究报告，也可能策划为整合报道或是连续报道、组合报道。

风格问题，关乎文章的外在表现形式，更重要的是它可以产生独特的叙事修辞。通常，风格的策划背后，多少会存在一个较为理想化的摹本——它或是本媒体的典范作品，或是一个存在于新闻人心灵深处的经典范例。在风格策划的细致之处，甚至会涉及是否采用倒叙写法，要不要"编者按"，如何对待日常用语、科学用语，重视讲故事还是重视说服力这一类微观问题。

步骤三：报道角度

报道的角度要全，每篇之间有紧密的前后呼应关系。在策划的这一阶段，我们往往采取穷举法进行无限制列举，然后再通过筛选和归纳的方法得到一个真正科学、高效、具有阅读价值的报道角度，行话来讲就是点要占全，不给其他媒体任何超越和创新的机会。

步骤四：任务描述

这是一个对文章结构总体和每一篇报道的任务作进一步细化的过程——具体可感的描述出：每一篇报道将会包括哪些内容、具体要采访什么、难点和重点是什么、最终完成的稿件什么样等。对于职业新闻记者而言，任务的描述无异于是对于相关文本的工作量的描述。

步骤五：分工与计时

具体分工包括：基于每篇报道，或者采访工作的不同侧面，把采访对象和采访内容分配到每一个相关人员，提出注意事项。

分工的策划将会最终形成两张表：任务人表和日程表，交与主持者和每个相关人员共享、掌握。

任务人表便于使参与者有章可循，主持者通过对任务人做必要的讲解、认真的督促，为新闻活动保驾护航。

日程表主要用于时间的控制，一般以时间进度表（倒计时）的方式来表现。时间的安排要合理，在考虑新闻同业竞争的同时也要留有余地，一般来说：日程表上前面的时间进度较紧凑，后面可以留有余地来调整。

第五讲　采访秘籍
精巧提问获得细节和事实

新闻策划案为后续采访做了方向性指导，但只有扎实精巧的采访，才能获取令人心动的新闻事实和故事细节。新闻事实是说服力，新闻细节是感染力。事实和细节是好文章必须同时具备的要素。

第一节　扎实采访等于一次调研

还以《上课能否晚一点儿》系列报道为例。

选题经过部门研讨后记者便开始了采访。当年的 12 月 18 日，记者开始第一次调查。第一次，清晨 6 点从西二旗出发沿京昌路再转学院路抵达积水潭，第二次从颐和园出发沿万泉河路到北洼路等。每次从 6 点到 7 点 10 分这段时间，与记者同行的除了菜贩子外就是学生和老师，还有一些是送孩子上学的家长。中学生一边连连打哈欠一边拼命地蹬车，小学生有的干脆就抱着父母睡着了。一位家长无可奈何地指着已经在自行车后座上睡着了的女儿说："上学太早，孩子长期不吃早饭对健康会有影响的。"

辛苦的不只是学生，还有老师和家长。离家远的老师在路上大约需要一个多小时，为了能赶上第一节自习课 5 点半就得起床。一次一位在中学当老师的朋友给他讲述了一次经历：她因为记错了日期，一大早来到学校却发现当天没有自己的课，就决定到银行和邮局去办点事。她说那天天很冷，转了一个多小时邮局和银行竟然还没有开门，而这时候学校已经上第二节课了，早自习更是从 7 点 20 分就开始了。她说她那时才意识到，比起许多行业来说，原来她的上班时间这么早。

她还说，由于学校没有课间餐，到上午最后一节课的时候，大部分学生已经饿得捂着肚子趴在桌子上。下课铃响以后，如果老师多说一句话，学生就极不耐烦地嚷嚷："老师，我们都快饿死了，先让我们吃饭吧。"往往是老师还没有走下讲台，学生已经冲出教室直奔食堂了。一位体育老师告诉记者说，他上体育课时，总要准备一点糖水，因为总有那么几个孩子因为早晨空腹导致低血糖而晕倒。记者的采访证明这并不是个例。

通过大量采访记者了解到，睡眠不足已经不是一两个学生的问题，而是一个普遍问题。教师说因为上课太早，学生和教师的生物钟都乱了。专家对此分析说，由于孩子每天过早地上学，长期导致的睡眠不足容易引起许多潜在的疾病，比如焦虑等。学生上学早晚这件事情看起来不大，但中小学生是一个民族、一个国家的未来。

调查中小学体育课

在日前市教委举行的一次新闻发布会上，体美处处长甘北林透露了一组令人瞠目结舌的数据：99%的学校封了攀登架、爬杆、爬绳和秋千；七成以上的学校收起了山羊和跳马……而与之相对应的，则是学生身体素质一拨不如一拨的现状。

学校为什么封了攀登架、收了山羊和跳马？现在学生的身体素质到底是一种什么状况？怎么解决目前体育课遭遇的危机？为此，记者展开了一系列调查。

■现场目击■

旮旯里的跳箱落满了灰

跳箱、山羊等到底被学校冷落到了何种地步？记者实地进行了调查。在东城区一所中学，听记者说想看看跳箱和山羊后，一位体育老师回答："学校根本就没有跳箱和山羊。"这位老师感慨地说："跳箱和山羊是我们上学时体育课最常见的体育器材。"

记者又连续走访了西城、海淀、朝阳等区的四所小学，无一例外，都没有发现跳箱和山羊，只看见学生在窄小的操场上玩球。一位小学生还好奇地说："叔叔，山羊应该到草原上去找，那里特别多，还都长着胡子呢！"

在丰台区某中学体育器材室，记者终于看到了久违的跳箱和山羊。这个体育器材室物件很多，从传统的足球、篮球、排球、羽毛球等，到目前时兴的民族传统体育项目空竹、珍珠球、蹴球等。

两个跳箱被放置在角落里，可能因为好久没用的缘故，跳箱上落满了一层灰。在跳箱的上面，还放了好几个纸箱。"一只山羊"挨着两个跳箱，依偎着度过"冷清"岁月。

■记者调查■

七成中小学收起了山羊

在宣武区某重点中学分校，几个单杠挨挨挤挤地被"集中"到了停车场。奥迪、桑塔纳3000等车辆依偎在它们旁边。同样的钢铁结构，一个被热捧，一个受冷落。"不仅是跳箱、山羊，像双杠、跑步、垫上运动等带有一定竞技性的体育项目，也几乎在中小学校园消失。"体育老师们说。

市教委体美处处长甘北林给记者提供了一组调查数据：99%的学校封了攀登架、爬杆、爬绳和秋千；七成以上的学校收起了山羊和跳马，单杠只允许学生做引体向上，长跑也不敢搞，甚至取消了学校的运动会。

记者了解到，目前学校体育课器材也开始了"软化"，比如铅球变成了实心球、排球变成了软式排球、标枪和手榴弹等都淡出了学生的视野。一些校长幽默地说："学校的田径运动会，也已经改变成趣味运动会，曾经赏心悦目的百米比赛、长跑比赛、跳高比赛等，只能在大型的田径运动会或者奥运会等中看到了。"

■体育老师■

上这种体育课胆战心惊

上个学期，丰台二中体育老师董学睿刚给学生上了跳箱。提起上跳箱课，他说"首先是害怕"。因为，此前体育课做跳箱时，一男生左臂因此骨折过。

尽管开课战战兢兢，但董老师觉得为学生上跳箱、山羊这样的体育课内容很有必要，"因为学生完成跳箱学习，不光是掌握了跳箱动作，而且掌握了要完成一个动作必需的思维和方法。学生课堂学习的这种掌握体育锻炼的思维和方法，对他们从事社会体育活动很有帮助。"

"完成跳箱，对学生心理和生理都是一种锻炼。"董学睿老师说，"尤其是女生，确实刚开始时很害怕，但通过老师用语言激励、动作示范、给予帮助和保护下，她们从不敢跳到最后完成，心理上完成了一个克服困难、提高胆量的跨越。另外，跳箱的完成，对学生的力量、柔韧性、协调性等也都是很好的锻炼。"

记者了解到，目前老师敢开设跳箱、山羊课的很少。东城、海淀、朝阳等区的一些中小学体育老师告诉记者，过于激烈或者有点对抗性的体育教学内容，只能蜻蜓点水似的给学生做点示范。"即便是垫子上的运动，我们也不敢让学生后翻，万一学生没翻过去窝了气，我们可负担不起。轻则被批评，重则罚款被开除。"体育老师坦言。

目前，学校的这种害怕已经威胁到了体育课的生存。为了挽救"危亡"中的学校体育课，市教委通过了"中考体育30分"以及高三体育会考不通过不发毕业证书等政策。

■探究缘由■

个别家长无理高额索赔　学校里没有上课的场地

近一段时间来，学生猝死事件不断发生，比如大学生猝死马拉松比赛、大学生猝死晨跑、中学生猝死三步上篮……每一次事件发生后，家长和学校总会产生索赔问题。市教委体美处处长甘北林介绍，有的家长对学校的索赔金额高达30多万元，学校满足不了索赔后立即对簿公堂。

记者了解到，即便学生在学校发生了一点磕碰，个别家长也会不依不饶。玄武三义里小学校长刘建文说，前些日子学校开运动会，有一个小孩摔破了点皮，结果家长不仅要求学校出治疗费，还索要精神赔偿。北京八中怡海分校校长尹晓凤也遭遇了同样事件。她说："在体育课堂或者活动中，磕磕碰碰在所难免。但个别家长的不理解，也使学校的压力特别大，于是学校只能把容易出危险的体育器材收起来。"

一些校长介绍，上级主管部门的怕事，也导致学校为了追求平安，从而采取了"多一事不如少一事"的消极处理办法。

跳箱、山羊、标枪等逐渐淡出体育课堂，学校活动场地不足也是主要原因。丰台二中体育教师李劲松说："要想上好这种体育课，学校应该有铅球区、标枪区或者体操器材区，但目前根本就不具备。"李老师说，每个班有40多名学生，但学校却只有几对单杠或者双杠，一节课甚至一个学生上不了一次器材。沉重的跳箱或者山羊从器材室里抬出来放到操场上，准备一次异常麻烦。学校仅有的200米塑胶操场，往往同时会有5个年级200多人上体育课。满操场都是学生，根本没法完成铅球、跳箱等体育运动。

就这200米的操场，在东城、西城、崇文、宣武等区一些中小学都没有。学生们的早操、体育课等经常在楼群间的空地上完成。这些学校不仅没有地方放置跳箱、山羊等体育器材，如果是投掷铁饼、标枪等，肯定会飞到校园外。

按国家有关学校场地建设标准，每个在校学生必须拥有活动场地11—15平方米，小学运动场地必须拥有200—300米的跑道、中学必须有300—400米的跑道，省级以上重点中学必须拥有400米的标准跑道。

■导致结果■

两成学生身高不足　三成学生心情郁闷　免体证明越开越多

今年北京市体检中心的统计显示，学生体质确实在逐年下降，肺活量、心率、身高都令人担心，近视率越来越高，小学生近视率高达 30%、初中生近视率为 50%—60%，而高中生近视率已经超过 80%，都高于全国平均水平。

刚刚结束的北京高招体检结果也显示，除了以往的眼部系统问题（尤其是近视问题）及肥胖问题外，身高不足成了新的焦点。有关人员介绍说，以女生 1.60 米、男生 1.70 米为线对学生身高进行比对统计，发现 23.33% 的学生身高不足。他们分析指出，学生体育锻炼严重不足是主要原因之一。

一些心理专家还指出，心情郁闷的学生比例也逐年上升。据不完全统计显示，至少 30% 以上的学生经常喊郁闷。去年，郁闷也成为大学生最常用的口头禅。丰台二中体育教师李劲松说："学生喜欢上体育课，不一定都是喜欢体育课的内容，有的就是想到操场上通过自由地运动去发泄，从而释放太大的学习生活压力。"

记者也发现，近年来高三体育会考、初三体育中考，申请免考的学生越来越多，体育测试的成绩也有逐年下降的趋势。记者从各区了解到，今年高三体育会考办"免体"证明的学生比例超过 7%，连老师都不相信有这么多学生同时出现伤病。某重点中学竟然有 17%—18% 的应届学生为逃避体育会考办了"免体"证明。家长说："体育会考不及格就拿不到毕业证，与其冒这个险，不如设法开个免体证明。"

"孩子们的身体素质持续下降，不少孩子像玻璃人一样，摔一下就骨折，有的甚至跑一下就猝死。"体育老师高林担忧地说，"在很大程度上是学生缺乏跳箱、山羊等的锻炼造成的。"北京八中怡海分校校长尹晓凤说："现在给学生在操场开个会，时间可不能长了，否则就会有许多学生晕倒。"

丰台二中体育教师李劲松困惑地说："当老师已经14年了，发现学生身体素质一拨不如一拨。"他拿着学生成绩册说，以男子1500米成绩为例，10年前高三学生体育会考，85%以上的学生成绩达到优秀，但是现在却是80%左右的学生仅达到及格标准。

■解决对策■

各方都给体育课减压，体育课才能上得硬气

"如果怕受伤，就不锻炼、不上体育课，这样只会更不安全。"市教委体美处处长甘北林说，"学生的身体素质也将无法适应今后竞争激烈的社会大环境。"

体育老师们说："学生要想拥有强健的体魄，是需要体育课进行摔打的，而摔打就难免出现磕磕碰碰，只有家长、学校、上级主管给体育课减压了，老师才敢大胆心细硬气地组织学生完成诸如跳马、山羊、单杠等科目教学。"

丰台二中体育教学主任赵根所认为，体育老师教学组织好，教学方法得当，意外伤害就不容易出现，这就要求学校和老师为学生提供专业的保护和帮助，体育老师要做好准备活动，安全、技术动作强调到位。

市教委有关人士说："体育活动磕碰难免，我们要尽量规避危险。除了学校应在所有可能发生危险的器材边设立有操作指导和安全警示的提示牌、平时饭后一小时内不安排体育课和训练比赛外，学生还应当自买意外伤害险，学校则买校方责任险。"

针对学校场地不足问题，教育专家指出："目前本市中小学生数量逐年减少，可以通过合并学校置换用地等方式扩大学生的活动场地，警惕一方面现有的学校场地不足，另一方面却把撤并了的学校挪作他用。"

■相关调查■

学生体育活动每天平均仅43分钟

记者在近一周时间对中小学体育课的调查中还发现，不仅中小学的体育课变了味，学生每天在学校体育活动的时间也很少。

以开展体育活动较好的海淀育英学校为例：目前初中年级每周上三节体育课，高中年级每周上两节体育课，加上每天20分钟广播操。以每节课45分钟算，每天在校体育活动平均时间：初中为47分钟，高中为39分钟，总的平均时间为43分钟。

为了完成市教委"必须保障学生每天一小时的体育活动"要求，育英学校校长说："这就需要初中生每周进行两次课外体育活动，高中每周进行三次课外体育活动，也就是说没有体育课的当天，必须上一次课外活动才能达到学生每天一小时体育锻炼要求。"

学校能补齐每天"亏"学生的体育活动时间吗？记者对城八区的10所中小学做了随机抽查，结果是没有一个学校能补齐。唯一一段可以用来"补齐"亏欠学生体育活动时间的下午放学后，也被老师和家长"充分利用"：中学老师忙补课，小学家长忙上班。有的学校害怕学生在校活动发生意外，一到下午放学甚至"轰"学生出校门。

记者调查还发现，为了提高学校的中考或者高考升学率或者在区里和市里的排名，一些学校尽管还能在初一、初二、高一、高二完成体育教学，但毕业年级的体育课则全部被文化课占用。学生们戏称："这是用健康换成绩。"

教育专家们建议，重新修改教育法，用法律的形式强制规定，中小学生每天8点上学，5点放学，以提高学生自学和独立思考能力，让学生把更多的课余时间用在体育锻炼上。

（《北京青年报》2006年12月13日）

第二节　好的提问等于成功了一半以上

怎样获取新闻细节？除了眼观六路耳听八方外，如何提问最为关键。对于新闻记者而言，好的提问等于成功了一半以上。

2004年2月，全国艺术类高招举行。负责高校报道的记者由于回老家过春节，我临时被通知采访北京电影学院艺术类招生。去北京电影学院第一天的采访中，我发现了一位特殊的考生，主演知名导演张艺谋拍摄的电影《一个都不能少》的女主角魏敏芝。但我跟魏敏芝并不熟悉，加上高考采访的种种限制，第一天我没有机会面对面采访魏敏芝。

明星参加高考，天然具有高关注度，何况还是一个时下最红的学生明星。把当天的新闻稿件《纪检委员全程监察　终结艺术院校招生黑幕传闻——想当明星　八千人次报考电影学院　监督面试　纪检委员今天走进考场》交给编辑后，我琢磨着第二天能否采访魏敏芝。如果能独家采访到魏敏芝，将是一条传播度极广的独家新闻报道。

当天晚上，我一边认真看了一遍电影《一个都不能少》，一边思考着见到魏敏芝后怎样提问才易获取想要的读者关注的信息。最重要的要解决两个问题，一是能通过官方安排面对面采访魏敏芝，二是通过提问什么才能既不影响魏敏芝考试，同时还能让她毫无保留地回答问题。经过较长时间的研究与思考，首先设计好了提问的方式和9个最基本（含敏感的内容）问题（有些问题也做好被拒绝回答的准备），其次拿着当天刊发的整版报道（可能由于是春季期间，新闻不太多，也可能是当时最关注的热点新闻，晚上签版我看到了版样）继续联系北京电影学院相关负责人以及我的线人。

由于在社会影响力较大的《北京青年报》大篇幅的正面报道，第二天我的联系非常顺利。尽管校方没有专门安排对魏敏芝的专访（实际上这样的安排也是不可能的），但我还是顺利地进入考试现场，并通过线人帮助先远距离地观察魏敏芝的考试，并守在魏敏芝面试的考场外，对魏敏芝和她的姐姐魏灵芝完成了看似聊天式的采访。这次采访，实际上是聊天。因为，我没有告诉魏敏芝我是记者。魏敏芝也没把我当成记者，可能只是当成了学校的一位普通考务教师。于是，边走边聊，把准备好的问题全部提问，并得到了答复。

第一问："有人认出你是《一个都不能少》的魏敏芝吗？"

魏敏芝答："她说我像魏敏芝的妹妹。我说我就是魏敏芝，还给她看了我的身份证。报名那天就有人认出我了。"

第二问："考试中你感到紧张吗？"

魏敏芝答："我觉得我有点紧张。"

第三问："老师问了什么问题？你是怎么回答的？"

魏敏芝答："老师说不能漏题。"

第四问："跟那些没拍过电影的考生比，你很有优势吧？"

魏敏芝答："我不认为因为我拍过电影就具有优势，相反压力更大，再说了，我没必要与其他考生相比，我只要自己全面发挥。"

第五问："你什么时候有当导演的想法？"

魏敏芝答："其实在拍电影《一个都不能少》之前，我就有当导演的想法。"

第六问："考试之前，有没有请张艺谋导演给指点一下？"

魏敏芝答："我没有刻意为考导演而专门备考很长时间，因为我特别喜好，平时就特别注意这方面知识的积累。我想靠自己的实力考上北京电影学院导演系，因此考试前，我就根本没想过让他给指点一下，我只是想考完后，把我的好消息告诉他。我也希望自己能得到好消息。"

第七问："如果专业课过了，文化课有问题吗？"

姐姐魏灵芝代答："只要专业课通过了，她的文化课应该没问题。妹妹的功课不错，是学校重点班的学生。"

第八问："报考竞争激烈的导演系，家里人什么态度？"

魏敏芝答："父母说我已经是长大的雏鹰，什么事都要我自己拿主意。"

姐姐魏灵芝答："陪妹妹来京考试，我也只是给她做个伴。妹妹是自立的。"

第九问："这次没考上，你还会再考吗？"

魏敏芝答："不知道。"

姐姐魏灵芝答："期待最好的结果。"

整个采访过程中，我小心翼翼，毕竟有些问题还是非常敏感的。但由于隐去了记者身份，提问的顺序及语气让人感到很舒服，每一个问题不仅有了答复，有些问题姐姐还做了补充回答，使得采访效果非常丰满。成功的采访让我写起稿子来异常轻松，几乎只是将问题与答复做了精巧的串联和组合，就完成了一篇生动的现场新闻报道。稿子交给值班编辑后，正文没有任何改动，只对标题稍作修改，更加突出魏敏芝和张艺谋以及招生考试中最为敏感的内容。

八百名考生报考北影导演系　小明星与小记者同场竞争
魏敏芝：考北影没告诉张艺谋（节选）

昨天上午，在北京电影学院导演系面试现场，记者发现两个特殊考生。一个是因主演《一个都不能少》而出名的山村少女魏敏芝，另一个则是本报学通社记者冯雨。她们与800多名考生一起，竞争导演系15个招生名额。

昨天上午8点左右，在导演系候考室里，穿着红外套的魏敏芝显得格外引人注目。但似乎并没有人认出来这个曾因主演《一个都不能少》中山村教师而出名的女孩。记者观察到，坐在候考室里的魏敏芝，经过短暂的拘谨后就与邻桌的女生交谈起来。

"她说我像魏敏芝的妹妹。"魏敏芝跟记者笑着说，"我说我就是魏敏芝，还给她看了我的身份证。"魏敏芝还说，其实报名那天就有人认出她了。

9点左右，魏敏芝与另外4名考生分成一组，一起走进导演系面试考场。透过考场门上的玻璃，记者看到，在整个考试过程中，魏敏芝显得比较从容。但是，带着微笑走出考场的她却告诉记者说："我觉得我有点紧张。"当记者问起老师问了什么问题、她又是如何回答时，19岁的她很顽皮很外交地回答："老师说不能漏题。"与其他考生相比，魏敏芝说并不因为她拍过电影就具有优势，相反压力更大，"再说了，我没必要与其他考生相比，我只要自己全面发挥。"

魏敏芝接受记者采访时说："其实在拍电影《一个都不能少》之前，我就有当导演的想法。"因此，魏敏芝并没有刻意为考导演而专门备考很长时间，"因为我特别喜好，平时就特别注意这方面知识的积累。"魏敏芝想靠自己的实力考上北京电影学院导演系，因此考试前，她就根本没想过让著名导演张艺谋给指点一下，"我只是想考完后，把我的好消息告诉他。我也希望自己能得到好消息。"

"只要专业课通过了，她的文化课应该没问题。"姐姐魏灵芝告诉记者，妹妹的功课不错，是学校重点班的学生。魏敏芝考竞争激烈的北京电影学院导演系，父母和姐姐什么态度？魏敏芝笑着说："父母说我已经是长大的雏鹰，什么事都要我自己拿主意。"姐姐魏灵芝则告诉记者："陪妹妹来京考试，我也只是给她做个伴。妹妹是自立的。"

2月5日，北京电影学院导演系公布一试录取名单。在北京电影学院门口，记者问了魏敏芝一个敏感问题："这次没考上，你还会再考吗？"脸被寒风刮得红红的魏敏芝回答说："不知道。"姐姐魏灵芝告诉记者，期待最好的结果。

......

第二天，与北京青年报社有合作关系的报纸全都进行了刊发，网络媒体进行了大量的转载，成为当日最亮的新闻。与此同时，京城各媒体开始派记者前往北京电影学院招生现场进行采访。对魏敏芝的采访热度一直持续到她三试落选才告一段落。

提问需要设计。

提问的方式，一般分为封闭式提问、开放式提问、封闭与开放都有的混合式提问。在一个允许记者提问两个问题以上的采访机会中，这三种方式均可以单独使用，尽管绝大多数这样的提问都采用混合式。

封闭式提问就是提的问题只需要答是或否，或给出选项选择其中一个即可。

这种提问的好处是，记者按照自己的写作计划陈述想要确认的内容，在采访时间紧的情况下可以通过采访对象确认大量的信息。

封闭式提问非常适合采访对象为政府官员，尤其是在重大的政府新闻发布会现象向政府官员提问。

据悉，外国一位著名记者采访时任中国国家军委主席邓小平时，鉴于邓小平特殊的身份以及采访内容的敏感等，她在采访邓小平的过程中，全部使用封闭式提问。通过观察邓小平在回答这些问题的表情、神态等写出极其经典的客观新闻报道。

封闭式提问还适合不善于语言表达的采访对象，尤其是在语言沟通不畅但对象能听懂普通话的情况下，记者的每一个用普通话提出的问题只要能获得对方简单的"是"或"对"的答复，在写作时都可以采用对方的角度进行描述和报道。有些封闭式问题涉及的内容很敏感，被采访者"不回答"或在选择中纠结的表情其实都是采访答案。

开放式提问就是对提问的内容不进行封闭，而是由被采访者自由讲述。

比如，这个桌子是木头做的吗？这是个封闭式提问，答是或不是即可，记者提问这个桌子是什么做的是关键。如果是，就确认了桌子是木头做的。如果不是，要确认桌子到底是什么材质做的，就可以继续以这种封闭式提问继续发问，直到获得准确的信息。而这个桌子是做什么用的？是个开放式提问。被采访者根据实际用途来回答，这个实际用途就很多，不限于一个用途、两个用途。

开放式提问的好处是，被采访者的回答一方面满足了记者事先预定的写作方向，另一方面记者还可能发现新的更有价值的信息。

作为一名职业新闻记者，需要通过开放式的提问，让被采访者在放松状态下讲述更多的有价值的信息。

单纯的封闭式提问和开放式提问，既有优点也有缺点。

一个成功的采访，尤其是允许提问两个问题以上的采访，记者们大多数会采用混合式提问，从而扬长避短，尽量获取更准确、有价值的信息。

有些记者甚至采用激将法提问。

激将法提问，通过提问表述刺激，使采访对象说话。激将法可以是正面的也可以是负面的，如果记者希望采访对象能够表达自己的观点的话，要避免故意激怒对方来制造新闻。就算能看出对方在说谎，也不要直接质问和拷问，让对方难堪，如果让对方生气了，以后采访他就特别难了。

1936年斯诺到延安采访毛泽东时，他要毛泽东谈谈自己的历史。毛泽东开始想回避这个问题，斯诺就心平气和地向毛泽东提供了许多情况，并说："外国对你有种种传说和谣传，这难道是真的吗？"

这就是个激将提问。

毛泽东听了很感意外，并稍稍有些惊愕，于是同意纠正这些谣言，讲述个人的经历。斯诺正是凭借高超的提问技巧，达到了自己的采访目的！

第三节　采访技巧和注意事项

基本采访技巧和专业采访技巧都有哪些？采访过程中又有哪些注意事项呢？介绍一下当年单位对我的培训和我多年的实践经验。

一、采访准备

1.采访准备

采访准备是指记者为采集新闻材料而进行的前期性、基础性的工作。采访准备有助于记者进一步明确采访的目的和重点；有助于记者缩短与采访对象间的距离；有助于记者有计划、有步骤地进行采访，提高工作效率。

2.采访准备的过程和内容

（1）报道策划。

报道策划就是记者为了使报道产生最佳的传播效果，提高新闻报道的质量，更好地发挥舆论引导功能，而进行的报道设计和准备工作。报道策划要注意三点：一是坚持策划"创意"的科学性；二是坚持策划报道"导向"的正确性；三是坚持策划报道"火候"的把握性。

（2）采访准备的内容。

●进一步学习与本次采访相关的政策；

●尽快熟悉和研究采访对象，判断采访对象的利益格局与可能心态，寻找可能的介入角度和突破口；

●查阅相关资料和专业知识，掌握采访对象所涉行业的基本态势，努力寻找并分析已有的报道资料；

●认真制订切实可行的采访计划，有针对性地提出采访请求，或是有针对性地拟订采访提纲；

●与采访对象商定较适宜的访问时间、地点、方式；

●检查有关采访设备的准备情况，提前十分钟赶到约定地点。

二、采访过程

（1）创造融洽的访问气氛。善于寻找把双方从感情上联系起来的"桥梁"；尽快取得被采访对象的信任和好感；精心考虑访问场所和时机的选择。

（2）要与采访对象保持平等的关系，不可被采访对象的强势压制，也不可让自己的强势压制住采访对象。

（3）采访过程中应力求保持话语的主动权、话题的选择权。

（4）采访提问的方式有两种，开放式提问和闭合式提问。两种提问方法各有侧重，记者应该学会在采访过程中交替使用。

（5）采访提问的技巧。

① 正问法：从正面提问。

记者向采访对象开门见山地提出问题。问题提得明快、直接，不拐弯抹角。

一般来说，这种提问方式进入话题快，采访效率高。

它适合于两类采访对象：记者较为熟悉的采访对象，有话直说不客套更能显示彼此交往的随和；有相当的社交经验和社会阅历的人，他们见广识多，容易接受记者的采访，过多的绕弯子反而造成尴尬别扭，令对方莫名其妙。

开门见山的提问可以使得采访气氛直率坦诚。这是最为理想的采访状况。

但这并不意味着记者只要一发问，对方就会一下子把记者所有需要了解的事实全倒出来。要注意两种情况：

第一，一些善谈者滔滔不绝的谈话可能使记者在采访中失去主动引导。如采访对象谈得跑了题，使得采访深入不下去，记者要注意礼貌，不随意打断对方的话，更要克服烦躁情绪，以免打击对方的积极性甚至伤害对方的自尊心。但是，也不能无所作为，由对方牵着鼻子走。比较理想的做法是，适当地给对方以暗示。如停下做笔记，把笔记本合上，或起身给对方添点开水，等等。这样，逐渐把话题引入正题。

第二，善谈者在碰到一些较为敏感的内容时，也有可能变得犹豫，欲言还休。这时候，记者应善察言观色，给对方以适当引导，让对方消除顾虑，畅所欲言。当然，也应注意尊重对方的隐私权，不宜硬性逼问。

②迂回法：从侧面入手。

采用启发引导的方法，旁敲侧击，循循善诱，促使对方回答记者的提问。这种方法，一般是在正面问询不能奏效的情况下采用。

这种方式首先适合于记者不熟悉的采访对象。

侧面探往往是从一些一般性的、对方熟悉的话题聊开来，具体应用各有各的不同。记者可以与采访对象先交朋友，从关心采访对象工作、生活等方面入手。或者像美国著名记者斯诺那样，先找能与采访对象沟通的一事一物，引起共鸣，由此入题。

斯诺的夫人韦尔斯在1937年第一次采访毛泽东时运用了这种方法，她首先拿出斯诺为毛泽东照的一张照片，说："这张照片，就好比桥一样，把我同毛主席之间联系起来了。"

侧面探看上去好像一开始要花费一些时间，其实，磨刀不误砍柴工，关系融洽了，采访就顺畅了。

其次，有些采访对象不善言谈，也应耐心加以诱导。

一些采访对象面对记者的话筒不免有些紧张，有时对记者的提问表现得茫然不知所措，平日里滔滔不绝，而一旦接受记者采访就变得吞吞吐吐。

这个时候，记者千万不能着急，更不要误判，以为采访对象不配合、不合作，而应该摆出一个内紧外松的态势，即思想、心理活动仍积极进行，外部神态自然轻松，然后发挥"磨功"，与采访对象"闲泡"，力争做到：他紧张你轻松、他冷淡你热情，他言者无意你听者有心，抓住机会，一举突破。

③激将法：记者通过一定强度的刺激设问，促使采访对象的感觉由"要我谈"转变为"我要谈"，从而打开采访通道。

常见于谦虚不想谈、有顾虑怕谈或自恃地位高而不屑谈的采访对象。

（6）非言语信息采访法。

非言语信息采访有两层含义：一是指新闻记者通过言语之外的传播方式影响采访对象以获得新闻信息的活动，二是指新闻记者通过对采访对象非言语行为及其环境的观察、分析而获得新闻信息的途径。

① 服饰语言。

记者给采访对象留下的第一深刻印象也许要算他的外表衣着和随身饰物了。记者衣着打扮不仅应符合自己的年龄、身份，而且还要根据采访任务的性质、现场环境以及采访对象的不同而有所讲究。比如，采访社会名流或出席盛大招待会时不妨衣冠楚楚；采访建筑工地、农业生产则应穿得朴素、轻便。

有时出于需要，记者还要"改头换面"。

美国记者哈尔·希格登为了采写有关管理咨询业的文章，打上素色领带，穿上高筒袜和背心，因为这是当时咨询行业的装束。随后不久，他在采写一出戏剧评论时，又换了一套风格不同的服装。这种能使采访对象产生"自己人"效应的乔装打扮能使被访人对记者产生亲切感和信任感。

② 时空语言。

采访总是在一定的时间和空间内进行的，对时空的精心安排和巧妙运用是保证采访顺利进行并取得成功的重要条件。

就时间要素而言，记者应处理好这些时间。

●打电话的时间　采访一般应事前电话预约。什么时候打电话呢？假如被访人正在睡觉、洗澡或在更糟的情况下突然电话铃声响个不停，他本来会同意的采访也许会因此而夭折。

●采访时间　一般来说，采访应安排在被访者认为方便的时候，并能保证他有充足的时间在干扰最小的情况下接受采访。对于不同的对象应选择不同的采访时间。

亨特·汤普森认为："给政客打电话的时机最好是在深夜，因为在大白天或办公桌前根本别想听到他的实话，如果在他们疲乏不堪、酩酊大醉或意志薄弱时抓住他们常常可以有所收获。"

●做笔记的时间　谨慎、胆小的采访对象一看见记者拿出笔和笔记本就十分紧张。因此，记者应沉住气，等采访进行到一定时候（通常是采访对象谈到兴奋处时）再拿出本子记录。

●停顿的时间　采访过程中，当被访人对一个问题答复以后，如果记者仍然默不作声，停顿几秒钟，便给被访者传递出信息："你的答案不够充分；我还不太明白你的意思；我对你这番话的可信性持怀疑态度等。"一旦对方注意并领悟到"沉默"这一非言语信息的含义，便不得不作出反应，于是谈得更全面、更清楚、更令人满意。

●舒适的采访地点　舒适的采访地点同样能营造融洽的关系，使采访得以顺利进行。有许多人，尤其是不习惯和记者交谈的人，觉得在工作地点较为自在，于是，有经验的记者就常将采访地点安排在他们的工作地点。

根据多年的同行采访经验，可以到更衣室去找运动员、到后台去找演员、到音乐厅去找乐队指挥……

如果采访是在记者的办公室或客厅进行，就要仔细安排一下房间的陈设了。如果是在某个约定的地点，记者不妨先到一步，适当地安排一下座位。心理学者发现，即使是老于世故的人，首次见面围桌而坐也比面前空无一物要自在些。因此，一张特意安放的办公桌或茶几对于营造良好的气氛大有裨益。

采访时坐的位置也很重要，一般来说，不要坐在采访对象的正对面，这样会使他不舒服。

若采访是在被访人的办公室或客厅进行，就应留意观察周围的环境。如房间布置是时髦还是老式？是整洁还是邋遢？家具或办公桌是浅色还是深色？

屋子里有照片和油画吗？……这些都是表征被访人世界观、生活习惯、爱好、志趣的非言语信息，它在被访人出场之前就已向我们准确地介绍主人的情况了。

写人物专稿有时要进行多次采访。这时，不妨变换一下采访地点。

心理学对于人的知觉研究表明，在我们的环境中最重要的因素是变动。因此，采访中一成不变的环境会产生单调、陈旧的厌倦感，而环境的变动易于引起被访者的新鲜感，从而产生有利于采访的情绪。

③ 物体语言。

采访伊始，记者可利用一些相关的事物作为触媒去开启采访对象的心灵，为双方正式交谈营造一种和谐而亲切的气氛，从而缩短与采访对象的心理距离。

④ 体态语言。

美国名记者朱尔斯·洛在谈到采访经验时说："告诉读者主教踢倒了废纸篓、砰的一声关上了门就够了，不必再费力地描述他的精神状态。""把失去妻子的农夫用脏手给他的女儿编头发以及这个孩子夜间哭泣的情况告诉读者就行了，不必再对孩子母亲死后带来的痛苦和悲哀进行吃力的抽象描写了！"这种言简而意赅的报道效果得力于记者对被访者体态语言的悉心观察和细微刻画。

采访中的体态语言是指被访者的面部表情或身体动作所传递出来的信息，也指记者所使用的、旨在影响被访者的表情动作或体态。

美国加利福尼亚大学心理学家保罗·埃克曼在《病态心理学和社会学杂志》上撰文说："自然流露的体态和面部表情并非毫无规律的活动……而是具有与言语行为相关的独特的传播价值。"

比如，被访者的上半身显得轻松自在，但他的脚脖子却用力蹭着桌子腿，这表明他紧张、焦虑；他眼睑的微小动作也能表露出无法估价的信息：惊骇时稍稍张大，仇恨或沉思时微微眯起。

总之，从采访对象红晕微现、脸色发白、渗出汗珠、吸着雪茄、摆弄着眼镜、不停地踱来踱去……这些非言语行为中，记者只要细心观察、认真分析，是不难采集到有价值的新闻线索的。

同时，记者在采访中还应巧妙地运用自己的体态语言来影响和引导被访者的话题和情绪。

因为记者的表情可对采访对象产生十分微妙的感染和影响，刺激其感官，引起其相应的心理反应，所以记者在采访中要做到主动调节和自控表情动作，引导着采访气氛向融洽、圆满的方向发展。

如在被访者谈话时，不时点点头以示赞同，这样对方会觉得你与他有同感，便热心提供情况；当对方讲得不清楚时，不妨皱一皱眉头，面露疑惑之色，他便会给你加以解释和说明。

记者采访表情的总体原则是要适度、得体。

当面对不同采访对象时应该做出不同的有针对性的采访表情。

●采访高级领导干部或著名人物时，要显得不卑不亢。

在这些采访对象面前，有些记者常常在心理上产生自卑感，十分紧张，神情呆滞，语言嗫嚅，手足无措，有话不敢说，有问题不敢提。

这样的采访是不会有收获的。

其实"彼人也，予人也。彼能是，予何不能为是？"一名记者，在任何时候都要记住："我和采访对象在人格上是平等的，此时此刻，我并非自然人，而是代表报社、代表媒体、代表公众信息平台，所以要努力做到语言尽可能平直些，提问尽可能简洁些，肢体语言尽可能放松些。"

●采访一般群众，要显得平易近人，和蔼可亲。

还是那句话，"我和采访对象在人格上是平等的"，那么在普通群众面前，就切不可摆架子，身段动作不可过多、过大。

如反剪双手踱来踱去、大幅度的广场演说状，高谈阔论、无故打断对方话题等都会影响对方的心理，妨碍采访的顺利进行。

遇到对方衣着不整，相貌粗陋，或有生理缺陷，或场面污秽等，切不可流露出冷淡、厌恶的情绪，伤害对方自尊心。

在弱势人群面前摆谱，不但了解不到真相，而且也是自己职业水准不高、人格修养欠缺的表现。

●采访特殊情绪状态的对象时，表情动作要做特殊处理。

一般而言，采访社会新闻的记者面临"特殊情绪状态的对象"比较多，怎么恰当地处理自己的表情和肢体语言尤其重要。

一名临刑的死囚无疑处于"特殊情绪状态"，但是如果我们只关注他是否忏悔、是否愿做"反面教材"、是否写遗书告诫后人，那就只能说明我们对人性了解太少。

事实上，一名死囚，明知死期将至也不会放弃生的侥幸，那是一种潜意识和本能，表现出来的情绪不是极度冷漠就是躁动焦虑。

我们如果采访他们，不管他们之前的罪行多么"人神共愤"，都应该在不愠不火之中尽量保持一种淡淡的怜悯，询问语气应该尽可能地温文平静，因为"尘归尘，土归土"，法网恢恢，罪罚相抵，一切行将结束，尊重他只是出于对生命本身的敬畏。

又如访问一位身患绝症的人，采访一位刚刚失去儿子的妈妈，或刚刚遭受赛场重挫的运动员，记者进屋时的步履要轻、慢，语调要深沉，语速要稳健些，衣着要朴素，要恰当地表露出同情的目光，使其感到安慰。切不可粗声大气、吵吵嚷嚷地进屋，更不可鲜衣怒马，谈话尤忌滔滔不绝，否则必无结果。

●面对强势，不躁不馁。

由于"信息公开化"尚未制度化，记者当下采访时遇到最多、最棘手的场合就是"对峙性采访"。

所谓"对峙性采访"就是因为种种利益关系而对你的采访或心存戒心、敌意，或心存恐惧，因而搪塞、刁难、狙击、拒绝甚或暴力相待的现象。

对抗的双方，一个要"揭"，一个要"捂"，有时候斗争是相当激烈的。

这个时候，我们一定要清楚，强势的力量不是绝对的，"人微"不见得一定"言轻"。

很多对峙的场面，仅靠低声下气，委曲婉转地请求是无用的。

相反，正当地使用一些严词峻语反倒能令强势一方"移船就岸"，放低姿态，尤其在必须维护自己人格尊严的时候，新闻记者使用此法更见效果。

（7）采访提问的注意事项。

① 提问要做好准备。

如果记者和被采访者能在采访问题上做好了解和沟通工作，整个采访活动就能顺利进行。在非突发事件采访前，记者可以把采访的目的、要求告诉采访对象，请他们做好准备。必要时，把采访提纲提前交给采访对象。

② 提问要简洁通俗和具体。

记者对每个要提问的问题，事先应当在其用语的长短上精心设计、推敲，宜短勿长，宜通俗勿艰涩。

如果一个很长的问题包含了太多的层次和含义，实际被采访对象很难一一作答。因为人的记忆力有限，提问不当，采访对象难以理解，容易前记后忘。因此，最好一次只问一个问题。

提问的问题要具体。任何事物都是错综复杂的，且有个形成、发展、结束的过程，记者如果笼统、抽象地提问题，采访对象就难以回答。

在关键的提问中，一定要精心安排好关键问题的措辞。短的、直接的、紧追不舍的问题，会有一种特别的效果。

③ 保持适度的尖锐性。

在采访中有时需要刺痛采访对象，让对方知道自己并不是那么完美，这样一来会降低他的自负感。但是这种刺痛不能过火，那样会使被采访对象难堪，甚至会激怒对方，让采访变得更为困难。你提的问题越尖锐，提问时的表现却要越温和。

④ 不懂的地方补充求证。

记者在提问时不要不懂装懂，有时应该谦虚，没有弄懂的地方和细节一定要补充求证。

⑤ 提问要把握主线。

一般的采访目的性很强，由于时间和环境的限制，采访者和采访对象之间不可能像拍摄纪录片和写人物通讯那样可以长时间地共同生活、工作，所以要抓住关键问题，一旦采访对象的谈话偏离了主题，一定要及时将他拉回到主线上来，切勿跑题。

⑥ 不要问两难的问题。

在采访时记者不能抱批判的态度进行；不要下判断、讥笑或者显得尴尬；不可与采访对象发生争吵；不可提引导式的问题、让对方感到两难的问题。

所谓两难的问题就是无论对方怎么答都会落入提问者设下的陷阱的问题。

著名的冯小刚骂记者事件，起因就是记者问了一个无论冯小刚怎么回答都可能成为媒体炒作的问题。

记者这样提问冯小刚："冯导，我想问一下，为什么同时上映的两部贺岁片，您先看的《千里走单骑》，后看的《无极》？"

问题一出，冯小刚的表情显得很尴尬，他解释道："我平时都是抽空看电影，赶上哪个是哪个，我连公司的《情癫大圣》还没来得及看。"

这时记者补充道："总有先有后吧！"

冯小刚怒了："你这问题问的，有点挑拨离间吧。"

⑦ 录音机与采访本应分工协作。

不要过分使用录音摄像机。录音摄像机应与笔记本一起使用，录音摄像机记录关键的话语、数据及观点，使用笔记本记录被访者的表述逻辑和表情。分工协作才可能提高采访效率。

⑧ 不能按常规出牌。

不要按逻辑顺序提问，应该叉开被访对象的思路，出其不意。记者不能忘记自己采访的目的，同样的问题可反复提，对方回避的问题可迂回再提，换一种方式提。

⑨ 警惕"霍桑效应"。

所谓霍桑效应，就是"被试效应"，指由于实验对象对其被试身份的认知及态度而产生的有意识的变化。

它来自霍桑实验。

1924 年至 1932 年，在美国芝加哥西方电器公司的霍桑工厂进行的一系列企业管理改革实验中，以 1927 年哈佛大学教授梅奥主持的心理学实验最为有名，该研究强调了个人心理和社会因素对劳动态度和生产效率的影响。该实验及其成果霍桑效应等，对新闻学和传播学有极大的借鉴作用。

在新闻学中，会产生类似的情形，即"被访效应"。

人们在被采访时，由于受到关注，容易出现不同于常态的表现，从而对新闻的真实性和传播效果产生影响。

霍桑效应会影响基本新闻事实，会造成对事实一定程度上的拔高或贬低。

如果一群领导和记者，浩浩荡荡地下农村或工厂，事前没有任何交代，受访者会如何呢？当所有的目光，当一个个照相机、摄像机的镜头对着你的时候，你知道你该说什么，而不是你想说什么就说什么——说听者和访问者想要的东西！而不一定是真实的东西，更不是所有的实情。而周边的人可能在"沉默的螺旋效应"下，也没什么异议了。

被采访者的这种表现是正常的反应。

受霍桑效应的影响，以及心理暗示作用，出于保护自己的目的，他一般不敢"胡言乱语"，而是极力回答你想要的东西，在内容上是单面或线性的，据此报道问题，会对受众造成误导。

霍桑效应对我们的启迪是，记者对被采访对象的回答要存疑，不盲信，有疑问的可当面用恰当方式再次试探。

⑩ 与受访者或消息源保持一定的距离。

在与受访者或消息来源接触时要保持警惕，首先要问其目的，为何要提供这个消息（这并不是说这个消息不好或者是虚假的），其次要向其他消息源求证，以保持消息本身的平衡。

千万当心：为什么只有你得到了这个信息？

是因为有人出于某种目的告诉你的吗？要明白为什么有人向你提供某种信息，不要被别人牵着鼻子走。

在与消息源接触和沟通时要与其保持距离，以免过度亲密的事情发生（毕竟谁也不愿意做伤害朋友的事情），其次避免让外界认为你与其相互勾结。

⑪ 提问要"口""眼"并用。

人物内在的思想、精神和灵魂，有时会在转瞬之间通过他们的眼睛、双手和体态表现出来——这就需要紧紧抓住稍纵即逝的最重要的瞬间。

这就要注重非语言的交流。

两位记者同时到一个现场去采访，写出来的报道大不一样，除了基本水平以外，主要就在于会不会或是否善于用眼睛采访。

⑫ 提问结束要回顾。

采访进入收尾阶段，常常容易松懈，匆忙了结，其实在结束提问时有很多工作要做，不能忽视：

●向采访对象复核材料，看看是否有遗漏的问题。如果觉得还有什么不清楚的话，比如说数字、人名以及一些关键性的细节，都可以抓住最后的机会核对。

●比较重要的报道还要征求一下被采访对象的意见。双方议论或讨论一下，只有好处没有坏处，因为记者事先准备得再充分，毕竟不是内行，有些东西需要采访对象补充、解释。

●在告辞前，结束采访的话应该有礼貌，向采访对象表示感谢，同时还要表示，希望能够继续联系，以便进一步获得有关资料。

（8）采访遭拒后的危机处理。

① 判断对象拒绝的原因。

② 将已有报道或已成影响介绍给对象，或是帮助其分析所处利益格局，表明"说"的好处。

③ 承诺保护消息源，不透露对方姓名。

④ 找朋友或熟人介绍。

⑤ 从外围了解相关事实，再回头向对象质证。

⑥ 直接到对象办公室或途中等候。

第四节　几种专业类型新闻的采访方式和技巧

一、体验式采访

记者参与到被采访的事实之中，用亲身体验和感受来了解和掌握新闻事实的一种新闻采访样式。

体验式采访的三大好处，一是有利于记者获得真情实感，提高采访材料的可信度、感染力；二是有利于实现记者与报道对象、报道对象与受众之间的情感沟通；三是有利于记者产生认识上的飞跃和主体意识的提升。

体验式采访必须注意以下六个事项：

一是记者时间有限，不能事事体验，也常常不能深入体验；

二是记者的能力有限，许多事难以体验；

三是记者的活动要受到道德规范、法规规范的约束，不允许事事都亲身体验一番；

四是容易让记者产生片面感，影响新闻报道的客观性和公正性；

五是选题要严谨；

六是记者的情感要善于调控，注意"钻进去，跳出来"。

二、电话采访

就新闻记者的采访行为而言，可分为直接采访和间接采访。直接采访是记者深入现场与采访对象面对面的采访，间接采访是记者与采访对象不是直接接触，而是通过某种手段所进行的采访。

电话采访就是一种间接采访形式，也是最常用的一种采访形式。电话采访因其方便、及时、节约采访成本等优点，已被许多新闻单位和新闻记者所接受。电话采访如果运用得当、讲究技巧，是可以写出信息快、质量高、影响大的稿件的。

1. 电话采访的技巧

电话采访并不是一件容易的事儿，在采访前准备不周或稍有不慎，就有可能遭到被采访对象的拒绝。特别是和被采访对象不熟甚至根本不认识，遇到这种情况的概率将会非常大。

电话采访有几个问题需要注意：

（1）电话采访前要把所有资料都准备好。通话前应在纸上写出采访要点，采访时应问完一条就勾掉一条，以避免打电话时分心或者出现遗漏，采访时最好边听边记笔记。

（2）报出记者的姓名和单位名称。为使对方能听清楚，说话节奏应比平时稍慢些，不要让对方在接电话时，还得分神猜想是谁打来的。

（3）确定对方是否具有合适的通话时间。当记者给被采访人打电话时，他们也许正忙于自己的某一事情。你应当表明自己尊重他们的时间，并允许人家调整时间，在电话中要说明打电话的目的以及需要多长时间。

（4）注意自身的通话态度。

（5）适时结束通话。通话时间过长意味着滥用对方的善意和时间。不要以为被采访者爱在电话里夸夸其谈，也许他正不耐烦地恨不得早一点放下话筒呢。

2. 电话采访要注意的问题

电话采访是有局限的。

电话采访作为间接采访的一种常用手段，稍有不慎，就会犯采访不实、道听途说的错误。

这是因为新闻记者在进行电话采访时，是运用语音信号同被采访对象进行沟通的，这同面对面地进行采访相比，就缺少了对被采访对象形象的了解以及被采访对象所处环境的把握，因而有时就难以判断被采访对象向记者提供新闻素材的真实程度，因此，在使用时必须慎重。

三、网络采访

网络采访就是记者借助国际互联网和多媒体技术所进行的媒介采访形式。根据网络形式的特点，又可分为电子邮件采访、博客采访、网络聊天采访、微信采访以及其他网络形式的采访。

（1）网络采访的特点：成本更低，不受时间（并不是指发稿时效）和场地的限制，因而能高效、便捷地进行采访；网上采访使记者的信息来源更加广泛；网上采访互动性强，它为公众的参与和不定时的双向交流开了方便之门。

（2）网络采访的技巧：明确报道思路，制订采访计划；获取相关背景，追踪新闻线索；归纳分析资料，仔细验证信息。

（3）网络采访的局限：发稿时效难以保证；记者需有较强的鉴别能力，切勿让时间凌驾于新闻的真实性之上；采访的成功性难以把握；缺少对被采访对象形象的了解以及被采访对象所处环境的把握；记者要注意网上知识产权的保护。

四、隐性采访

1. 什么是隐性采访

隐性采访（暗访）是记者不公开自己的职业活动身份，或者不暴露自己真实的采访意图和采访手段的一种新闻采访样式。

隐性采访包括两种情形和特征：第一个是隐藏采访者的身份和采访的意图，即不告诉人们你正在进行采访，目的是消除采访对象对采访行为的戒备；第二个是隐藏实施证据记录的手段，采访对象可能知道记者的身份，也知道你在进行采访，但是没有发现你正在进行记录，进行证据的搜集。所以，也可以说隐性采访是在采访对象不知情或者不完全知情的情况下进行的采访。

一般来说，隐性采访被当作新闻舆论监督的一种特殊手段。

在我国，这也许是隐性采访目前得以成立的最有力的根据之一。

因为新闻媒介从事舆论监督的主要方式是"批评报道"，而批评报道对监督对象造成的压力巨大，往往会受到被批评者的阻碍和"反抗"，故进行批评报道一般较困难，所以舆论监督更多地使用了隐性采访——它被作为获取新闻事实的重要手段。

但是，隐性采访的"隐"与对新闻真实的职业追求会发生矛盾和冲突，记者为此付出的代价之一便是新闻侵权。

2. 隐性采访的两种方式

记者隐性采访的操作方式根据其介入新闻事件的程度和方法可分观察式和介入式两类。

观察式隐性采访是指记者以旁观者的身份记录新闻事件的发展过程。例如旁观诈骗事件、偷拍票贩子在车站活动等。

介入式隐性采访是记者隐瞒或改变身份，直接介入事件并用偷拍、偷录等方式获取新闻。

在介入式采访中，记者的双重角色扮演容易产生角色冲突，新闻报道的客观性也会受到影响。

对此，密苏里新闻学院写作组指出："首先，在你观察的事物中，你不能陷得太深，以至于改变了事情本来的进程。你可以登台表演，但绝不要充当主角。其次，不要认为被你观察的人在认识上和你一致。即使你卖力地演配角的时候，你的真正身份仍是局外人、旁观者。"

3. 隐性采访的原则和底线

隐性采访必须遵循良好动机报道原则。按照国际的普遍做法，必须符合这些先决条件：

（1）针对的必须是已有充分的证据表明严重侵犯公众利益的行为；

（2）通过正常途径无法收集资料；

（3）公开采访难以了解真实情况；

（4）法律没有允许或禁止隐性采访条款，但某些法律涉及报道的禁区，可以概括为五大类，这些同样适用于限制隐性采访的范围：不得涉及国家机密；不得涉及与公共利益无关的各种公民的隐私；不得违背保护未成年人和保障妇女权益方面的法律规定；不得涉及商业秘密；不得影响司法公正。

4. 隐性采访的具体要求

（1）不得搞诱导型隐性采访。

为了方便媒体与记者在进行隐性采访时避免法律纠葛，一些法律和新闻学专家学者为此专门给隐性采访进行了分类。

根据世界各国警方侦查案件有回应侦查与诱导侦查的方式，专家将与之相似的隐性采访分为两种类型：回应型隐性采访和诱导型隐性采访。

根据对犯罪在前、侦查在后的回应侦查的理解，回应型隐性采访就是已有证据表明暗访对象的行为已经或者正在严重侵犯公众利益而进行的隐性采访。显然，虽然这种采访不一定为法律提倡和保护，但是似乎还算比较谨慎，不易引发法律纠纷。

诱导型隐性采访是指对于某些隐蔽性特别强的犯罪或违法行为，记者不得不在一定程度上参与犯罪的过程，对于潜在的追究对象进行某种程度的引诱，诱导其犯罪或者为其提供犯罪的机会，然后再予以报道和曝光。

在诱导型隐性采访当中，由于媒体与记者对新闻事实的发生起到诱导的作用，没有媒体与记者的参与，这种新闻就基本上不可能被发现，甚至根本就不会发生。

从法理上讲，新闻记者无权进行诱导性的隐性采访，否则将承担法律责任。

（2）不得假扮有特种权力的社会角色。

在允许运用隐性采访方式的采访中，记者不可避免地要以虚假的身份和欺骗的手法去偷拍、偷录采集新闻信息。

但是，这并不代表记者可以假扮任何人，有一些特定人群记者是不能假扮的。

记者可以假扮无职无权的社会角色，如普通顾客、乘客等，在这种情况下，记者一般不存在违法问题。

记者不能假扮有特种权力的社会角色——如政府官员、司法人员等。因为法律规定，其他任何社会角色都无权假扮另一种具有特种权力的社会角色开展工作，记者并没有得到专门的授权，因此无权进行假扮。

相应的，记者也无权使用特殊侦察手段来进行隐性采访。

此外，记者也不能假扮违法犯罪者，因为假扮违法犯罪者参与违法事件，即使只是假扮，但是造成的既成犯罪事实也将使记者不可避免地承担法律责任。这种结果严重的会使记者面临牢狱之灾。

（3）不得为形式而形式。

某晚报曾于1998年8月25日头版刊出《本报记者在上海街头报警》的新闻。为了测试上海警方的快速反应能力，在得到有关部门的特许后，羊城晚报一记者冒充遭抢劫的外地游客，向上海110报警。报案后仅两分钟零十秒，先后便有四辆警车呼啸而至。

无独有偶，某地的新闻媒体也曾策划过类似报道。在市有关部门的配合下，几家媒体汇集一地，同时拨打几家医院的急救中心电话，声称某处有危重病人需急救，请派救护车。不明真相的几家医院的救护车先后赶到。

很明显，这种由新闻媒体自导自演的所谓"隐性采访"，有"假造新闻"之嫌，还会带来不良的社会后果。

（4）隐性采访工作中必须考虑面临的危险，评估风险的程度，并采取保护措施。

暗访性报道和揭露性报道，如事关重大或者存在相当的危险性，需两名以上记者参与方可进行，一者保证安全，二者保证确保采访所获得的事实真实、准确。

凡进行此类报道，必须征得部门主管副总编以上领导同意方可进行。参与采访记者必须尽可能获取相关证据，此证据应保全至可能的诉讼期限过后。

五、法治报道

法治报道是社会生活各方面发生的与法治相关的有新闻价值的事实的报道。

法治报道采访的要求有：有较丰富的法律知识和高度的法律意识；熟悉法治工作的程序、特点和原则；多倾听多方面的意见，注意采访报道的确切性、客观性；要注意保护有关人员的秘密，切实保护公民的隐私权。

六、经济类新闻采访

经济类新闻采访是对有国民经济、生产建设、流通领域以及人民群众日常经济生活所进行的采访活动。

经济类新闻特点：在采访报道的指导思想上，涉及的具体政策和规定繁杂多样，其内在关系错综复杂；采访对象上，涉及具体业务工作、活动等往往呈现出程序性、重复性；采访的内容上，涉及具体数字多，数量性强。

七、文化类新闻采访

文化类新闻采访泛指报道有关文化艺术、教育、卫生、科技、体育等方面内容所进行的采访活动。

文化类新闻采访特点：选题有较强的可受性，即报道对于读者的可接受的程度；对象文化层次高；内容有较强的专业性。

文化新闻采访的范围与运作要求：文艺新闻采访指文学和艺术领域里新近发生或发现的有新闻价值的事实报道。正确处理好"文艺性"和"政治性"的关系；坚持正确的文艺鉴赏原则，不断提高文艺鉴赏水准；正确地对待文艺名人等。

八、教育新闻采访

教育新闻采访是指报道教育领域里具有新闻价值的事实所进行的采访活动。

教育新闻采访要注意：采访报道的指导思想和选题要立足教育界，面向社会；内容求新中有深度；善于精选角度和事例，力求使新闻活起来。

九、卫生新闻采访

卫生新闻是对医药卫生领域以及与人类健康有关的新鲜事实的报道。

卫生新闻采访要注意：坚持谨慎原则，坚持大众化原则。

十、科技新闻采访

科技新闻是对科学技术领域具有新闻价值的事实的报道。

科技新闻采访要注意：讲究科学性；讲究通俗性；讲究适宜性。

十一、体育新闻的采访

体育新闻是对体育活动领域内具有新闻价值的人和事的报道。

体育新闻采访要注意：强烈的时间意识；敏于观察，善于捕捉瞬间；场内场外结合，多方位采访。

十二、社会新闻采访

社会新闻的报道重点是反映社会上个人的品德、行为和日常生活的社会活动。

社会新闻的采访特点是：采访报道的对象无行业、专业归属的限制；题材和内容传通性强；采访报道的事实材料，情况复杂，性质多元。

社会新闻采访的特殊要求：改变常规的方式和手段，学会在社会的底层发现新闻，并善于在采访手段上变通；采访的题材与内容既要讲究情趣性，又要不忘导向性；态度和方法上，注意准确客观、适度有节（对材料的性质判定正确，且采用全面、准确；选题量的确定及安排上要讲究适度有节）。

十三、事件性新闻采访

事件性新闻采访是报道那些有一个明显的起止时间，有一个有形的发生、发展和结局界限的相对独立的时间所进行的采访活动。

（1）事件性新闻采访特点：采访对象信息量集中、清晰、易传通；采访内容直观性强、可受度高。

（2）事件性新闻采访的样式及运作要求：

①突发性事件采访：对事前没有任何预兆、突然发生的事件所进行的采访。对记者的要求：反应快，作风敏捷；在事件现场要冷静，当机立断，迅速确定采访重点所在。

②预发性事件采访：对事件的发生事前已有所闻，在有准备的情况下所进行的采访。对记者的要求：不要停留在事件中的程序性材料的采集与选用上，而应着力采集、选用事件中"含金量"高的新闻性材料；不要从新闻本身找新闻，要拓宽视野和思路，多方位、多角度地从事件的联系点上去发现新闻；不要局限于事件的动态性材料的采集与选用，要注意静态性材料的采集；不要按部就班地采访，要抓时间，超前工作。

十四、非事件性新闻采访

非事件性新闻采访是对那些没有明显的起止日期，也不是一个相对完整、有形的事件所进行的采访活动。

（1）非事件性新闻采访特点：采访对象的新闻价值在于其社会的启迪与

警示意义；新闻的内容繁杂、时间跨度大等。

（2）非事件性新闻采访的样式及运作要求：

①告知型非事件性新闻采访：正确处理好点与面的关系；注意发现新闻根据。

②调查型非事件性新闻采访：公开披露社会问题的真相及其症结所在的一种非事件性新闻采访。对记者的要求：调查要确保准确、全面、有力；采访要有钻劲、韧劲，要善于采用多种采访手段与技巧。

③思辨型非事件性新闻采访：通过解释、评述的手法，重在揭示事实内在因果关系与发展趋势的一种非事件性新闻采访的样式。对记者的要求：采访选题不要回避矛盾，敢抓热点和难点；深入新闻事实的内部，挖掘新闻的深层价值；让事实经过理性过滤，加深报道的思辨色彩。

十五、会议类新闻采访

会议类新闻采访要求：

（1）要减少稿件中业务性、程序性、技术性、文件性的内容，报道会议要从会议传递的大量信息中筛选出最重要、最有价值的内容进行报道。

（2）要注意现场气氛，捕捉生动的、有意义的情节。

（3）要善于使用背景材料，把会议传递的信息写得丰满、有深度。

（4）要根据会上传递的信息追踪采访，写出为群众所普遍关心的新闻。

（5）不得简单编发甚至照抄会议举办单位提供的新闻稿。

（6）会议报道一定要减少刻板的宣传语言、新闻"八股"语言。

很长一段时间，在媒体上最让公众不满的是，越是重要的新闻、越是重要的人物出现、越是重要的讲话、越是重要的会议等，媒体越是模版化和程式化报道。

比如发奖或表彰大会的报道总是这样写：某某部门，于某日，在某某地方举行了某某大会，中央某某、某某、某某、某某、某某……领导人参加，某某领导主持，某某领导向获奖代表颁奖。会场气氛隆重、某某领导宣布会议开始、在热烈的掌声中某某领导发表讲话……

会议语言描写呈现这样的模式：与新闻主题无关的铺垫太多，致使文字拉得太长；遣词造句太花哨、太别扭，让人不得要领；故弄玄虚，把本来十分简单的事情复杂化；记者不会用朴实无华的语言，把实质性的内容直截了当、明白无误地报道出来，而是追求华丽的辞藻，作许多与主题无关的铺垫。

十六、专门采访与交叉采访

专访是记者在一定的时间和地点，对有关人士所进行的专题性采访活动。专访的要求：精心选择采访对象；做好充分的专门性准备；把握机会，选好采访时机；采访中仔细观察。

交叉采访是记者在一定的时间内同时采访两条以上的新闻线索的采访活动。交叉采访的要求：根据不同的采访任务，统筹安排好工作的行动计划，在不同的单位负责人或场所穿插进行采访；搞好重点采访，精力用在刀刃上；加强与有关部门的通讯员的联系，依靠社会力量完成。

第六讲　写作技巧
读者本位客观报道多讲故事

有了好的新闻素材，也不一定能写出好的新闻。这就跟提供了足够丰富的优等食材，如果没有掌握做好饭的方式方法也不一定能做出一餐好饭菜一样。

怎样将好的新闻素材经过加工创作成一篇优秀的新闻报道？这需要记者在追求新闻报道的同时，坚持读者需要本位、担负社会责任，要会讲故事、用心用情用功写好每一篇消息，积极进行舆论监督，传递社会正能量。

第一节　好新闻的标准

什么样的新闻才算是好新闻？中国新闻奖评选标准对内容和文字均作了明确要求："内容真实，感染力强，社会效果好。新闻性强，时效性强，主题鲜明，勇于创新，语言文字生动，制作精良。"

中国新闻奖各项目评选标准是这样规定的：

（1）消息类作品要求新闻性强、时效性强，语言文字简明扼要，表述准确，逻辑清晰，有完整的新闻要素。文字消息作品应有规范电头。

（2）评论类作品要求观点鲜明，论点正确、有新意，论据准确，论述精辟，论证有力。网络评论要求具有鲜明的网络特色。

（3）通讯与深度报道类、新闻专题类作品要求主题鲜明，选材典型，事实准确，结构合理，语言生动，评议、刻画到位，感染力强。

（4）报纸、广播、电视的系列（连续、组合）报道类作品要求主题鲜明，结构完整，报道全面、有深度。

（5）新闻版面要求体现政治性、新闻性、思想性与艺术性的统一，标题准确生动，照片、文字与图示兼顾，编排整体协调，版式设计讲究、新颖、有特色，便于阅读。

（6）新闻摄影作品要求新闻性强，现场抓拍，表现力强，标题准确，文字说明新闻要素完整，文字简洁。

（7）新闻漫画作品要求能够反映国内外新闻时事，观点鲜明，构思新颖，新闻性强，思想性强，针对性强，想象力丰富，富有幽默感和艺术表现力。

（8）报纸副刊作品要求时代感强，体现思想性、新闻性、艺术性的统一，格调高雅，特色鲜明，文笔生动。

（9）广播电视新闻专题要求主题鲜明，材料典型，事实准确，结构合理，语言生动，音响、画面运用得当，有细节、有深度、有感染力。

（10）广播、电视、网络新闻访谈要求选题恰当，时效性强；嘉宾有代表性、权威性；谈话主题集中，脉络清晰，结构完整；谈话内容与节目定位、播出时段相适应；语言简洁生动、流畅准确；主持人提问、转承自然得体，对现场节奏把握适度；背景资料运用得当。网络访谈要求有网络特色。

（11）广播、电视新闻现场直播要求主题重大，策划周密，能够全面迅速准确地采集与传播新闻现场的重要信息，导播调度合理，主持应变机敏，音质、画面清晰。

（12）广播、电视新闻节目编排要求主题集中，重点突出，内容丰富，编辑思想明确；内容选择与节目定位、播出时段相适应；节目形式新颖，编排合理，转换流畅；字幕准确，制作水平较高；主持人驾驭节目能力强。

（13）网络专题要求主题得当，特色鲜明；容量大、采集广、更新及时；交互性强、表现形式丰富多样；页面结构清晰、逻辑分明、布局合理，页面设计新颖美观，富有特色，达到形式、内容与主题思想的完美统一。

（14）网页设计要求主题鲜明，风格独特；能够完美、准确地展示新闻内容、体现首页功能性；布局合理、富于创新；细节精致、色彩协调；符合读者阅读习惯。体现新闻性、艺术性和网络特点的完美统一，技术先进。

（15）新闻名专栏要求内容选择与栏目定位、版面位置（播出时段）相适应；形式新颖，特色鲜明；编排制作精良，社会影响较大。网络新闻专栏要求信息量大，交互性强，有鲜明的网络特色。

（16）新闻论文要求立论正确，论据可靠，论证充分，论述严谨，理论联系实际，重视实践探索与理论创新。

（17）国际传播奖项要求作品突出维护国家主权、安全和核心利益，体现我国外交政策精神，传播中华文化和改革开放成就，特别是在涉华重要舆论竞争中，增强中国声音，表达中国立场，有效影响国际舆论，为我国提供有利地位和舆论支持；尽力适应境外受众视角、欣赏习惯和社会习俗，针对性、时效性和吸引力、亲和力较强，传播效果较好；注重作品落地（转载、引用）率。

■例文 1：1983 年全国好新闻一等奖■

抢菜记

昨天中午 11 点 50 分左右，丹东商场进来一拖车小白菜。拖拉机停在商场院内，菜还没卸。这时，记者看到有两个中年女同志，一个站在地上，一个站在拖拉机上，正往自己的提兜里装小白菜。她们已把提兜装得满满登登还觉得不够。

12 点，拖拉机从院内开出，停在商场大门对面的砖墙下，准备卸菜。此时，从商场大门走出来五六个身穿白大衣的男女营业员，有的拎着麻袋，有的拿着大筐、纸盒子和口袋，来到拖拉机旁，一不问价，二不说买多少，各自给自己装菜。一个戴眼镜的卖菜女营业员视而不见。不一会儿，他们个个满载而归，大摇大摆地回到商场蔬菜组。跟着上来几个人，大伙叽叽喳喳地在柜台下把菜分开。

这时买菜的群众已有 20 余人，按秩序排好了队。快要卖了，忽然队伍前面又出现三个中年妇女。尽管她们没穿白大衣，没戴标记，但记者认得她们是商场百货组、食品组的营业员。先是蔬菜组 019

号营业员自己装了一大筐放在墙边，之后又给那三个营业员各自装了一份。在这期间，有一个大个子男营业员，趿拉着拖鞋，拿个小麻袋，到菜摊上装满一袋子，背回院内。不久，骑上自行车扬长而去。

由于营业员不按秩序卖菜，队伍乱了。这时又从商场大门里走来一些拿纸箱子、塑料口袋、筐、提兜的营业员来抢装小白菜。其中有个戴前进帽、穿棕色短袖上衣的小伙子先扒出一大堆，接着是卖豆制品的只穿个背心的小伙也装了一袋子，还有家具组的一个留着小黑胡子的营业员也装了半麻袋。一个佩戴408证章的女营业员到菜堆前装了一水桶……030号和06号营业员还帮着他们装。

几名买菜的打起来了。记者因去拉架，暂时停止了一阵观察。12点40分，菜已剩下不多了。记者也不想看下去了。

忽然，在商场院内墙上一张"营业员试题"的启示，吸引了记者，上面写道：

"什么是商业道德？"

"柜台矛盾表现在哪些方面，产生这些矛盾的原因是什么？怎样处理这些矛盾？"

"部组长的职责是什么？"

"定于 20 日交卷。"

今天正好是 20 日，布置这些抢菜的营业员怎样作答？领导们又用什么标准评卷？

（《丹东日报》1983 年 8 月 20 日）

■例文 2：1997 年第八届中国新闻奖一等奖■

别了，不列颠尼亚

在香港飘扬了一百五十多年的英国米字旗最后一次在这里降落后，接载查尔斯王子和离任港督彭定康回国的英国皇家游轮"不列

125

颠尼亚"号驶离维多利亚港湾——这是英国撤离香港的最后时刻。

英国的告别仪式是 30 日下午在港岛半山上的港督府拉开序幕的。在蒙蒙细雨中，末任港督告别了这个曾居住了二十五任港督的庭院。

4 点 30 分，面色凝重的彭定康注视着港督旗帜在"日落余音"的号角声中降下旗杆。根据传统，每一位港督离任时，都举行降旗仪式。但这一次不同：永远都不会再有港督旗帜从这里升起了。4 时 40 分，代表英国女王统治了香港五年的彭定康登上带有皇家标记的黑色"劳斯莱斯"，最后一次离开了港督府。

掩映在绿树丛中的港督府于 1885 年建成，在以后的近一个半世纪中，包括彭定康在内的许多港督曾对其进行过大规模改建、扩建和装修。随着末代港督的离去，这座古典风格的白色建筑成为历史的陈迹。

晚 6 时 15 分，象征英国管治结束的告别仪式在距离驻港英军总部不远的添马舰军营东面举行。停泊在港湾中的皇家游轮"不列颠尼亚"号和临近大厦上悬挂的巨幅紫荆花图案，恰好构成这个"日落仪式"的背景。

此时，雨越下越大。查尔斯王子在雨中宣读英国女王赠言说："英国国旗就要降下，中国国旗将飘扬于香港上空。一百五十多年的英国管治即将告终。"

7 点 45 分，广场上灯火渐暗，开始了当天港岛上的第二次降旗仪式。一百五十六年前，一个叫爱德华·贝尔彻的英国舰长带领士兵占领了港岛，在这里升起了英国国旗；今天，另一名英国海军士兵在"威尔士亲王"军营旁的这个地方降下了米字旗。

当然，最为世人瞩目的是子夜时分中英香港交接仪式上的易帜。在 1997 年 6 月 30 日的最后一分钟，米字旗在香港最后一次降下，英国对香港长达一个半世纪的统治宣告终结。

在新的一天来临的第一分钟，五星红旗伴着《义勇军进行曲》

冉冉升起，中国从此恢复对香港行使主权。与此同时，五星红旗在英军添马舰营区升起，两分钟前，"威尔士亲王"军营移交给中国人民解放军，解放军开始接管香港防务。

0 时 40 分，刚刚参加了交接仪式的查尔斯王子和第 28 任港督彭定康登上"不列颠尼亚"号的甲板。在英国军舰"漆咸"号及悬挂中国国旗和香港特别行政区区旗的香港水警汽艇护卫下，将于 1997 年年底退役的"不列颠尼亚"号很快消失在南海的夜幕中。

从 1841 年 1 月 26 日英国远征军第一次将米字旗插上海岛，至 1997 年 7 月 1 日五星红旗在香港升起，一共过去了一百五十六年五个月零四天。大英帝国从海上来，又从海上去。

（新华社 1997 年 7 月 1 日）

■例文 3：1998 年第九届中国新闻奖特别奖■

九江段 4 号闸附近决堤 30 米
两千余军民奋力抢险

本报江西九江 8 月 7 日 16 时 5 分电（记者贺延光）今天 13 时左右，长江九江段 4 号闸与 5 号闸之间决堤 30 米左右。洪水滔滔，局面一时无法控制。现在，洪水正向九江市区蔓延。市区内满街都是人。靠近决堤口的市民被迫向楼房转移。

本报江西九江 8 月 7 日 16 时 35 分电（记者贺延光）现在大水已漫到九瑞公路。据悉，决堤时，一些居民还在睡午觉。现在在堤坝上被洪水围困的抢险人员大约上千人。

本报江西九江 8 月 7 日 17 时 5 分电（记者贺延光）国家防汛总指挥部的有关专家正在查看缺口。专家们决定用装满煤炭的船沉底的办法堵缺口。

本报江西九江 8 月 7 日 17 时 15 分电（记者贺延光）记者已赶

到缺口处。汹涌的江水正从30米宽的缺口涌向市区。南京军区两个团正在国家防总、省防总有关专家的指挥下现场抢险。现在有一条100多米长的船无法靠近缺口，抢险队正在想办法。

本报江西九江8月7日17时40分电（记者贺延光）专家们拟定了三套抢险方案：1.将低洼处的市民转移到安全地带。2.市区内的军队、民兵组成一道防洪线。3.全力以赴堵住缺口。现在，一条大船装满煤，正由北向南岸靠近，准备堵缺口。

本报江西九江8月7日22时5分电（记者贺延光）截至记者21时撤离时，决堤口还没有堵上。一条装满煤炭的百米长的大船已横在距决堤口20米处，在其两侧，三条60米长的船已先后沉底。数千军民正在沉船附近向江里抛石料。水势稍有缓解。

目前，留在决堤处抢险人员总计有2000多人。防汛指挥部组织抢险人员正在市区的龙开河垒筑第二道防线。

据悉，市中心距决堤处的直线距离约5公里。市区内目前还未进水。记者赶回市区时看到，一些店铺还在营业。市民们的情绪较下午平稳了一些。

路上，出租车司机告诉记者，市政府已在电视上发出紧急通知，告诫市民，凡家住低于24米水位的住户，要迁到更高的楼上。

本报江西九江8月8日零时15分电（记者贺延光）记者刚刚与前线指挥人员通话：现在沉船部位上端水流有所减弱，但船下的漏洞水流仍然很急，缺口处洪水不见缓解。抗洪军民仍在连夜奋战。

本报江西九江8月8日零时45分电（记者贺延光）记者刚刚得到消息，从昨天下午4点开始，万余名解放军战士正在龙开河连夜奋战，构筑一道10公里长、5米宽的拦水坝，作为市区的最后防线。至发稿时止，仍有大批军车赶往此地。

（《中国青年报》1998年8月8日）

■例文 4：2006 年第十七届中国新闻奖一等奖■

火车首次跨越"世界屋脊"

中国周六创造了历史！第一对满载乘客的列车沿着连接西藏和中国内地的高原铁路首次跨越了"世界屋脊"。

当两列庆典列车"青1"和"藏2"分别驶出格尔木和拉萨车站时，世界为之瞩目。

数千名身穿各色民族盛装、讲各地方言的群众目睹了这一历史时刻，高呼"扎西德勒"。

国家主席胡锦涛为首趟进藏旅客列车开通剪彩。

"这不仅是中国铁路建设史上的伟大壮举，也是世界铁路建设史上的一大奇迹。"他对会聚格尔木火车站参加庆典的2600多名各界代表说。

周六是中国共产党建党85周年纪念日。当晚还有三列进藏客车分别从北京、成都和西宁首发。

■ 梦想成真

青藏铁路全线通车，圆了中国革命先行者孙中山的梦想，也攻破了美国现代旅行家保罗·泰鲁"有昆仑山在，铁路就到不了拉萨"的断言。

青藏铁路从西宁至拉萨，全长1956公里。其中814公里的西宁至格尔木段已于1984年通车，格尔木至拉萨段于2001年6月29日通车。

这一工程被喻为"奇迹"，因为人们过去普遍认为沿线的多年冻土层根本无从支撑铁轨和火车。

"没想到，这辈子我还能坐上火车！"乘坐首列出藏列车700名旅客之一、藏族牧民土登当曲说。他的"英雄结（辫子）"是用新的红头绳编的，"因为今天是大喜的日子。"他说。

土登当曲有 5 个孩子，最大的 27 岁，他希望能带着孩子外出打工、做生意。

拉萨大昭寺僧人次仁为沿线的风光陶醉，迟迟不肯坐下，"到了青海我要去塔尔寺朝佛"。

塔尔寺是藏传佛教格鲁派（"黄教"）的六大寺院之一，也是黄教创始人宗喀巴的诞生地。

■重写历史

下午 5：38，驶离拉萨的首次列车"藏 2"经过青藏铁路最高点——海拔 5072 米的唐古拉山口，历史被重写。

青藏铁路从此取代秘鲁利马至万卡约的铁路成为世界最高的铁路。

行车海拔超过 4000 米时，列车开始弥漫式供氧，旅客还可以随时用吸氧管吸氧，以免出现高原反应。

胡锦涛称造价 330 亿元的青藏铁路建成通车是中国社会主义现代化建设取得的又一个伟大成就，并再次证实中国已跻身世界强国之列。

"这一成功实践再次向世人昭示，勤劳智慧的中国人民有志气、有信心、有能力不断创造非凡的业绩，有志气、有信心、有能力屹立于世界先进民族之林。"他说。

1300 多年前，文成公主和亲吐蕃，从现在的西安到拉萨，走了近 3 年。今天，从北京到拉萨仅需 48 小时。

■不仅是经济繁荣

铁道部预测，2010 年，铁路将承运 75% 的进出藏货物，降低运输成本并使旅游收入翻番。

而专家认为，青藏铁路带给西藏人民的远不止地区经济的繁荣。

针对一些国际舆论对大量汉民的到来会"灭绝藏文化"的担忧，

藏学专家安才旦说，青藏铁路恰恰为藏文化带来了新的发展空间。

"西藏人民有追求发展的权利。"他说，"铁路将推动西藏的繁荣，并向世界展示藏文化。"

中国西藏文化保护和发展协会理事黄福开说，铁路开通后，人们的生活方式难免会有所改变，"人们会继续吃糌粑、喝酥油茶，也会吃西餐、穿牛仔衣，这是人类文明进步的必然"。

一些环境论者还担心铁路会破坏高原环境。

为保护高原环境，青藏铁路用于环保的资金达 1.5 亿元，是目前中国政府环保投入最多的铁路工程。

"我对中国政府的做法感到钦佩！"正在拉萨访问的意大利汉学家米良多说。

国家主席胡锦涛在周六的开通庆典上发表的讲话中也强调了环保问题。

"广大干部职工和乘客要增强环保意识，自觉爱护青藏高原的山山水水、一草一木，切实保护好沿线生态环境。"他说。

据悉，中国政府还计划在 10 年内将青藏铁路延伸至日喀则、林芝和亚东。届时西藏铁路总里程将突破 2000 公里，部分贸易物资可不再经过马六甲海峡，直接从南亚出入境。

（《新华社》2006 年 7 月 1 日）

■例文 5：2009 年第十九届中国新闻奖一等奖■

宁夏人攻克一道道世界性施工难题

郭昊东施工队巧绘北京奥运场馆"双唇"

1 月 22 日，在北京奥运会国家会议中心，郭昊东将火车票分发到一群打工者手中，让他们回宁夏过年。此前，这位从彭阳县大山深处走出来的打工头，率领他的"郭昊东施工队"奋战在国家会议中心外观装饰工程施工现场，攻克了一道道世界性施工难题，为宁夏人争了光。

　　家境贫寒的郭昊东读完高中后便到银川、西安、深圳等地打工。2001年7月13日，北京申奥成功的不眠之夜，他在深圳做出决定：到北京去，与奥运同行。不久，他受聘于北京一家公司。2005年他成立了北京德泰兴装饰公司，将彭阳、同心一带农民纳于"麾下"。他重视职工生活和技能培训，花30多万元购置了一栋三层移动式职工宿舍，3万多元添置了图书和影像资料，采取岗前学习、岗中传帮带、周末和晚上辅导等形式对工人进行培训。与武警北京北苑支队结成军民共建单位，对职工进行军训。一支纪律严明、作风技术过硬，由西北人组织的规模最大的玻璃幕墙施工队伍——"郭昊东施工队"在首都业界声名鹊起。

　　2007年3月10日，"郭昊东施工队"承担了奥林匹克公园中心四大主场馆之一的国家会议中心东、北、南三面玻璃幕墙的施工任务。施工难度最大的是东面外观双曲线悬挑唇型工程，长各500米的"上、下唇"是不规则的三维曲面，全部用钢结构和金属铝板及4万多叶片组合而成，每一工艺、细节均通过三维空间集中表现，独特的造型由英国RMJM设计公司作总顾问设计，这样的施工在世界上是首次，没有先例可借鉴。此前已有几家施工队因技术难度大而临阵退缩。郭昊东组织技术人员，积极探索，大胆创新，采用"土洋结合"的办法，攻克了一道道技术难关。2007年底，在监理单位严格审核下，中心上唇和玻璃幕墙工程顺利封闭，得到2008奥组委的认可。目前，郭昊东施工队的业务以北京为中心，辐射到江苏、山东、内蒙古等地。2007年累计引进宁夏劳务人员230多人，长期工达150人，除衣食住行开支60多万元外，每年按月足额发放工资100多万元。

（《宁夏日报》2008年1月28日）

■**例文 6：2009 年第十九届中国新闻奖一等奖**■

中国媒体新闻创新的重大突破
——"5·12"汶川大地震报道的思考

2008 年 5 月 12 日 14 时 28 分，汶川发生 8.0 级大地震。7 分钟后，新华网发出快讯："12 日 14 时 35 分左右，北京地区明显感觉到有地震发生。"25 分钟后，新华网再发快讯："四川汶川发生 7.6 级地震。"（注：后地震级别两次修正至 8.0 级）由此，一石激起千层浪，国人的平静生活一下子被媒体打破，世界的目光顷刻聚焦中国。

荧屏上，沉稳的央视主播悲泪长流、几近崩溃；网络里，各类信息铺天盖地，紧扣着被地震拉紧了的心弦；惊魂难定的国人一直倾听着广播里全天候的滚动播报；所有报刊把灾区的惊慌、恐惧、悲伤、感动和激奋一一呈现在世人眼前……在这个被称为国殇的非常时刻，中国媒体的报道霎时间竟然成为人们唯一的心灵依靠和思维依据。

曾经担忧失去受众的中国媒体，何以能在这次抗震救灾报道中取得如此良好效应？我想，其中主要原因取决于国内媒体在这次特大灾难报道中自身的新闻创新有几点重大突破。

■**抢时间，时间越快越主动**

传播心理学中有这样一个定律：首先进入人们记忆的信息具有先导性和稳定性，后来要改变这个信息，需花费 7 倍的功率。这个定律表明了新闻传播时效的必要性和重要性，这也要求新闻管理机构和新闻传播媒体，应当尽量创造确保新闻时效的制度和机制。但是，国内媒体以前的突发性事件报道，都得经过层层请示、严格审批才能发布，而在这个过程中，往往被境外媒体抢了先机。即便是境外敌对势力的媒体恶意歪曲事实的新闻，也因为时效的先导性和稳定性进而形成反华舆论或不良舆论的主导。而在这次汶川地震报道中，国内媒体一改常态，现场直击、即发即报，用最快的时效、客观的事实、真实的报道一直引领着世界舆论。

譬如地震一发生：新华社打破常规，14 时 45 分发出第一条英文快讯；14 时 56 分，从成都发出第一张地震的照片，时效领先于全球各大媒体。随后，每每发现新闻，都在第一时间向全世界发布了权威、准确的消息。

人民日报社立即成立了"抗震救灾领导小组"，一方面组织带领记者奔赴震区一线深入采访报道，同时组织撰写权威性评论文章，及时准确地把握正确舆论导向。

中央人民广播电台 16 时 43 分召开紧急会议，决定从 19 时至次日凌晨 1 时 30 分推出特别节目《汶川紧急救援》。

国内主流媒体第一时间发布的地震消息，不仅使公众及时了解真相、避免恐慌，使政府掌握实情，组织救灾，而且在全球媒体报道这场灾难的竞争中赢得主动。

美国《华尔街日报》在 5 月 14 日评说："作为许多人眼里中国政府的主要宣传工具的官方媒体新华社，此次对四川地震的报道之迅捷、之全面大出人们预料。地震发生当天，新华社发出了成百上千条震情通报，几乎每分钟都有新讯息发出，它还发布了现场记者对灾情的坦率评估。"日本共同社对中国媒体的快速反应感到惊讶，对人民日报社抗震救灾报道工作部署安排十分赞赏，多次致电要求采访。海外媒体广泛采用了中央电视台国际频道的节目信号。地震发生以来，世界各国电视台转播或部分使用了中央电视台中文国际频道、英语频道、法语频道和西班牙语频道节目的信号。新加坡《联合早报》5 月 21 日的一篇文章中评论说："中国媒体在地震报道中所显示的空前自由度，也让世界刮目相看，甚至可以说'地震般的巨变'。"

我国媒体在这次灾难报道中能争得主动，并赢得了对手的敬意，首要的原因应当归于新闻时效的"快"。由此可见，"时间越快越主动"。快速、准确地报道重大突发性灾难事件，或者是众多媒体，甚至是全球媒体聚焦的重大事件，既是新闻媒体报道竞争力的基本标志之一，也是提高主流媒体影响力和公信度的关键因素。

■重细节，情节越细越感人

"5·12"汶川大地震发生后，尽管身陷灾区的只有近 10 万人，但是安居生活的 13 亿国人，甚至包括世界华人和国际友人，几乎都在同一时刻和汶川人一样惊愕、恐惧、感动、激动、努力。如此多的受众在无比大的半径空间中，能够同时被媒体感染，并同时抒发对灾区的同一种感情，其主要原因来源于新闻媒体强大的召唤力和深厚的感染力。

曾记否，一幅幅断壁残垣、惨不忍睹的画面，紧揪人心，使得国人悉心牵挂、彻夜守望；一个个舍生忘死、救人于水火的场景，催人亢奋，激励所有国人情系灾区、慷慨解囊、无私援助灾区；胡锦涛主席深入灾区一线，安抚受灾群众、指挥抗震救灾、组织重建家园，令国人振奋、引世人感慨，召唤国人齐心协力，共闯难关。温家宝总理第一时间赶赴震区，指挥抢险，解救受灾群众，深受人民赞誉；部队官兵冒险冲刺、飞赴震中，日夜奋战，国人敬佩不已。中国新闻媒体能发挥如此强大的召唤力和感染力，主要因为新闻媒体在这次灾难报道中，改变了以前"概念传播""宣传传播"等"说教式"的传播方式，创新地用灾难事件的情节和细节传播抗震救灾新闻，致使受众从中"动之以情，晓之以理"，这一切功力绝非以前国内媒体"说教式"报道所能达到。

"动之以情，晓之以理"是各类媒体一直追求的理想传播方式。受众之所以能够因媒体的传播而动情，关键在于媒体能够把新闻事件的情节、细节原原本本地传播给受众。作为受众的人民群体，都活动在社会生活层面，他们对事物的判断，是以生活中的一个个细节为依据的。他们从这些细节中筛选、取舍。他们的情绪随着生活的细节而波动，而忧患，而兴奋，这正如"最原始的最直接，最朴素的最有效"的传播规律，这是人类形成的基本认识规律。新闻传播要打动人，感动人，就应当遵循这个规律，也正如"由表及里，由浅入深"。如果一篇新闻只有事实的陈述而没有任何细节描写，就好像一幅画，只有远景没有中景和近景，景色再美，也只能是雾里看花，难以吸引、感染、打动受众。尤其处于社会主义市场经济时期，人们的意识存在多样性，认识呈现差异性，对同一件新闻事实，受众乐于了解事实的经过和关键情节或细节，至于结论，受众更愿意由自己做出判断。如果媒体在传播新闻事实过程中过分强调主观意识，用"宣传概念"取代或弱化事件情节和细节，一味说教，受众就会因未受到尊重而讨厌。以往国内媒体从概念到概念的传播方式，正因为缺乏事件情节、细节，只习惯于点到为止的空洞说教，而越来越使受众失去接受和参与新闻传播的兴趣，若不改变，可能会使受众群流失。

这次抗震救灾报道中，国内媒体创新采用细节传情，无论是中央媒体还是地方媒体，在特大灾难夺去或伤害众多人民生命的惨烈事实面前，完全放下了"高贵"的身份，和灾区群众同惊、同悲、同苦、同喜、同奋。在传播同样的情感中，媒体也更加理解受众（即人民群众）对"欲知而未知的信息"的需求，因此媒体人也更能用常人的良知、普通人的目光向全世界传递记者在灾区发现的拯救生命、解救苦难的每一个细节。

譬如：众多媒体对"母亲舍身庇护婴儿"同源新闻的报道，无论是电视的现场直播，还是报纸的直击描摹；无论是广播的实况播报，还是网络铺天盖地的帖子，所有媒体都逼真地报道了这个最打动人的细节："当抢救人员发现这位母亲的时候，她已经死了，是被垮塌下来的房子压死的。透过那一堆废墟的间隙，可以看到她死亡的姿势，双膝跪着，整个上身向前匍匐着，双手扶着地支撑着身体，有些像古人行跪拜礼，只是身体被压得变了形，看上去有些特别。而在她的身体下面，躺着她的孩子，孩子包在一个红色带黄花的小被子里，大概有三四个月大。在母亲身体庇护下，他毫发未伤，抢救出来的时候，他依然安静地睡着。救援人员在他的小被子里发现了一部手机，屏幕上有妈妈最后编好的短信'亲爱的宝贝，如果你能活着，一定要记住我爱你'……"

再如众多媒体对"废墟中用手电筒继续读书的女孩——邓清清"的报道，不约而同地采用了"邓清清在废墟里面打着手电筒看书。她说：'下面一片漆黑，我怕。我又冷又饿，只能靠看书缓解心中的害怕！'"这一震撼人心、催人泪下的细小情节。

还如一对恋人，在震灾中不知对方下落，彼此都在惊恐、悲伤、撕肝裂肺的心灵煎熬中苦苦寻遍整个灾区，终于在遇难的人堆中重逢，俩人悲喜紧拥……看似无语无声，看似目光呆滞，但此场、此景、此情、此拥，特定环境中的特殊形体语汇，内含着超然难以言表的激动，我们的摄影记者独具匠心地抓拍到了这一难得的感魂启魄的动人细节。

诸如此类众多细节的报道，之所以扣人心弦、感人肺腑，正是由于我们的媒体业已认识到了新闻传播中"情节越细越感人"的道理，开始积极创新传播方式，努力顺应人类认识规律，学会采用细节感动人、说服人，传播新闻，进而真正为受众服务。

■抓策划，议题越准越出彩

称这次灾难报道为一场新闻协作大战役毫不夸张，如果没有媒体的立体协作、奋力作为；如果没有大批记者扑进灾区、冒险报道；如果没有各媒体编辑部的调度指挥、协调整合，就不可能形成空前强大的舆论场，也不可能引领全球舆论，更不可能感染、激发全国人民抗震救灾的鼎沸热情。既然称之为战役，就必然有它的战略计划。战争中的战略计划就相当于媒体报道中的新闻策划，这场灾难报道能打成漂亮的胜仗，与各家媒体精心准确的新闻策划密不可分。

新闻策划不是策划新闻，而是依据新闻事实，借用新闻传播学中的"议程设置"理论（The Adenda-Setting Theory），事先策划设置新闻传播方案的一种新闻传播方式。其中的"议程设置"理论，其主要观点为媒体"不能要求人们怎么想，但可以通过传播新闻议题的程序设置，来影响人们想什么"。这一理论在西方媒体中早已广泛应用。我国媒体在新时期要努力达到最佳的新闻传播效果，就应当抓好新闻策划，依据新闻事实，设置议题传播程序，严密策划报道的重点、切点、热点和思路，选取报道的角度、方式和手段，组织深入广泛地采访、深度分析、背景参照和挖掘深层信息，形成集约化的整体舆论场，遵循传播规律，强势引导人们关注。回顾一个多月来的抗震救灾报道，一个接一个的舆论高潮，所有媒体的报道都是根据自身的特点，针对抗震救灾过程中的每个阶段的事实变化，随机进行准确的新闻策划，各路媒体按照各自的新闻策划方案，从不同的角度，用不同的方式，挥发出不同的传播优势，共同营造着一个接一个的舆论高潮。

譬如央视的 24 小时连续直播"抗震救灾、众志成城"特别节目，地震一发生，他们一方面快速派记者赶赴灾区，另一方面马上联系汶川、成都、绵阳、都江堰以及周边有震感的省市电视台，征集关于地震的一切信息，根据前线记者发现的新闻线索和各方征集到的信息，进行全方位新闻策划，从报道最新消息，到救人救命；从举国哀悼，到全国支援；从抗灾自救，到救治防疫；从灾民安置，到恢复重建等各类新闻话题，一个接一个过渡、一个高潮接一个高潮传播，包括请专家咨询的直播，虽然受众接收到的是点位上的具体新闻事件，但整个报道战役中新闻主题的切换，舆论热点的形成等，无不体现出新闻策划中关于议题设置方案、步骤的理性和规范。

新闻策划又不等同于新闻报道的工作安排，它应当是新闻报道方式的创新。所谓"工作安排"式的新闻策划，往往是用编辑主观的

"宣传概念"安排记者去寻找体现"概念"的新闻事实，这样的传播理念，往往采取"采—编—采"的信息译码机制。国内媒体多半沿用以前的"采—编—采"机制，看起来形式上是记者主导媒体，记者采回什么"原料"，编辑只能盲无目的、消极被动地拼凑着就料做"饭菜"。但实质上是"宣传概念"主导媒体，记者仅是附和概念的响应者。如果按照这一方式，这次地震报道中，记者现场发现的各类新闻事实，都会因为没有事先的"宣传概念"依据而得不到广泛传播。而依据新闻事实进行"议程设置"式的新闻策划，适合采用"编—采—编"新机制，这种机制从形式看是编辑主导媒体，但编辑是根据全方位的新闻事实和相关信息来策划制作"新闻大餐"总体方案的。其中，编辑策划"新闻大餐"所依据的新闻事实和信息，首先来源于社会实践。由此可见，"议程设置"式的新闻策划，是由新闻事实主导着媒体宣传。"编—采—编"新机制的施行，也从根本上回归了"真实是新闻的生命线"的职业本质。

陕西省汉中市的宁强县、略阳县，与汶川震区距离很近，在"5·12"大地震中，同样遭到严重破坏。《陕西日报》开始同全国媒体一样，把新闻焦点聚集在四川汶川灾区，对本省的灾区，只是按照常规由记者站作日常报道。然而，记者在现场发现，这里虽然不像汶川、青川那样房屋全面倒塌，死伤严重，但地震和强余震造成了这里95%的房屋变成危房，21万人不得不实施紧急转移住进防震棚，两县因灾死亡19人，受伤入院医治1141人。国家机关工作人员不能正常进入机关上班，学生不能正常开课，医生只能在临时搭起的帐篷里收治伤病员，企业被迫全面停产。同时，宁强、略阳两县又地处陇海铁路大动脉109隧道中断后，北方支援四川灾区最便捷的通道，全国各地源源不断的救灾物资都是通过西汉高速经由这两个县进入四川的。根据记者发现的这一重要新闻事实，陕西日报社社委会参照汶川地震灾情和全国媒体聚焦汶川的舆论热点现状，冷静分析，冷静对待，实事求是地及时策划了《直击震灾、关注略阳》和《直击震灾、关注宁强》等系列主题新闻，抽调 20 多名记者，直扑两县灾区现场，每天以多个整版的篇幅，全方位报道两个灾区的严重灾情，并以新闻对比分析的方式，报道两个灾区与汶川、青川灾情的不同灾害特点。用地震引起当地严重地质裂变，灾害隐患咄咄逼人的前瞻性报道，传播了当地潜在的严重灾情。第一时间强势向全省、全国报道陕西也是"5·12"地震的重灾区的确凿事实。

《陕西日报》关于宁强、略阳灾区新闻的系列策划报道，不仅与陕西省委、省政府的高度重视相一致，而且得到党中央国务院的高度关注。胡锦涛总书记亲临宁强灾区，看望受灾群众，安排救助伤员，组织恢复重建；温家宝、习近平、李克强等党和国家领导人都相继深入此地，看望陕西重灾区受灾群众，检查抗震救灾工作。因此，中央将陕西与甘肃、四川一同列入地震灾害严重的三个省区；因此，国家给陕西制定了与汶川灾区一样的帮扶政策；因此，中央决定由天津市对口支援陕西地震灾区恢复重建工作，目前天津援建工作已开始，协议称力争两年基本完成宁强、略阳等县的对口支援任务；因此，陕西的干部群众进一步明确本省也是重灾区，纷纷捐款捐物，在支援受灾更严重的邻省灾区同时，又直接支援省内灾区重建。

《陕西日报》根据记者发现的新闻事实，实事求是地调整报道思路，随即准确策划报道方案，第一时间扑进灾区，讲真话、报实情，强势引导舆论，取得了"议程设置"式"新闻策划"的出彩传播效果，被中宣部新闻阅评称赞为"陕西日报精心组织、精心策划抗震救灾报道，有气势，导向把握得好。及时传达党和政府的声音，及时刊发灾情信息，报道了广大官兵和干部群众抗震救灾的壮举，体现了党报的责任、使命和力量，产生了很好的宣传效果，凝聚了抗震救灾和恢复重建的强大合力。"这其中，根据新闻事实进行精心策划，议题越准越精彩应当归结为一条成功的经验。

■聚合力，层面越多越有效

"5·12"汶川大地震灾难报道，国内媒体不仅恪守了新闻报道的基本职能，而且起到了宣传、鼓动、激励、动员国人众志成城，誓夺抗震救灾全面胜利的组织、引领作用。这种强悍的舆论作用力，并非任何一家媒体所能独具，即便是中央的几大主流权威媒体，也不可能。譬如"举国哀悼日"的报道，当天央视现场直播，从国家领导人到普通公民，人人参与，举国哀伤。此时此刻，中国人心最齐，行动最一致，情感最统一，民族最团结。美国媒体称"中国人顷刻由一盘散沙变成一块钢铁。"表面看起来是央视直播激发、感染、组织国人顷刻形成举世无双的一致心力和团结合力。但事实上，这一高潮的形成，应当是众多媒体共同协作的结果。因为，信息也同物质一样，存在着表层或"壳"信息、浅层信息、中层信息、深层或"核"信息。不同层面信息，都具有不同的传播形态要求。表层或"壳"信息，是以电子传媒先声夺人的传播方式见长而奏效。深层或"核"信息，是以纸媒的深度挖掘、背景分析、对比研究见长而奏效。汶川大地震，各个层面的信息处于饱和状态，为了及时有效地把这些"受众欲知而未知的信息"确切地以新闻方式传播出去，无论从灾害突袭，到惊慌恐惧；从救命救人，到全面抗灾；从全国援助，到举国哀悼等，无论是中央的、地方的、广电的、报刊的、网络的、口头的包括人群中所谓的"舆论领袖"和生活中"消息灵通人士"，等等。传播形态各异的众多媒体和渠道，各自都发挥了自身的传播优势，用各个层面的新闻，传播同一个事实，表达同一种感情，激发同一个意志，聚合同一股力量，才形成了"举国同哀"的事实、情感、舆论的同一高潮。

再说，处于意识多元化的当今社会，单靠媒体的传播来引导聚合意识多样性、认识差异性的全体公民，达到统一思想、统一意志的目的，是过于理想化的设想。这次地震灾害报道中，媒体报道能够聚合全民族意志，凝聚全中国人心，根本原因还在于人民群众对媒体传播的自觉接受和心理认可。人类的传播方式分为四种，即大众传播（Mass Communication）、组织传播（Organization Communication）、人际传播（Interpersonal Communication）、自我传播（Self Communication）。"大众传播"传播新闻，最终达到的传播效果要让受众接受，就是受众对所传新闻再进行"自我传播"，受众自觉接受了"大众传播"所传的新闻，并在意识中认可，而且自身行为受到影响，这才达到了新闻传播的最佳效应。这次抗震救灾报道能行成"全国一声吼""华人一口腔"，能致使"全球同惊、同悲、同援、同发奋"，根本的原因就是各类分众化媒体，应对多层次的受众对象，采取针对性传播，进而形成了最强的合力。而这个合力的方向，就是同一的正确舆论导向。而正确的舆论导向，就是潜在于人民大众（受众）心底共同的愿望。即当时的"众志成城，抗震救灾"。事实上，在汶川大地震报道之初，个别把"怪异、奇特、血腥、恐怖、色情、丑恶、钱势、权势"等概念作为新闻价值标准的媒体，曾专事传播灾难造成的恐怖，竭力宣扬死亡引发的惊骇，以此吸引受众对自家媒体的关注度。但人民群众所需要的传媒和常人一样，是心存善良，真实有用，积极平和，鼓舞向上。像此类由浮躁社会意识滋养派生的多元意识媒体，尽管竭尽夸张手法之能事，利用血腥、死亡来吸引受众的眼球，却立即引起受众反感，这是"自我传播"对不良"大众传播"的本能抵御，可见，这次灾难报道能够很快肃清不良噪音，形成最强合力，真正的发起者、组织者正是媒体人与普通人同一的良心，是各类分众化媒体共同的社会责任，是潜在于每个人，包括分众化媒体人在内的所有公民心头大爱和悲悯情怀。正是这股传播召唤力和心理应力聚合成中国空前强悍的舆论合力，推动了抗震救灾从一个战役到另一个战役的顺利进展，确保了这场抗震救灾斗争必将夺取全面胜利。

目前，抗震救灾取得了阶段性胜利，新闻报道取得了很大的成就。当人们返回安全舒适的地带，当我们步入和谐安逸的生活，很可能都会大松一口气，把一个多月的惊恐、忧伤、激奋渐渐忘怀。但作为媒体工作者，特别是编辑、记者们，绝不能"刀枪入库、马放南山"，我们应当很好地反思，把这次抗震救灾报道中媒体自身创新突破的新成就物化下来，让灾难激发出来的我们心中的大爱在今后的日常报道中永续，让抗震救灾激活我们的真情在新闻创新中永驻，用我们中国媒体业已创新的传播方式更快捷、更直接、更精彩、更有效地为人民服务。

（《新闻战线》2008 年第 7 期）

■例文 7：2010 年第二十届中国新闻奖一等奖■

为救两名落江少年，古城荆州昨现舍己救人悲壮一幕
大学生结梯救人　3 人英勇献身

在古城荆州，在寒江救人的英雄赵传宇的母校长江大学，又涌现出一个英雄群体。昨日，为救两名落水少年，该校 10 多名大学生手拉手扑进江中营救，两名少年获救，而 3 名大学生不幸被江水吞没，英勇献身。

昨日下午 2 时许，在荆州宝塔河江段江滩上的两名小男孩，不慎滑入江中。正在附近游玩的长江大学 10 余名男女大学生发现险情后，迅速冲了过去。因大多数同学不会游泳，大家决定手拉着手组成人梯，伸向江水中救人。

很快，一名落水男孩被成功救上岸，另一名男孩则顺着人梯往岸边靠近。就在这时，意想不到的一幕发生了：人梯中的一名大学生因体力不支而松手，水中顿时乱成一团，呼喊声一片。这时，正在宝塔河 100 米以外的冬泳队队员闻声赶来施救，冬泳队员杨师傅、韩师傅、鲁师傅等人陆续从水中救起 6 名大学生，而陈及时、何东旭、方招等 3 名大学生却消失在湍急的江水中。

事发后，长江大学领导迅速赶到现场，当地消防、海事部门也相继赶到组织搜救。由于该处地处江水回流区域，水流湍急，坡陡水深，浅处有四五米，最深处达十几米，经过 1 个多小时搜寻，陈及时被打捞上岸，医护人员现场进行全力抢救，终因沉江时间过长，未能生还。至下午 5 时 50 分许，另外两名大学生的遗体也被打捞上岸。

据目击者介绍，当时大家都忙着救落水的大学生，后来才发现获救的 2 名小男孩已离开现场。

荆州市委书记应代明、市长王祥喜获悉此事后，对大学生舍身救人的事迹表示敬意，并指示该市有关部门妥善做好后续工作。昨晚，校方已成立专班处理善后事宜。

（《楚天都市报》2009 年 10 月 25 日）

■例文 8：2018 年第二十八届中国新闻奖一等奖■

问责风暴下，甘肃祁连山的生态突围

一场振聋发聩的问责风暴，揭开了祁连山生态环境遭破坏的盖子，也开启了祁连山近半个世纪以来最大规模的生态环境整治。8 月底，记者实地探访"风暴眼"中的甘肃祁连山国家级自然保护区，看到当地正积极开展恢复治理工作，做好矿业权退出补偿，重塑转型发展的信心。

问责，好似当头一棒，重重地打在了甘肃省各级官员的头上，就像笼罩祁连山的雨雪风雷。

"不望祁连山顶雪，错把甘州当江南。"两千多年来，祁连山给我国辽阔的西部带来了生存与繁衍，更带来了富庶与繁荣。然而，近些年的大规模采矿逐渐侵蚀了这座"母亲山"，以致植被破坏、水土流失、地表塌陷。在开采高峰期，仅张掖段就有 4500 公顷植被遭到破坏。

严重的生态问题引发高层关注。7月20日，中办、国办对外公布《甘肃祁连山国家级自然保护区生态环境问题的通报》，直指祁连山存在违法违规开矿、整改不力等问题，上百人被严肃问责。

这场振聋发聩的问责风暴，揭开了祁连山生态环境遭破坏的盖子，也打响了一场祁连山生态保卫战。8月底，问责风暴"满月"之际，《中国国土资源报》记者实地探访了"旋涡"中的甘肃祁连山国家级自然保护区。

■ "抚平'母亲山'身上的伤疤，没有捷径可走，更没有后路可退"

"对于通报指出的问题，我们全部认领；作出的处理决定，我们完全拥护；提出的整改要求，我们坚决落实。"面对中央的"当头棒喝"，甘肃省国土资源厅党组书记王忠民吐露肺腑之言："抚平'母亲山'身上的伤疤，没有捷径可走，更没有后路可退。"

目前，保护区范围内的144宗矿业权已经全部关停，注销矿业权30个，432个矿点的地质环境野外调查已经完成。

张掖地处祁连山国家级自然保护区核心地段，在198.72万公顷的保护区总面积中，张掖段就独占了151.91万公顷。而有关祁连山的"重头戏"，也大多发源于此。

"痛彻心扉。"作为这次被问责的对象之一，今年2月刚刚走马上任的张掖市国土资源局局长高林俊，正经受着步入仕途以来最为"惨痛"的一次磨砺。

关于祁连山的梦，这位裕固族的汉子已经做了57年，从牧民到乡党委书记，再到肃南裕固族自治县县长，一直走到今天，他从未离开过这片生他养他的热土。高林俊说，祁连山就是他的家，家里的美景不再，他这个做"家长"的有着不可推卸的责任。

"说到底还是对落实生态保护责任的思想认识不到位。"高林俊说，在这件事上，他寻思了许久，也反思了很多。痛定思痛之后，关于知错即改、刮骨疗伤、抓铁有痕、只争朝夕这些道理，他和所有张掖国土人比任何时候都清楚："留给我们的时间没多少了，当下行动胜于一切。"

肃南祁丰，以祁连山水草丰盛而得名。马占兵站在圈栏外望着地上将将吐露芬芳的绿芽，已然梦醒时分："这才是我记忆里的祁连山。"

马占兵在肃南县祁丰藏族乡当了几十年的牧民，直到他所在的牧区禁牧后，一家人才搬到镇上开了一个小杂货铺维持生计。后来，牧区开了一家名为昌乐的石灰石矿。

"以前一到夏天，这里遍地都是小黄花，软软的，很好看。"马占兵清楚地记得。但从那以后，牧区的河干了、水没了、草殁了，一切都被漫天的沙土、冰冷的碎石和轰鸣的机器所取代，这哪里还是他梦里的祁连山？

马占兵说，他不太清楚何为约谈，也不明白啥是问责，但他看到了变化：原先的厂房没有了、机器不见了、矿区消失了。年初，山谷重归寂静，静得仿佛能听到鹰隼舞动翅膀的声音。大家都期盼着，等待冰雪消融、春暖花开之时，把希望的草籽播撒下去。

■ "目的只有一个，就是加快探采项目环境恢复治理"

117，这是王金龙时常念叨的一个数字。这位张掖市国土资源执法监察支队的支队长，大半年来的主要工作就是"巡山"——马不停蹄地推进祁连山国家级自然保护区张掖段内117个探采项目的整改修复。这里面哪些是环保部约谈的15个项目，哪些是中央环保督察指出的7个项目，还有哪些是他们自查出的95个项目，他如数家珍。

"4组人马，18条'好汉'，保护区内外的矿业权项目转一圈下来就要好几个月。我们的目的只有一个，就是加快探采项目环境恢复治理。"王金龙说，刨掉已完成环境治理恢复的111个项目，其余还有 5 个正在整改、1 个已经基本完成。

细数这 117 个探采矿项目，仅肃南县国土资源局祁丰分局辖区内就有 40 个，"著名"的大海铜矿就在其中。

"大海，大海，这里海拔将近 4000 米，哪儿有海水的影子？不过现在叫'草海'倒是蛮合适的。"说话的是祁丰分局局长罗成，是个皮肤黝黑、说话办事十分利索的中年男子。他笑称，这一身"健康"的肤色全拜辖区内的这些矿山所赐。

"这里海拔高，地表植被是不宜人工机械恢复的。可是这里是焦点矿区，必须对社会有个交代。"于是，在山路都被冰雪封住，大型机械上不去的状况下，他们硬是在冰上凿出一条便道，靠人工把适应高海拔环境的土壤、草籽拉了上去。

"问题和困难当然有。"作为一线治理者，罗成坦言，需要恢复治理的矿点开采年限较长，且大部分为露天开采，这给治理工作带来了不小的困难，这是其一；其二，治理过程中检查部门要求不一，工程反复性比较大。

"其实，我最担心的是大部分治理工程在海拔 3500 米以上，部分矿点遗弃年限较长，加之道路崩塌严重，如果强行恢复治理会造成二次破坏。"罗成忧心忡忡地说。

同样的问题在高林俊的脑海里也反复碰撞着："我们按照自定的方案和标准进行恢复治理，但国家和省里对验收并没有统一标准，下一步治理成果能否通过环保督察组的验收，我们还是心存疑虑的。"

6 月初，由 4 名中国科学院院士领衔，7 名高校教授和科研机构研究员共同组成的专家组，对《祁连山保护区内（张掖段）探采项目生态环境恢复治理实施方案》进行了专家评审，他们认定该方案基础资料翔实、科学，可最大限度地降低祁连山矿山探采项目整治对生态环境的影响程度。同时认为，高海拔且停工多年的矿点符合生态脆弱的实际，建议自然恢复。

这颗"定心丸"吃下去，高林俊和罗成心里踏实了很多。未来的路就在脚下，该怎么走，他们心里已然明朗。

■ "翘首期盼的补偿政策到现在还没有说法"

5月9日，甘肃祁连山水源涵养林研究院的生态研究员刘贤德，在甘肃祁连山国家级自然保护区（张掖段）探采项目生态环境恢复治理专家验收意见上郑重地签下了自己的名字。作为验收专家组组长，他深知这一笔写下去意味着什么。

"无需治理探采项目34个，验收率100%；自然恢复探采项目5个，验收率100%；人工机械恢复探采项目78个，实际完成72个，验收率92.31%。"显然，这是一份合格的生态答卷。

可面对这样不俗的成绩，昌乐石灰石矿的主人袁晓却高兴不起来。袁晓还很年轻，接手昌乐石灰石矿也不过六七年光景，新一期的采矿权证今年7月2日才到期，可从去年12月开始，他就"失业"了。

"停采整治我没有二话。"袁晓坚定地说，"但是，我们一直翘首期盼的补偿政策到现在还没有说法。"他已拿出所有积蓄给工人发了遣散费，不够的只能先欠着，等着补偿款到了再一并补给大家。

驻甘某国有企业负责人直言，他们的探矿权、采矿权是在当时条件下合法取得的，是地质人员多年艰苦工作和反复论证取得的成果。他们坚决支持退出探矿、采矿活动，"但也请相关部门关切企业的合法权益，在补偿时要考虑实际矿业权方面的投入、固定资产投入和预期收益等要素，拿出切实可行的办法"。

"矿老板"们的疑虑也正是高林俊所担忧的。目前，国家和省级层面的矿业权退出补偿机制尚未建立。"这是关闭注销矿业权后所有问题的根源。"高林俊说。

"按正常程序，应该是先进行赔偿、注销证照，然后清理退出，可现在未注销而先行关闭退出与恢复治理导致了资产评估难度陡升，且有法律诉讼的隐患。"高林俊说，"更为严峻的是，由于补偿机制尚未建立，由矿业权人向登记管理机关提出申请办理注销登记手续的方式就无法开展。可由区县政府直接发布关闭公告进行注销，势必会引起行政诉讼，这使得关闭注销的工作困难重重。"

对此，张掖市拿出的方案是，对划分在有效期内和已过期的探采矿权予以适当补偿；但对通过调整矿区范围扣除剥离保护区面积、保留保护区外矿业权的，以及部分过期探采矿项目，则不予补偿。

由此初步测算，在保护区张掖段涉及补偿退出的 48 个探采项目中，30 个探矿权的补偿金额为 5.12 亿元，18 个采矿权的补偿金额为 35.04 亿元。其中，涉及有效期内的 16 个探采矿项目的补偿金额就达到了 34.03 亿元。

可钱从哪来、人往哪去？这些问题至今仍悬而未决。王忠民透露，目前甘肃厅已积极向国土资源部汇报，争取尽快明确退出补偿政策。这也让袁晓看到了一丝希望。

■ "实现地质勘查和环境保护双赢才是出路"

在甘肃省地质矿产勘察开发局第四地质矿产勘察院副院长兼总工程师余君鹏看来，对于地勘单位而言，在巨额补偿金之外，政府切实鼓励和保护他们渡过难关，树立转型发展的信心则显得更为重要。

这位构造地质学专业出身的 36 岁年轻领导者，在问责"风暴"降临之后的第七天才到任，而留给他的棘手问题是：单位要出路、职工要吃饭。

卡瓦铁矿普查是由他们主导完成的省级地质勘查基金项目，前后已投入资金 1.59 亿元，但由于治理工作量大，生态环境恢复短期内难以完成。

养家糊口的主要出路没了，怎么办？这让余君鹏颇感焦虑。他琢磨着，只有适应新形势，主动应对环境约束新挑战，调整工作布局，在谋求地质找矿突破的同时，注重绿色发展，实现地质勘查和环境保护的双赢才是出路。

余君鹏规划着单位未来的发展之路：将绿色发展理念和生态环境保护的要求贯穿地质勘查立项、设计、实施和验收全过程，在勘查手段选择、驻地选址、土地复垦等方面，最大限度减轻给生态环境带来的负担，最大限度恢复和保护生态环境。

转型发展，袁晓也有此打算："还是改行吧，趁着还年轻，有机会再闯一闯。"但是经历了这一次，开矿山破坏环境的事情他是不打算再干下去了。他说，将来兴许会开一家绿化公司。在他看来，至少在肃南一带，给像昌乐石灰石矿这样的矿区整治复绿还是充满了商机的。

高林俊说，他梦里的祁连山就是小时候见过的样子，山清、水秀、景美，牛羊成群、物产丰饶。他说，当梦境照进现实之时，保护祁连山生态环境、建设青山绿水下的生态文明，已不仅仅是炽烈的民族情怀，更多的则是坚定的历史担当。

（《中国国土资源报》2017 年 8 月 28 日）

■例文 9：2020 年第三十届中国新闻奖一等奖■

大自然是如此吝啬，夺走了这里 60% 的氧气，使之成为"生命禁区的禁区"。

大自然又是那么慷慨，把喀喇昆仑之巅的雪域奇观，毫无保留地展现给一群年轻的士兵。

5418 米，这个令人望而生畏的数字，是河尾滩边防连的海拔高度，也是屹立在这里的戍边军人的精神高度。

河尾滩边防连是什么样？英雄的守防官兵又是一群什么样的人？带着敬仰与向往，记者一行乘车翻雪山，上达坂，过冰河，于农历大年三十 16 时 30 分赶到连队，聆听这里的戍边故事。

大年三十，记者来到全军驻地海拔最高的边防连，感受戍边官兵的家国情怀——

屹立在喀喇昆仑之巅

■有一种思念，叫不敢相见

气喘吁吁地爬上连队门前的 50 级台阶，记者首先看到的是被皑皑白雪映衬得分外醒目的五星红旗和大红灯笼。

走进宿舍，上等兵李明辉正在视频聊天。"妈，别担心，我在这里挺好的！您看，山上啥都不缺。"看到母亲，李明辉移动手机，让母亲看看窗户上的剪纸、墙上的中国结、桌上的新鲜水果，但摄像头始终没有对向自己。"儿呀，让妈看看你！""妈，信号不好，我先挂了。"

在上山的路上，团政委胡晨刚曾告诉记者，为解决长期困扰守防官兵的通信难题，上级协调有关单位专门为连队建了通信基站，营区里随时能通电话、通网络。记者疑惑：李明辉为啥要"说谎"？

连队指导员崔阳阳解开谜团：许多战士视频时都不敢照脸，怕家人看见自己的样子揪心。

记者仔细打量李明辉发现，由于长期缺氧、暴晒和爬冰卧雪，他嘴唇发紫，铺满"高原红"的脸上留有多个被紫外线灼伤的瘢痕，粗糙的双手上裂开了一道道口子……战士们说，越是过年越想家，越是想家越不想让家人看到自己的模样。在高耸入云、寸草不生的无人区，守防官兵长期经受着身体与心理的极限考验。曾任连队指导员的股长马龙飞向记者回顾起这样几个情景……

有的战士身体反应大，没有食欲，吃饭不动筷子。焦急的连队干部被迫命令大家吃。战士们吃了吐、吐了还得吃，连队干部流着泪在一旁监督。

采访中记者得知，连队已婚官兵都拒绝军嫂上山来探亲。"不是不想见，是不敢见。不想让她来受这个苦，也不想让她知道我的苦。"上士张斌说。

丈夫的劝阻，没能改变军嫂谭杨上山探亲的决心。2017年春节前，她克服重重困难来到河尾滩，探望时任连队指导员的丈夫亓凤阳，成为迄今连队唯一上山探亲的军嫂。目睹丈夫工作的环境，看到战士们被高原风霜侵蚀的脸，谭杨心疼得泣不成声。

■有一种大爱，叫转身离开

21时许，记者和连队官兵围在一起包饺子。下士段天词动作娴熟，他告诉记者，入伍前在家过年，大年三十晚上他都会陪着父母包饺子。

"想家了吧？""嗯，我妈有糖尿病，腰内还有钢板，担心她！"刚才还有说有笑的段天词，说到父母时眼泪直打转。

茫茫雪域，远离繁华。遥隔千里，心中有家。然而，特殊的身份与使命，使在这里为国尽忠、戍守边关的官兵不得不远离家人，无法完全尽到儿子之孝、丈夫之义、父亲之责，他们因此深感内疚。

有段时间，连队任务重，正在执行任务的上士马双喜收到妻子从山下捎来的信：不到一岁的孩子大腿骨折，急需到外地专科医院检查确诊。任务紧急，马双喜无法立即撤出战位。完成任务后，他准备请假往回赶，突遇大雪封山，道路中断。3个月后，马双喜才急匆匆赶到家。

随军随队，是一件令军人军属们高兴的事，因为这意味着两地分居的结束。但对于河尾滩官兵的妻儿来说，千里迢迢随军来到部队后，仍然要过着两地分居的日子。因为，连队所在边防团的家属院，离哨所还有近千公里，海拔落差4000多米。团聚，对他们来说实在太难了。

山下的家人遥望山上，山上的官兵牵挂山下。正在连队和官兵一起过年的营长侯法营说起山下的妻儿，心情有些复杂。那次回家探亲，孩子拉着他的手向小伙伴们宣告："你们看，我有爸爸，我有爸爸！"听到孩子的话，侯法营心里很不是滋味。

那年，列兵魏武的父亲遭遇车祸生命垂危，连队请示上级后为他批假，并协调送给养的车捎他下山。当他辗转回到家，父亲已去世。料理完父亲的后事返回部队时，姐姐推着轮椅上的母亲把他送到村口。魏武一步一回头，走了很远还看见母亲向他挥手。没想到，这一转身，竟成永别。7个月后，母亲因忧伤过度离开人世。强忍着父母双亡的悲痛，魏武递交了选取士官的申请，继续留在雪山守防。这一留，又是6年。

对于河尾滩边防连官兵而言，家是那么远，又是那么近。近在心里，远在天涯。他们转身离开家的时候，心里装着一个更大的家。

■有一种春天，叫守望雪山

夜幕降临，窗外雪花飞舞，室内欢歌笑语，一场由连队官兵自编自演的雪山春晚正在进行。上等兵陈涛涛和张保龙表演的二人转说唱《擦皮鞋》逗得大家前俯后仰。

排长张军提醒大家动作幅度小一点，当心高原反应。这时，下士高国龙无意间冒出一句："要是巴依尔班长在，他肯定会唱那首《父亲的草原母亲的河》。"晚会现场顿时安静了下来，张军用眼瞪了高国龙一眼。记者明白，他是在责备高国龙不该在这个时候勾起大家的心痛往事。

中士叶尔登巴依尔·红尔是连队的狙击手，体能在全团数一数二。巡逻路上，他经常弓着腰，让战友踩着他的背爬上雪坡。

强健的体魄，没有抵挡住高原的侵蚀。2016年年初的一次执勤任务中，他出现头痛、胸闷等高原反应。在高原摸爬滚打好几年的巴依尔并未在意，因为这些症状在河尾滩早已司空见惯。直到第3天，他出现昏迷症状，被紧急送往400多公里外的高原医疗站。诊断结果令人震惊：脑水肿、心肌炎。军医全力抢救，还是未能留住巴依尔年轻的生命。

在大雪纷飞的春天，这名25岁的边防士兵永远地离开了。如今，在康西瓦烈士陵园碑林的最后一排，一座新的墓碑面朝雪山，静静伫立。

河尾滩的官兵，是在用生命守卫祖国的领土主权。他们常年经受极度高寒缺氧，爬冰卧雪，用血肉之躯铸就起了钢铁边关。

在一次巡逻途中，下士李栋与战友走散，遭遇雪崩被困。艰难等待10多个小时后，连队救援官兵终于赶到。饥寒交加、筋疲力尽的李栋晕倒在地。第二天醒来，他发现脚趾已经失去了知觉。

"可能要截肢！"当医护人员告诉他这个消息，李栋冷静地说："少几个脚趾不是大问题，只要保住脚就行，我还得继续巡逻执勤。"

一句"我还得继续巡逻执勤"，彰显着这群年轻官兵的豪迈和无畏。虽然在这里有那么多让人泪目的故事，但在这群年轻官兵的脸上，记者看到更多的是灿烂的笑容。

因为有这样一个英雄的群体守卫，河尾滩虽然高寒缺氧，但不缺温暖人心的微笑；虽然冰封雪裹，却难掩顽强生命的色彩。自然高原的海拔亘古不变，但精神高原的海拔，却因为一代代戍边军人的屹立不断增加……

昆仑之巅四季飘雪，全年只有一个季节。这里的守防官兵置身雪海，心里却春暖花开。

春暖花开，是因为他们戍边的身影，始终在习主席和中央军委关注关心关怀的目光里。这些年，河尾滩的戍边条件一直在改善……

春暖花开，是因为守防的每一天，那些"老高原""老边防"精神滋润出的精神之花、理想之花朵朵绚烂，盛开在海拔5418米的雪山哨所，盛开在官兵心中。

春暖花开，还因为在国门界碑一侧，在这些边防军人的身后，是不断发展前进中的伟大祖国，是收获了更多自信和勇气的13亿多中国人民……

（《解放军报》河尾滩2月4日电）

第二节　怎样才能写出好新闻

别人为什么总能写出好新闻？为什么我就写不出好新闻？其实，人人都能写出好新闻，就看你愿不愿意写。因为，好的新闻要站在读者本位角度、担负社会责任、实施舆论监督、尽量多讲故事、用心用情去写。

一、点要占全，尽量实现客观报道

客观报道是新闻的命根子。但人都有好恶，新闻报道中难免掺杂个人情感。因此我们一定要尽量实现新闻的客观报道，尤其是涉及舆论监督作用的新闻报道。要做到新闻的客观报道，最简洁的办法就是要给新闻各方表达的机会。这样才能让各方满意，真正实现舆论监督。

2010年12月，我接到多位幼儿园教师的报料，说他们工作在一所北京市一级一类幼儿园，该园还是区里的示范园，但这所幼儿园却属于"三无"园：无独立法人机构、无组织机构代码、教师无保险，"我们多次去区教委了解情况，他们要我们找主办单位。我们利用中午孩子们午休时间，多次去南邵镇政府反映我们的实际问题，可镇里相关领导总以种种理由作答"。

幼儿园老师希望通过媒体曝光，给主管单位施压，从而推动问题的解决。

媒体的倾向性原则：个人与单位（集体），倾向个人；弱者与强者，倾向弱者；贫者与富者，倾向贫者；私企与政府，倾向私企；男人与女人，倾向女人；成人与儿童，倾向儿童。

有些媒体为了能让事件顺利曝光，会采取先发爆料者的诉求，再对相关单位做后续追踪报道的方式。这样做从效果上可能会实现，但首篇报道却会因为采访对象不全引发矛盾，尤其会引发未采访对象对媒体的不满，反而不利于解决问题。这样的首篇报道就没能做到新闻的客观报道。

不能选择这样写作。

我先是走进该幼儿园进行实地详尽采访，让爆料者尽情倾诉并提供相关材料。随后再联系该事件涉及的相关单位，并告诉对方事情的经过及对方的诉求。这样做的不是因为担心泄露信息，而是为了继续对信息进行多方求证，同时也是为了给各方表达的机会。

事情并没有我想象的那样顺利。

按照编辑部的发稿流程，下周一中午 12 点前，我要把整个稿件完成提交给值班编辑。

但是这个周五下午，另一方才给我回复："能否不发稿？"

不发稿？我拒绝了。

我告诉对方，可以提前看我写的内容，对你们的采访内容可以审阅。

我把需要采访的问题列成提纲发给了对方，约对方到报社来采访并审稿。约到报社来，主要是出于人身安全考虑，当然也为内容留证，避免将来产生不必要的麻烦。

周一上午 10 点，对方准时来到报社，坐在我办公桌旁边。我一边采访一边在电脑上记录和整理，稿件完成后交给对方，面对面对整个报道逐字逐句审阅修订，经他确认后现场传给编辑部。

临走的时候，对方很高兴："你是我接触到的第一个写这类稿件敢让我们逐字逐句审稿的记者。"临走之前，还不忘夸奖一下报社："我们都爱看《北京青年报》！"

昌平区南邵镇唯一的北京市一级一类幼儿园昌平区示范园，如今却是无独立法人机构、无组织机构代码、教师无保险的幼儿园，记者对此展开调查——

北京一级一类幼儿园竟成"三无"园

作为北京市的一级一类幼儿园，这个园却没有法人，也没有单位代码；在这里工作了几十年曾经获得北京乃至全国教育系统的先进，但却不是园里的在编教师……由昌平区南邵镇政府举办并主管的南邵镇中心幼儿园，目前正上演着这样离奇的现象。这个幼儿园怎么啦？这个幼儿园的老师又怎么啦？北京一级一类示范园缘何成为"三无园"？记者进行了深入调查。

■ 70 多名幼儿教师自称是"临时工"

"我明年就 50 岁了，再没有招工单位，连社会保险都上不了。"说起这段话的时候，今年 49 岁的张梅声音哽咽，因为她现在还是幼儿园的"临时工"，"我都不属于北京市的在编教师"。

这位在南邵镇中心幼儿园 1987 年创园就来的女教师，1996 年因获得北京市幼儿教师玩教具大赛特等奖、全国二等奖，而被政府部门下达指标由农民转成了居民，再后来她获得的各种奖项的证书要用口袋装。

目前，南邵镇中心幼儿园现有教职工 66 人，85% 以上教师具有大专以上学历，教师全部持有教师资格证书，其他人员全部持有各岗位上岗证。教师的教龄最短入职时间 1 年，最长的有 24 年，其中在园工龄超过 10 年以上的有 18 人。

但老师们却说她们目前都是幼儿园的"临时工"，幼儿园没有给任何教师上过任何劳动保险。"我们多次去区教委了解情况，他们要我们找主办单位。我们利用中午孩子们午休时间，多次去南邵镇政府反映我们的实际问题，可镇里相关领导总以种种理由作答。"说着说着宋颖老师潸然泪下。

■ 南邵镇中心幼儿园是个"黑单位"？

难道是园长不给南邵镇中心幼儿园的老师们上保险？回答是否定的。南邵镇中心幼儿园副园长李颖称自己也没有资格上保险。这位与张梅一样因为工作优秀同年被"农转非"的副园长甚至称自己也是"临时工"。

"幼儿园不是独立法人机构，没法给教师上保险，包括我在内。"李颖副园长无奈地说，"现在我们也不知道幼儿园是公办还是民办，如果是民办，可幼儿园连个组织机构代码都没有，劳动局也不给上保险。在幼儿园干了 20 多年，现在我们都成了临时工。"

南邵镇中心幼儿园到底是公办园还是民办园？记者对采访的信

息进行了梳理：一、南邵镇中心幼儿园的举办者是南邵镇人民政府，幼儿园没有独立法人。从这点看，南邵镇中心幼儿园属于公办园。二、南邵镇中心幼儿园教师全部为园自聘，没有昌平区教师编制。从这点上看，南邵镇中心幼儿园属于民办园。三、从教师和园方的反映来看，南邵镇中心幼儿园既没有独立法人，又没有组织机构代码。从这点上看，南邵镇中心幼儿园属于"黑园"。

据了解，在1986年前后，当时的昌平县政府、县妇联只要求乡镇政府办一所乡镇中心园，而且当时大部分镇也都办起来了，但却后劲不足，没有考虑到它的发展、管理和事业的合法性，没有给办理任何办园资质和事业单位法人资质。据悉，经过20多年，有些园萎缩停办转给了个人，有些园被教委提前给办理了镇办校管。

南邵镇中心幼儿园距离南邵镇政府仅百十米，24年前由南邵镇政府为解决本辖区干部、职工及群众子女入托、入园难而创办。1987年，南邵镇政府投资70万元建起一栋1672平方米的保育楼。1995年，镇政府进行了学前教育改革，南邵镇党委任命南邵镇文教科科长吕广田兼任园长、书记。2007年，南邵镇中心幼儿园被市教委评为北京市一级一类幼儿园。

■幼儿园教师身份带来的尴尬

目前，昌平区正在对乡镇中心园进行规范，南邵镇中心幼儿园将划归区教委主管。南邵镇中心园的教师，有38人年龄在35岁以上。历史上，南邵镇中心幼儿园有一些教师，是当时昌平幼师学校的首届毕业生，是政府重点培养的相对专业的幼儿教师，但由于昌平幼师学校前三届的学生没有农转非的指标，所以毕业后半年没有正式分配，也没有正式编制。李颖和张梅由于工作表现突出，被园里提拔为副园长和保教主任，同时也获得了全国和北京市的优秀教师荣誉，在10多年前，获得了农转非的机会。她们说，这在当时是一种荣誉，是对工作的肯定，她们有了这个居民户口就有机会到公立园当老师。

"可是，这个农转非的荣耀并没有带来好运，反而让自己置于一种尴尬的境地。"今年49岁的张梅说，"由于没有资质和编制，无法享受养老等各种保险和福利。如果有一天幼儿园改制，我们将被清退，也将失去生活的保障。"

刘继红、刘晓红等老师告诉记者："我们希望有关部门能理解，给予我们应该得到的权利。无论是将南邵园改制为公立园，还是给南邵园一个合法的资质，都会欣然接受。"

"由于幼儿园不是办园单位，也就不是法人单位，无法完成劳动法规定的用人单位必须给所有人员上保险的法律规定。"南邵镇中心幼儿园园长吕广田说，"但幼儿园还是本着稳定和谐尽量不给政府添乱的原则，从2005年9月开始，给每位在园职工根据工作年限不同给予不同的保险工资，以等待上级的收编改制。"

根据《教师法》规定："各级人民政府应当采取措施，加强教师的思想政治教育和业务培训，改善教师的工作条件和生活条件，保障教师的合法权益，提高教师的社会地位。"当前，国家要求社会劳动保险扩大到所有的单位，国家劳动和社会保障部要求："非生产经营性单位自成立之日起30日内，应当向当地社会保险经办机构申请办理社会保险。"

■对话■

区政府正在就此事进行协调

南邵镇中心幼儿园教师为何一直上不了保险？该园到底属于什么性质？是否有独立的法人？昨天上午，记者专访了南邵镇主管教育的副镇长白金全。

记者：南邵镇中心幼儿园是否为公办？

答：南邵镇中心幼儿园是1987年建园。2000年吕广田任该园园长。根据北京市幼儿园托儿所登记证书显示，该园的属性是"社会力量办学"。相关证书应该存放在该幼儿园。

记者：该园是否有独立法人资格？

答：根据北京市幼儿园托儿所登记证书内容显示，该园的法定代表人是"吕广田"。

记者：老师们无法上保险的主要原因是什么？

答：按照老师们的说法，她们目前无法上保险的主要原因是幼儿园没有法人，但根据北京市托幼园所登记证书上显示该园是有独立法人的。

记者：区政府正在进行幼儿园收编，该幼儿园是否在收编范围内？如果不在，现有的老师如何安置？

答：区政府正在对乡镇幼儿园进行收编，由区教委牵头协调区编制、人力社保等部门统一进行。收编以后，教师的一切都归区教委直管。关于南邵镇中心幼儿园一事，我听说今年就专门提过两次，就协调收编问题进行研讨。按照老的收编规定要求，被收编的老师年龄要求在 35 岁以下，但南邵中心幼儿园现有的老师年龄大部分都在 35 岁以上。为了解决这个问题，区里将可能放宽收编年龄限制。目前，区里还正在就此事进行协调。

■采访手记■

幼儿园老师的问题解决不好怎么发展学前教育

南邵镇中心幼儿园的事情确实很离奇。在近年来社会都在抱怨幼儿入园难、入园贵的情况下，南邵镇中心幼儿园这个北京市一级一类示范园却如此地存在，让我感到惊愕。

难解决吗？其实不难。老师的要求也很简单：要么回归公办，要么回归民办。幼儿园老师的问题解决不好，怎么发展学前教育？！

二、担负责任，竭力进行舆论监督

1915 年，袁世凯于筹备称帝之际，为了给自己造势，极力收买知名人士为之鼓吹。

袁世凯看中了名震海内外的记者黄远生，便设法想将他揽在旗下。他强聘黄远生担任他御用的上海《亚细亚报》总撰述。

黄远生心里虽然不愿意，但也不敢明确表态拒绝。

袁世凯派人向黄远生表示，如果他能为袁撰写赞成帝制的文章，将得到十万元的酬谢和一个部长的席位。

这是民国时期新闻记者的真实写照。

新闻媒体是社会现象的"放大镜"，是社会舆论的"扩音机"，新闻报道的毫厘偏差都可能对现实生活产生倍加效应。新闻媒体还被群众赋予舆论监督职能，希望新闻记者"铁肩担道义，落笔惊风雨"。

我们处在一个和平时代，新闻媒体的舆论监督功能，更多是为民众的利益鼓与呼。只有担负起社会责任，新闻媒体才不会滥用舆论监督功能，才能抵住来自各方压力维护社会的公平与正义。

2008年4月8日，我采写的深度报道《谁该为多花的1.2亿元买单》惊动了时任北京青年报社总编辑张雅宾，他仔细地询问了整个报道的采访过程。

这篇刊发在《北京青年报》本儿报《人才时代》的封面报道，极其罕见地获得当年仅有的两篇总编辑奖一等奖，本儿报的报道能获得报社最高奖总编辑奖，这篇报道是"空前绝后"。

对此，我是非常惊讶的，也非常赞赏总编辑奖评审的评委们。他们给予了很高评价，说是体现了记者的社会担当，真正实现了媒体舆论监督和引导功能。

严格意义上，这是一篇"关系稿"。

所谓的"关系稿"，就是别人想发东西请记者去写，然后以新闻的方式刊发出去。很多"关系稿"都是"收费稿件"，圈内俗称有偿写作。

但我的"关系稿"只是指对方希望我能写篇报道宣传他们或者通过媒体表达他们的诉求。他们只是给我提供一个新闻线索。

我会对这些要求进行认真研究，从中寻找有新闻价值的信息，首先尽可能地刊发出来，其次尽可能地扩大传播效果。

这样做的结果是多赢：第一会有越来越多的人找我提供新闻线索；第二极大地丰富了我的新闻信息源；第三给我创设了撰写独家新闻机会；第四给读者提供了鲜活有价值的新闻报道；第五扩大了报纸的公信力、影响力，报纸订阅量也有提升，等等。

这篇关系稿能写成这种效果，我一直认为值得总结与研究。

找我写这篇稿件的是副刊编辑部的一位同事，她跟我简单地介绍了大概的诉求，但并没有说一定要写稿子，更没有说一定要发稿子。

我联系上希望发稿的人，北京师范大学出版社副总编辑叶子，她也是我大学高一届的学姐。作为国内极负盛名的一家原创出版社，叶子说出版社对目前市场上的教材租型颇有微词，希望通过媒体呼吁中止教材租型潜规则，从而保障原创出版社利益。

我一边听叶子的介绍一边思考。

这其实是一条爆炸性新闻！

顺着叶子的介绍，我掌握的信息更多。随后又通过叶子联系采访了更多的原创出版社，同时找到了切近读者的写作核心："我们为教材多花钱了，而这钱既不应该让学生家长出也不应该让国家出。"

这篇深度调查报道，我竭力地追求百分百的客观报道。

因此，我不仅采访了方方面面，而且用了很多的数据。

既然是"关系稿"，我的习惯是写完稿子在提交编辑部正式刊发之前，特意把成稿全部发给被采访者审阅，确保文章的准确。同时会特别认真地告诉对方："见报的文章标题和内容也可能会有所改动，这个改动由编辑决定，编辑对标题的修改会从传播效果出发，在保证准确的情况下让文章更吸引读者，内容的删减会根据版面大小调整。"

我一直是一个理想的人，尤其相信教育能改变命运、教育能强国的说法。

我认为，一名记者的社会责任担当，不只是报道了某些事情，有时候还需要通过写作技巧表达自己的态度。

这篇报道，除了选择一个特殊的词语，我还选择记者手记这种最直接的方式，直白地表示"我支持废止教材租型方式"。

就是因为"如果真的因废止教材租型、教材下降而为国家节省下上千亿元的开支，如果国家把这些钱修建希望小学，或者改善教育欠发达地区的设备、培训师资，全面提高教育也便有了预算之外的巨额投入，可谓惊喜之极"。

教材中介加价20%　发行渠道加价10%
谁该为多花的1.2亿元买单

目前，中小学教材用书正在征订中。但山东省教育厅、财政厅、新闻出版局、物价局和出版总社联合下发的一份通知，却在出版界引发了大地震，多个知名教材原创出版社对此纷纷提出质疑，建议废止通用了多年的教材租型"潜规则"。据悉，教材租型如果能废止，中小学教材能有进一步的降价。

■新闻发现：中小学教材其实可以再降价

据不完全统计，目前北京小学生每学年的教材费需要200元左右；初中生每学年的教材费需要500元左右；高一学生一学年的教材费则高达700元左右。

中小学教材费用能否降下来？对此，教材原创出版社纷纷表示，国家816号文件已经对教材出版进行了严格限价，如果要进一步降价，主要在租型环节和发行环节。

据悉，目前我国中小学教材的出版发行大多实行租型方式。根据北京师范大学出版社社长助理蒋列平的介绍，租型"即教材原创单位将定稿、定型的中小学教材制作成型版（包括封面、正文）交给租型单位（一般为地方省市出版集团、总社），由租型单位转手将印制教材的胶片转给印刷厂印制，印刷完成后，租型单位通知印刷厂将成品教材送往各省新华书店仓库；新华书店按教材总价格的72%（彩色）向租型单位付款后，租型单位再按教材总价格的3%或4%向教材原创单位支付租型费及按教材总价格的42%左右向印刷厂支付有关教材印装材料费用"。也就是说，按照租型模式，租型单位将获得教材总价格的27%利润。此外，按照国家关于中小学教科书的发行规定，黑白教材的发行费率为28%，彩色教材的发行费率为30%。

如果从这两个环节进一步限价，中小学教材还有一定的降价空间。特别是如果废止了租型方式并在发行环节进一步让利，教材定价有可能进一步降低20%左右。

如果中小学教材真的能降价20%，那么无论是家庭和国家都将因此减少巨大的开支。仅以目前北京正在进行的高中新课改为例，每个学生家庭三年可以减少400多元开支，北京市就可以减少1.2亿元；义务教育阶段教材费即将全部由政府承担，因此每年可以为政府节约4.8亿多元。

近年来，我国开始在全国实行真正意义上的义务教育，中小学教材费用也将由政府全部承担。如果中小学教材能因废止租型方式而降价20%，以最保守的全国只有1亿学生正在接受义务教育计算，政府将因这一项而节省开支达数百亿元，这能建多少所希望小学或者改善教育落后地区的教学设备和师资力量。

■业内惊诧：教材租型竟然以政府正式文件下发

但是，中小学教材降价却正在成为泡影。让业内人士感到异常惊诧的是，原来以"潜规则"制定租型，今年却正式形成文件下发。不少出版界的人士惊叹："这还是出版界破天荒的第一次！"

根据业内人士提供的材料，记者全文阅读了这份让业内人士惊诧的盖有政府红章的"正式文件"。2008年2月29日，山东省人民政府办公厅转发省教育厅等部门《关于进一步加强和改进中小学教材建设与管理工作的意见》的通知，通知由省教育厅、省财政厅、省新闻出版局、省物价局和省出版总社联合下发。

文件主要提出了两点：其一，进入本省的教材，必须由省出版总社租型；其二，进入本省的主流教材主要搞三个版本，其他版本不再上目录，其中本省省编教材作为省里通过的教材必须是要上目录的，其他进入本省的教材一律要本省行政厅许可。

对于这个文件的内容，北京仁爱教育研究所所长赵勇愤慨之极。"这不就是一种垄断吗？"赵勇说，"假如每个省都正式下发这样的通知，全国的原创出版社都将倒闭。"

事实上，在全国不少省市的不少出版单位，还都依赖教材租型方式而存活着。一项调查表明，不少省级出版单位70%以上的利润来自教材发行，在个别省份，这一比例甚至高达90%以上。

《中国图书商报》副总编张维特此前接受媒体采访时指出，此前我国的中小学教材出版、发行都是行政垄断的。而因为垄断，教材品种单一，教材价格虚高不下，加重了家长和学生的经济负担。

■联合呼吁：废止教材租型方式

这份引起业内地震的"红头文件"，从正式下发之日起就引起国内多家原创出版社的质疑。这些出版社包括北京师范大学出版社、华东师范大学出版社、教育科学出版社、语文出版社、仁爱教育研究所等，他们纷纷呼吁，希望能制定相关法规废止教材租型方式。

"我们认为，如果转发这样的文件，有多处可以质疑。首先，政府机关和企业不能共同发文，《行政许可法》显然不允许这样做。这家企业又是被指定为唯一受益人的企业，它本身也有教材，同时又要求所有进入本省政府采购的教材都要租型给它，既是运动员，又是裁判员，违反了《反不正当竞争法》。再者，教育部文件要求各省教育厅全文转发教育部的中小学用书目录，不得增减，该省自行定为主流教材的三种，是违反教育部政策的。"诸多原创出版社表示。

原创出版社还强烈指出，目前的教材租型已经失去了原来存在的真正意义，给新课标教材的建设和基础教育课程改革造成极大的障碍和负面影响，具体表现有七大危害：加剧了教材市场的垄断、扰乱了教材市场秩序、难以保证教材的服务质量、制约了优秀教材的持续出版与研发、助长了地方租型单位的惰性、成了社会分配的严重不公平、教材租型还严重阻碍了国家免费教材采购改革的推广和实施。

"这种强租行为，是典型的保护不劳而获行为。"北京仁爱教育研究所所长赵勇说，"每一个原创出版社开发一种教材，至少需要5年左右时间，投入动辄以千万元计，但现在到了收获季节，却因这一纸文件使我们没有收入了。"

另外，相关人士也认为，租型使得投资和付出者不能得到应有的回报，不付出或少付出者却收益颇丰。教材原创出版单位的亏损或忍痛让利的结果并没有换来广大中小学生家长的减负，而是变成了教材租型单位的利润。为此，如何真正从源头上降低教材成本，废止租型无疑具有重要意义。

实际上，教材研发和售后服务的成本非常高。"我们开发国标本教材这么多年，到去年才刚刚保本。教材前期的开发，对一个出版社无论是人力、还是物力，都是历史性的考验；而教材投入使用的培训、修订等一系列工作，更是没有止境。"江苏教育出版社出版部部长吴葆勤说，"纸张价格不断上涨、加上教材租型，目前部分以出版中小学教材为主的出版社，不仅保本无望，而且已经在亏损，特别是一些做副科教材的出版社。"北京师范大学出版社副总编辑叶子认为，自2001年以来，教材出版已经从以前的国家投资编写转变为企业或机构投资、国家审定，教材的著作权和所有权发生了根本的变化，教材出版发行也应适应这一新情况，继续延用以往国家通编教材背景下的租型模式，不利于国家教材政策的执行，也难以保证教材的可持续发展。

■记者手记：我也支持废止教材租型方式

正式做这个采访之前，我便听到了两种声音：一种支持，说如果能因我们的努力，教材定价真的下降了，为个人为国家都节约了不少开支；一种反对，说这只是商家之间利益的博弈。

但是，支持者的观点最终占了上风。一是真的想让日益昂贵的教材降价，二是想支持那些尽管为盈利但却更多付出的人们。恰好，又看到了一篇报道，说是西南某省一个叫赵云兰的中学生，中考成绩高达677.5分，但却因家庭贫困，交不起400元的书本费而险些梦断求学路。

我一直是一个理想的人，尤其相信教育能改变命运、教育能强国的说法。如果真的因废止教材租型、教材下降而为国家节省下上千亿元的开支，如果国家把这些钱用于修建希望小学，或者改善教育欠发达地区的设备、培训师资，全面提高教育也便有了预算之外的巨额投入，可谓惊喜之极。

在这种意义上，我支持废止教材租型方式。

当然，有关部门也应该解决好改革后原垄断单位如何生存，这也是一个现实问题。

三、解决问题，及时报道不博眼球

我们经常会接到一些读者热线，有的反映现实中存在的问题，比如跑、冒、滴、漏或者生活中存在的不公平、不公正，有的提出个人的诉求，希望通过媒体曝光进行舆论监督，以督促政府、街道、单位或其他方面满足自己的诉求。

这些内容的新闻报道，如果能叠加上社会关注热点，不仅有可能促进问题的解决，还能强烈地博得眼球效应。

但是，当需要解决问题与形成眼球效应不能同步时，我们应该选择怎么做？

我的观点是："先要为解决问题，先要体现出媒介的人文关怀。"

2007年，《我们也想参加今年的高考》获得中国新闻奖。这是我第四次获得中国新闻奖。这篇消息此前还获得了北京市残疾人联合会好新闻一等奖、中国残疾人联合会好新闻一等奖。参加中国新闻奖的评选，也是中国残疾人联合会报送的。

这篇消息能获得多个新闻奖项，主要原因在于文章内容充满人文关怀。

这篇新闻的刊发过程，波澜起伏，体现出不同的新闻工作者对新闻报道是为了解决问题还是吸引眼球的不同认识。也是我新闻职业生涯中永远难以忘记的新闻实践体验。

2005年12月，北京盲人学校师生求助报社，希望北京盲人学校2006年几位高三毕业生，能参加普通的全国高校统一招生考试。校长为此正在向上级写申请，希望在2006年的普通高考中，能为他们制作一份盲文高考试卷，对这些全盲孩子也是莫大的鼓励。

如果能通过我们的呼吁，让这些特殊的高三毕业生参加全国普通高考，圆一个人人都有的大学梦，不仅是对他们的鼓励，也是媒体责任之一。随着采访的全面和深入进行，我还深深被这些特殊学生的拼搏精神所打动。这篇新闻报道不仅有可读性，而且还能引起社会共鸣，也许能促进问题的解决。

我时任本市版组记者，按照报社业务归口管理，先向本市版组编辑报选题。

当我把这个选题报给值班编辑时，得到的回复是报道时机不成熟："等到高考前夕刊发报道，才有强烈的新闻关注点。"

"现在是1月，他们没报上名。如果我们刊发了报道，还可以为他们争取机会。"我跟编辑解释，"如果高考前再发，也许关注度更高，但却让这些视障孩子失去争取参加全国统一高考的机会。为他们争取高考机会比获得社会关注度更重要。"

编辑坚持己见。

我无可奈何。但我不死心。

一次在社里吃午饭的机会，我与时任要闻版组主编刘峰坐在一起，一边吃饭一边聊天，介绍了我的这个新闻以及对这个新闻的想法。

刘峰与我的观点高度一致，立即协商整个新闻稿件怎样采写。

带着帮助视障学生解决问题的目的，我用了一周时间去做补充采访，然后把情感注入到字里行间。

"杨光从屋子里抱出来那本厚达半米的盲文版的英汉小字典。再看看那本只有一指厚的普通英汉小字典，记者的眼眶都湿润了，为了这本盲文版的英汉字典，杨光累得浑身都疼。"

下午，我将6000多字的深度报道和多张配图提交给要闻版组值班编辑。晚上6点多，我又接到头版值班编辑电话说，当天社里的新闻选题会上确定，要将这个报道再改写成一篇消息，刊发在头版上，与后面的整版深度报道联动。

立即，我又补充作了采访，改写成一条完整的600多字的短消息。

《我们也想参加今年的高考》刊发后，立即引起社会强烈反响。

北京市政府有关领导批文，责成北京市教委立即予以专项调查；《挚友》杂志、《北京社会报》等媒体，不仅转发了650多字的消息，还将后面的深度报道予以全文转载。

后来，为了能让这三名孩子圆梦，北京市特意调整了北京联合大学的招生专业，增加了学生渴望报考的专业。

网友对这篇消息的写作，还做了专业点评。

毕业的日子越来越近却还不知道今年能否参加高考，三名全盲考生昨天致信本报

我们也想参加今年的高考

（此标题是对全篇消息的高度概括，让读者对本篇消息有一个初步了解，而且直接引用三名全盲生的话，更加突出了本篇消息的主题）

　　离高考的日子已经所剩无几了，但对于今年6月能否参加高考，北京盲人学校三名高三学生还在焦急地等待。（一句话就体现了事情的急迫性，有时候最普通的话就可以牵动读者的心）昨天，他们集体致信本报："我们也想参加今年的高考。"

　　虽然看不见这个世界，但三个孩子每人都有着自己的梦。杨光喜欢外语，将来想当盲文老师，王黎想圆作家梦，杜金良律师、心理医生、计算机都想尝试。"一直以来，盲人的就业方向无外乎两种：按摩和钢琴调律。"（反映了盲人的现实生活情况以及他们真实的社会地位）他们说，"我们最大的追求，就是能够跨出盲人就业的传统圈子，寻求自己在社会上的新位置"。（通过全盲考生自己的话说出他们的心声来反映问题的严重性）

班主任刘德龙说，为了能与普通学生竞争上大学的机会，上高中以来他们付出了常人难以想象的努力：没有盲文教材，只能听磁带上课；没有专科老师，只能是老师多科或多班教课……为了将英汉双解小字典翻译成盲文，打盲文打得杨光手都僵了。（侧面反映了全盲考生为了获得普通高考资格所付出的努力）

其实，本市视力障碍人群接受教育的机会一直都在增加，继2004 年成人高考首次制作盲文试卷后，今年北京高考也为两名视力低下的考生特制了大字卷。但尽管如此，普通高考的大门仍没有向全盲考生敞开。（这一段揭示了一个问题，虽然政府做了一些举措，但全盲考生依旧没有享受和普通考生一样的考试机会）

上了录取线没有学校要怎么办？在高校的正常学习和生活无法自理怎么办？毕业找不到工作怎么办？在特制盲文试卷过程中泄题怎么办？这些都是有关部门的担忧。（连续几个反问揭示了解决盲人以及残疾人群体高考问题过程中可能会出现的问题以及可能会遇到的结果）

"希望有关部门尽早给孩子们创造一个机会。"北京市残疾人联合会组织处处长韩润峰说，"这对于残疾学生来说，会影响他们一生，对于社会来说，是对能否实现人人公平的一种考量。"（这是大家的心声，也是为什么要解决残疾学生的高考问题，和对有关部门的一次考验）

我们也想参加今年的高考

高三生活已经过了近一半，但对于今年 6 月能否参加高考，北京盲人学校三名高三学生到现在还没得到准信。焦急的他们昨日集体致信本报说："我们的要求并不高，只想拥有高中毕业生最基本的权利——参加高考。"

什么坎儿挡住盲孩子参加普通高考？普通高考对这些孩子命运的改变有多大？普通高校做好接收盲学生的准备了吗？带着这些问题，记者一一做了采访。

杨光、杜金良和王黎都只能依靠盲文看书写字。记者前去采访时，在北京盲人学校高三教室里，三名学生正复习历史课，每人桌子上都放着厚厚的盲文课本和复习资料。提起三年的高中学习，他们用了"异常艰难"来形容。

■正常的盲文课本都不全

"高一上课时特别费劲，不仅没有配套的盲文练习册，甚至连盲文课本都不全。"杨光说，"老师就用业余时间，把普通课本翻译成盲文，再用盲文打字机打出来。"杜金良补充说，盲文打字很费劲，需要蹲在地上一个字一个字地扎。

在高中三年的学习中，对于普通学生不成问题的图形和实验，对盲学生来说却是一道难以逾越的障碍。"比如数学中许多知识需要图解，点少的我们还可以摸出来，点一多，摸出图的感觉就不太明显了。"杨光说，"尤其是立体几何，有时没有办法只好放弃。"

记者了解到，为了能让三名盲学生与普通学生竞争，北京盲人学校在教学方式上进行了创新：老师将普通教材录制成磁带，给学生上课和回家听；没有盲文练习册，老师口述题目学生用盲文记录；专门的科任老师不够，往往是一个老师教多科……

■打盲文打得手都僵了

看着坐在阳台上正在"看书"的杨光，父母都感慨地说："这孩子从来没让我们为他的学习操过心。他看书非常投入，经常一看就是几个小时，连我们都不忍心打断他。"

当记者要求讲述一些细节时，杨光的妈妈突然声音哽咽："为了能学好外语，他把一整本英汉小字典全部翻译成盲文。"杨妈妈说，"那 20 天时间，每天只睡四五个小时，我给孩子念字典，孩子用盲文打，最后打得手都僵了。"记者知道，盲文由许多点构成，为了能在盲文纸上写清字，只能使劲地用盲文笔扎。

在记者的再三要求下，杨光从屋子里抱出来那本厚达半米的盲文版的英汉小字典。再看看那本只有一指厚的普通英汉小字典，记者的眼眶湿润了，为了这本盲文版的英汉字典，杨光累得浑身都疼。"他从来没抱怨过。"杨妈妈说。

■应该都能上重点大学线

再过几天就期末考试了。班主任刘德龙告诉记者，学生正在异常投入地进行复习，"每天早晨 6 点起床，晚上 10 点 30 分左右睡觉。"对于刘老师这样的学习时间规定，三名学生私下告诉记者，其实早晨再提前一小时，晚上再推后一小时。

记者看了一下他们的课程表。上午的课从 8 点到 12 点 45 分，总计 5 节。中午吃饭半小时后，学生就到教室做作业。下午 1 点 30 分开始下午课，一般上 3 节课。然后做作业到 5 点 30 分，有时老师给补课，每次他们都是最后离开教室。吃完晚饭看《新闻联播》后，他们又去上晚自习，一般要求从 7 点 40 分到 9 点 30 分。

刘老师说，期中考试他们用的是 2005 年高考会考的卷子，在没复习的情况下，杨光的总成绩达到 400 分。"语文和数学都有点闪失，否则还应该再高一些，正常发挥应该在 500 分左右吧。"杨光说。而根据记者的测试，三名学生对历史、地理等课程内容的熟悉，已经到了随便说出在课本哪页什么方位的程度。

"他们不但非常刻苦而且非常聪明。"年轻的数学老师周礼丝毫不加掩饰地夸赞，"如果能参加高考，肯定会考得不错，应该都能上重点线。"

■我们要与正常人同场竞争

"有时大家也挺烦！"女孩王黎和男孩杜金良叹着气说，"上高中两年多了，头一次感觉前途未卜。"三名学生告诉记者，其实在2005年普通高考没有给另外两名全盲学生制作盲文试卷时，大家就对还上不上高中犹豫了。

看着失落的学生，老师们也很无奈。"我们就给他们做工作，告诉他们有了上高中的经历，本身就是一笔财富。"北京盲人学校校长李平毅说，"退一步讲还可以参加成人高考，对进一步深造都挺有好处。"

面对可能遭遇被普通高考拒绝的结果，三名学生伤感地说："我们也体谅相关部门，因为让盲人参加高考确实存在一定的难度。我们参加不了普通高考，也不是就没路可走了，但高考在我们心中确实很神圣，也是我们认为最权威最科学的考试。"

"以前没有高中，我们不敢想有一天能接近它。现在社会和学校为我们成立了高中，给了我们参加高考的机会，那我们就没有理由不去珍惜。"三名学生说，"即使困难再大，也要努力地去拼一把。为了实现自己的价值与理想，同时也是为了给今后的盲人开先河。"

"给我们一个高考的机会，对我们盲人来说，具有划时代的意义。"三名学生恳切地说，"与正常人同场竞争，也是社会对盲人的一种认可。"三名学生表示，"让我们参加考试了，如果分数不够，也没什么可遗憾的了。"

校长李平毅正在为三名学生参加高考一事向有关部门写申请。"如果今年这三个全盲学生被普通高考挡在门外，那么随后的几届高中班中，全盲学生都可能遇到被高考挡在门外的境遇。"李平毅校长说，"如果在今年的普通高考中，能为他们制作一份盲文高考试卷，对这些全盲孩子来说将是莫大的鼓励。"

■班主任刘德龙■

他们想摸出一条新的人生路

从高一到高三，刘德龙一直教三个盲学生政治课。从2005年9月，他开始担任他们的班主任。"选择上普高，而没有选择上职业性质的按摩、钢琴调律等技能课，其实他们就是有一种考虑：走一条创新的路。"刘德龙说。一直以来，盲人的就业方向无外乎两条：推拿按摩和钢琴调律。"前者是盲人就业的老路，后者是新开的路。"刘德龙说，"他们最大的追求，就是能够跨出盲人就业的传统圈子，寻求自己在社会上的新位置。"

记者了解到，杨光希望学外语，将来当个盲文老师。王黎则希望学文，将来能成为作家。杜金良想多尝试几种职业，包括律师、心理医生、计算机等。

对于学生这样的想法，刘德龙表示非常支持。"大家也都在考虑，其实考上了大学，遭遇的困难会更大。"刘德龙说，"但是，这三年，三个学生都在通过各种方式，为上大学做着各种准备。"

刘德龙老师告诉记者，2005年两名全盲考生没有走进普通高考考场，对三名学生的打击非常大，"有的很气愤，有的当场就哭了"。

"学生们的要求很简单，要的就是一次考试的机会。可是一个全国的大型考试为何就不能为他们准备几份盲文试卷？是技术解决不了还是思想意识出了问题？"对此，刘德龙老师觉得不明白。

■考生回访■

2005年被拒高考的全盲生：没有参加高考　让我很遗憾

2005年6月7日早晨，视障考生李云涛、支雁明与11万多普通考生一起，走进了社会关注的高考考场中。但就在他们为自己的幸运兴奋得有点紧张时，他们的同班同学——全盲生王磊和李志强却因没有特制的盲文试卷黯然回到了家中。他们被普通高考拒绝了。

目前，通过成人高考的王磊和李志强都在北京联合大学特殊教育学院学习。"当初努力争取想参加一次普通高考，没能考，这很遗憾。"学习针灸推拿专业的李志强说，"一次高考不一定就能改变我的命运，但没能参加高考总让我觉得生活因此拐了一个弯儿。与上高中那时相比，确实我对生活的要求降低了。我想为了推动社会的发展，总会有一些人付出代价。也许是你们也许是我吧。"

"能上普通大学是我的梦想，也是我们所有盲生的梦想。"李志强说，"我们之所以想参加普通高考，进普通大学学习，就是想更好地适应社会。我们以后总要进入社会，跟健全人接触，而在盲校、特教院里学习，我们接触到的大多是盲人，这对我们看问题、做事的方法很有影响，受局限。"

如果现在再有机会参加高考，李志强表示他一定会去的。对于今年高中毕业的师弟师妹，李志强告诉记者，他们学习非常好，如果有机会能参加普通高考的话。

■孩子们的心声■

王磊：2005年高考被拒的全盲生，现北京联大特殊教育学院学生

2002年9月，为了心中那个飘忽不定的梦，更为了走一条不同寻常的残疾人之路，我带着一颗必胜的心，以及足够的决心与勇气，坐在了北京市盲人学校第一届高中班的教室里，成为了一名备受关注的高中生。从这里，我踏上了寻找梦想的曲折路，并且开始了我漫长的高中生活。

如我所想象的那样，这条路似乎并不那么平坦，繁重的学习曾让我无数次感到沉重，但我依然在学习中"执迷不悟"，因为我知道错过了播种的时机，在收获的季节只能是一无所获。为了能更好地提高成绩，我几乎用上了所有可以利用的时间，我一直坚信我的努

力定会换来明天的希望。

高一的第二学期，因为要参加训练且又恰逢非典的袭击，我的学习几乎搁浅了半年。为了尽快地赶上课堂进度，我不得不克扣更加多的休息时间进行学习，尽管这样的生活很枯燥也很平凡，但我每天想起那光闪闪的大学校徽以及那充满诱惑的大学校园时，就像有一种无形的力量促使我不断努力不断拼搏。

漫长的高中生活几乎让我放弃了所有的业余爱好，不管它们曾经多么让我痴迷，在繁重的学习面前它们都显得那么渺小，那么没有诱惑力。日子在我们的拼搏中悄然离去，离高考的日子已经所剩无几了，我还在做着最后的努力，并在拼搏中期待着，期待着春天来临。当我的高中生活即将结束的时候，当我和高三同学一样在做着最后的苦战的时候，却被告知不能参加高考。想到三年的拼搏即将化为泡影，那一刻我的心彻底碎了，泪水不顾一切地从眼眶中涌出。

其实，我的梦想并不离奇，无非是想与正常人同场竞技，争取我想要实现的目标。可如今就连这样的要求也只好被暂时地放下了。在追梦的路上我没有找到心中的梦，只在这路上留下了深深的遗憾。或许这不仅仅是我个人的一种遗憾，更多地代表着千千万万像我一样执着地追梦的盲孩子们的遗憾。

杨光：希望参加 2006 年高考的全盲生

……2005 年 3 月 23 日星期三，这一天我永远不能忘记。有关部门的决定，不为盲生制作高考试卷，这就无情地剥夺了首届盲校高中毕业班两名盲生的高考权利，对于他们来说，现实是残酷的，也是无能为力的……其实我们的要求并不高，只想拥有高中毕业生最起码、最基本的权利——参加高考。

■相关链接■

上海允许盲人中学生参加高考

从 2002 年起，上海就允许盲人中学生参加高考，录取分数独立划分。自当年 3 名盲学生通过参加普通高考被上海师范大学外语学院英语专业正式录取后，随后的几年里不断地有盲中学生通过普通高考走进华东师范大学、上海师范大学等普通高校。

上海师范大学校长杨德广表示，非常欢迎全国各地残疾学生继续报考，"残疾学生的大学教育存在很多的困难，但我相信在社会各界的支持下，我们一定能摸索出一条道路，做好这项工作。"

盲人受教育机会一直在增加

截至 2002 年底，全国建立听力残疾幼儿康复训练机构 1700 多个，已训练及正在训练的儿童达到 7 万多人。其实，本市视力障碍人群接受教育的机会一直都在增加，尤其是继 2004 年成人高考首次制作盲文试卷后，2005 年北京高考还为两名视力低下的考生特制了大字号考卷。

（刊发日期：2006 年 1 月 9 日）

四、多讲故事，力争内容有趣好玩

以说故事的方式向人们提供的信息更容易被理解和记忆。因为这种方式让人放松，让人觉得有趣。以这种方式整合过的新闻素材将更加有效地吸引读者。因为读者看到的不再是干巴巴的事实罗列，而是真实的生活。

2007 年 11 月 10 日上午，首届北京市中学生模拟联合国大会举行，57 所中学学生执行"97 国外交任务"。我应北京四中校长邀请进行活动报道。对这样的活动报道，如果流于形式就是小事一桩。但是，我在采访过程中发现了不少有趣的故事，尤其是《学生外交官为决议通过 明传纸条暗结盟》。

11 月 10 日上午，在北京四中一个充满阳光的会议室，"武装冲突中保护和平"的议题终于得到多数国家的同意，并最终形成了"决议草案"。当"联合国主席"宣布以超过 2/3 的国家赞同通过时，来自中国、美国、斯洛伐克、卡塔尔等 15 个国家的"外交官们"鼓掌庆贺。而为了能使得决议顺利通过，"外交官们"现场明传纸条私下暗暗结盟。

在每一个动议提出并获得的自由磋商的时间里，参加首届北京市中学生模拟联合国大会的"外交官们"的外交活动很是活跃。中国女"外交官"首先找到美国，就维和部队提供人道主义援助问题进行了磋商，随后又向身旁的南非、英国等"外交官"表达了希望支持的渴望。此时的秘鲁、卡塔尔极力争取俄罗斯、法国、中国等"外交官"的支持。比利时、美国等国家的"外交官"也凑在一起，为将"工作文件"形成"决议草案"而积极斡旋在一些非起草国和附议国之间。

为了能将"工作文件"形成"决议草案"，参加安理会"武装冲突中保护平民"的"外交官们"付出各种努力。"通知各国，发展中发国家会，今天中午，新楼 503。"在暗语一般的随时沟通中，"磋商"在任何可能的地点进行——会议室，甚至在餐厅。在会议现场，"外交官们"充分利用规则，把自己的意愿写在"意向条"上，让会场的工作人员传递到想结盟的代表手中。现场负责纸条传递的北京四中学生吴景键告诉记者，整个会议期间不知传递了多少个起着决策作用的纸条。代表斯洛伐克国家的首师大附中学生说，以便争取时间与对方进行详细交流，劝说对方同意签署协议草案。

2008 年度优秀童书排行榜 TOP10 发布结果，仅仅报道中国原创童书无缘优秀童书前十名，虽然有一定新闻价值，但分量却不那么重，显然不足以引起大家的阅读兴趣。当我习惯性浏览赠送给我的图书时，意外地发现了有趣的故事，写成了《优秀童书 TOP10 中国作品又无缘 写"便便"的书排在了榜首》，开头这样写：

连好莱坞的导演都没有想到这样的一个结果：一本写给会自己

到厕所"便便"的小朋友、名为《是谁嗯嗯在我的头上》的童书，竟然力挫其他59本优秀童书，夺得了年度优秀童书的第一名。

中间用了一段介绍书的梗概。这样写道：

　　《是谁嗯嗯在我的头上》讲述一只刚刚出洞的小鼹鼠却突然遭遇不爽，一坨软软的"嗯嗯"凭空落下正好扣在它的头上，远远看起来就像是一项巴黎时尚小帽儿，可气味实在是不怎么样。火冒三丈的小鼹鼠开始了"求证"之旅，最后终于真相大白。

稿子发给编辑的时候，他们看得哈哈大笑，喘不过气来地说："把书中的内容节选部分发过来，我们配着正文发。"

《是谁嗯嗯在我的头上》节选

　　有一天，小鼹鼠从地下伸出头来，开心地迎着阳光说："哇！天气真好。"这时候，事情发生了！

　　（一条长长的、好像香肠似的"嗯嗯"掉下来，糟糕的是，它正好掉在小鼹鼠的头上。）

　　小鼹鼠气得大叫："搞什么嘛！是谁嗯嗯在我的头上？"

　　（有一条影子闪过去，但小鼹鼠的视力不好，看不清楚到底是谁。）

　　一只鸽子飞过来了，小鼹鼠问她："是不是你嗯嗯在我的头上？"

　　"不是我！我的嗯嗯是这样的。"

　　（鸽子说完，一团又湿又黏的白色嗯嗯，就掉在小鼹鼠的脚边了。）

　　小鼹鼠只好跑去问牧场上吃草的马先生："是不是你嗯嗯在我的头上了？"

　　"不是我！我的嗯嗯是这样的。"

　　（马先生的屁股一扭，五坨又大又圆的嗯嗯，像马铃薯一样，咚、咚、咚……掉下来。小鼹鼠失望地走开了。）

多讲故事，力争内容有趣好玩，对新闻人物报道来说更合适。

2004年12月的一天下午3点多，我与一个朋友约了喝咖啡。聊天中他给我介绍了一个故事，说有一位盲人能听音辨币，就是把硬币扔到地上，他能分辨出硬币的面值，还能准确地从地上找到。多年的新闻直觉告诉我，这个人有故事，不仅励志，而且有趣。

经过多方查询，我知道了这位盲人叫陈燕，是一位盲人钢琴调律师。

我跟陈燕联系了采访事宜，由于考虑到她的特殊情况，我跟她商定去她在丰台区角门租住的家。时近黄昏，又是冬季，环境不熟，找她家非常费劲。我一个楼牌号一个楼牌号地查看，由于光线不好，加上小区环境复杂，确定她家的具体楼牌号很是费劲，费劲到几乎要放弃。

这是我第一次走进视障人士的家中，进行了将近两个小时的采访。采访到的内容新鲜有趣。

但就当时来讲，这样的人物报道能不能被编辑采纳，我心中还是十分忐忑的。毕竟，用我们的行话来说，她只是一个有故事的普通人，没有任何一个理由可以令编辑说必须报道不可。

怎样写作才能先打动编辑？突然想起参加新闻培训班的时候老师讲的，多讲故事，多讲有趣的故事。

讲什么故事？人生三大事，生活、爱情和事业，尤其是爱情故事，永远吸引人。我要讲出属于盲人的传奇故事，让读者边读边笑，笑中感动流泪，笑中感受人生励志。

把文章定为生活故事、爱情故事、事业故事三部分后，很快地便把采访到的一个个小故事尽兴地写下来，并按照这三大故事进行归类。

当我用"不管路有多漫长、有多艰辛，她都会笑对人生"结尾后，感到异常轻松和满意。

写多了硬邦邦新闻报道的我，第一次感到自己在写人生，这个人生写得酣畅淋漓、与众不同。

把稿件提交给编辑之前，一方面出于对陈燕的尊重，另一方面也想让陈燕再校对一些细节是否有出入，我把成稿先传给了陈燕。

"文章还能这么写！您写得太有趣了。细节上没有任何修订。"30分钟后，陈燕回电时这样笑着对我说。

《她与黑暗共舞》是编辑修改的标题，我也忘了当时提交文章时定的标题。"她与黑暗共舞"这个标题，我非常喜欢，就像是一部电影或小说的名字。编辑非常喜欢这篇文章，用了一个整版刊发了全文，没做一处修改。

后年的事情简直开了挂。这篇文章几乎获得了残疾人事业的所有一等奖，包括北京市残疾人联合会好新闻一等奖、中国残疾人联合会好新闻一等奖，另外还获得了全国青年报刊好新闻好论文一等奖。

陈燕的生活也因此发生了变化，她被各个电视台邀请参加综艺节目，广受观众喜爱，她的钢琴调律工作也因此火爆。后来她有了自己的钢琴调律公司，有了自己的导盲犬，也出了好几本自传书。

因这一次采访，我们也成为永远的好朋友。

她与黑暗共舞

她，今年32岁，生下来双眼视力才0.02。但见过的人都说，她不太像盲人。随便扔到地上的硬币，她能一步到位地捡起来；遍布京城的钢琴调音家庭，她能自己坐着公交车上门服务。她，游泳考过了深水证；她，跆拳道晋升到黄带；她还会开卡丁车、滑旱冰、骑独轮车……她的爱人也是个盲人。以前经常含泪唱《蜗牛的家》，最近在北城购买了110多平方米的房子。盲人钢琴调律师陈燕的故事有点传奇，但都是真的。

2003年12月7日下午5：30，在南三环洋桥角门北路，记者来到盲人钢琴调律师陈燕临时的家。门一打开，陈燕自然准确地与记者握手、寒暄，并将记者让进里屋，屋里到处摆放着各种可爱的玩具猫。"我的小名叫咪咪，过世的姥姥给起的，说是猫啊狗啊的好养活。"陈燕说。

说这些的时候，陈燕怎么看都不太像盲人，但是，她确实是盲人，生下来双眼视力才0.02，连视力表上那个最大的"E"都看不清。因此，陈燕家的许多东西都带有声响。电话是语音提示，文具盒上系着小铃铛，记录工具用录音笔。

记者与陈燕交谈了两个小时。她的丈夫郭长利坐在床边，始终只是默默地听着。

■生活故事■

先天失明，生下来差点被父母扔掉

3个月大的时候，父母决定扔掉瞎眼的陈燕，再生育一个健康的孩子。就在她将被扔到村边河坑里时，姥姥来了，带走了可怜的小陈燕。

带着一个失明的孩子，当年46岁的姥姥日子过得并不轻松。为了专门在家照看陈燕，姥姥辞掉了工作。

根据落地声音，能分辨出硬币是几分

"孩子眼睛看不见，还有听觉和触觉呀！"姥姥想了想，也只能靠这个了。

从小陈燕刚刚学会走路，姥姥就刻意训练她的听音能力，"任何障碍物都会有反射音，不同的物体反射音不同。"姥姥告诉陈燕。一次次，陈燕撞到了墙上、树上、门上……伴随着疼痛的记忆，陈燕开始听懂了各种物体的反射音。

现在，陈燕就是根据不同的反射音，准确地判定树、墙和汽车。把1分、2分、5分硬币丢到水泥地上，她也能听出来是几分钱，不论硬币滚到什么地方，她也能一次到位地去拿。"只有铁丝比较细，还判断不清楚，所以我经常被铁丝刮得满身是血。"陈燕遗憾地说。

5岁的时候，开始一个人过马路

对于一个失明的孩子，危险是随时存在的，而对于5岁的陈燕来说，这马路是再危险不过的事了。但姥姥却不得不尝试着让她去过，因为她不能养孩子一辈子。

"5 岁那年，我就一个人坐车去北海公园了。要坐 4 站车，下车还要过马路。"陈燕说，"姥姥教我说可以跟着别人过呀！刚开始，我拉着别人的衣脚，站在右边，到马路中间的时候，我再移到左边，5 岁就这么平平安安地过马路了。"

前年，因为肺癌晚期，陈燕 77 岁的姥姥去世了。去世头一天，姥姥拉着陈燕的手说："你知道吗，在你小的时候，在你去北海公园的时候，在你去上学的路上，都是我在后面悄悄地跟着你。"泪流满面的陈燕说："那时我才知道，这些年，我一直是姥姥的一块心病。"

网上登出"寻找独轮车教练"启事

陈燕的生活，并不是她眼前那种灰暗的感觉，而是时尚而多彩的。她已经掌握了很多时尚运动：跆拳道晋升到黄带，还会开卡丁车、滑旱冰……

在她个人的北京钢琴调律网（www.bjpiano.com）上，记者看到了一则"寻找独轮车教练"的启事。陈燕笑着说，这是她最近的一个梦想，在独轮车上跳舞。

拿着深水游泳证的陈燕说，当初为了学游泳，报遍了北京的所有成人游泳班，教练都说不能教，理由是"盲人学游泳，淹死怎么办？"没办法的陈燕只好去青年湖的水上世界玩。后来，外表看起来不太像盲人的陈燕蒙过了那里的救生员，他教了陈燕三天。陈燕又去了地坛游泳馆。一个月后，她考下了深水游泳证。

她为什么要学这些？陈燕说："我就是想证明，盲人通过自己的加倍努力，也能实现美好的愿望。"

■爱情故事■

"校花"追求农村穷小子

郭长利是陈燕在北京盲人学校的同学，现在是北京按摩医院知名大夫。俩人结婚后，陈燕叫他利利。

谈起当年的爱情故事，还是陈燕先追求郭长利的呢。在盲校的时候，作为"校花"的陈燕，追她的男孩子还真不少，可是"利利学习好，还是校广播站主持人、学生会主席，对人心眼也好"。

姥姥极力反对再找一个瞎丈夫

陈燕爱上了郭长利，首先遭到姥姥坚决反对，并苦口婆心地开导："你就看不见，再找一个看不见的，连打个蚊子都难。再说了，他长得太矮了，还不胖，扛个煤气罐都扛不到四楼。"

姥姥的反对几乎没起什么作用。1994年10月24日，拿着从姥姥家偷出的户口本，陈燕和郭长利悄悄到密云登记结婚了。11月20日，陈燕穿着买来的红毛衣、红呢子大衣和深蓝色鱼尾裙，与穿着120元钱一套西服的郭长利举行了婚礼。

盲人夫妻生活遭遇尴尬一大串

两个盲人一起过日子，总会发生一些意想不到的尴尬事。

有一天中午，俩人去菜市场买菜，"看见"柜台上一片绿，郭长利一边伸手摸一边问："这是什么菜？多少钱一斤？"这"菜"突然跳了起来，说："这是大腿，不卖。"原来摊主穿着迷彩服，正躺在柜台上睡觉呢！

像这样的事情他们遭遇得非常多。陈燕去买鸡腿却买回火鸡腿，"因为我挑大的"；买生菜却买回圆白菜，"因为它们都是圆的"……

大年初三，雪天推着三轮车搬家

慢慢地，俩人也就适应了这种生活。但双双残疾的他们，婚后生活却是相当艰辛的，"我们最怕搬家。但租房子却要经常搬家。健全人搬家还要掉两斤肉呢，何况我们什么都看不见。"

1996年那次搬家，让陈燕刻骨难忘。那年腊月二十九，陈燕和郭长利下班后准备回密云过年，"可是房东却通知我们搬家，而且越快越好。"那几天，大家欢乐地准备过年，但是"我们俩却在那相对坐着，然后就抱头痛哭"。

初三那天，天空飘着雪花，陈燕在前面扶着三轮车把，郭长利在后面使劲推着，路上没有一个人，只留下他们俩的脚印和那三轮车的车轱辘印。那个时候，郭长利给陈燕唱了一首歌："密密麻麻的高楼大厦／找不到我的家／在人来人往的拥挤街道浪迹天涯／我背着重重的壳／努力往上爬／却永永远远也跟不上飞涨的房价／给我一个小小的家／蜗牛的家／能挡风遮雨的地方不必太大／给我一个小小的家／只是小小的家／一个属于自己温暖的蜗牛的家。"

在北城买了一个 110 多平方米的房子

郭长利经常为陈燕憧憬着未来美好的生活。冬天，租住的平房只能靠炉子取暖，煤烟熏得陈燕都快犯哮喘病了。郭长利说："明年咱们就买电暖器。"这段日子里，陈燕知道了蜂窝煤大块的 16 个眼，小块的 12 个眼。

婚后的很长时间，他们居无定所。陈燕安慰郭长利："别难过，也许咱们以后攒钱能买到自己的房子。"

后来，郭长利进了北京按摩医院，凭借精湛的按摩手艺成了业内知名的"郭大夫"。陈燕经过艰苦的创业，赢得了北京众多钢琴用户的信赖，成为优秀的钢琴调律师。

去年，他们真的用自己积攒的钱，在北城购买了一套 110 多平方米的房子，今年 10 月最后一天，他们领到了新房的钥匙，目前正在对新房进行装修，明年 5 月就能搬进新家。

■调琴故事■

学调琴不光有美妙的音乐，还要学木工

在北京盲人学校快要毕业的时候，陈燕听到了一个好消息，继按摩之后，中国残联投资 50 万元，为盲人又开辟一条就业道路，把在欧美地区已经有一百多年历史的盲人钢琴调律引进中国。经过一番努力，陈燕考入了钢琴调律专业，成为中国盲人学习钢琴调律的第一批学生。

开学第一天，陈燕就意识到学调琴并没有想象的那样容易。

"人只有206块骨头和600多个穴位，钢琴却有8000多个零件，结构比人的穴位还复杂！"陈燕说，"我们还要学修琴。修琴的基础课是工艺课，要学习把一块木头用刨子刨平，用钻在木头上打眼，把螺丝拧进木头里，把钉子垂直钉进木头里还不能歪。最不能想象的是老师让我们在一个星期内制作一组钢琴键，还要跟真的一样。这对于我来说简直是天方夜谭呀！工艺课让每个人都感到畏惧，我经常在钉钉子时，把锤子砸到手上，拧螺丝时螺丝刀扎到手上。自从有了工艺课，我的手上就布满了大大小小的伤口。真没想到学调琴不光有美妙的音乐，还要学木工。"

对于钢琴8000多个零件，陈燕能像明眼人那样自如地安装拆卸，她说这得益于姥姥小时候对她进行的"听音拿币"训练。

公交车站定位北京交通，随身带着望远镜

截止到目前，陈燕已经给上万个家庭的钢琴做过调音，遍布在北京的大街小巷。陈燕靠着物体反射音和背诵的北京地图寻找每一个用户家庭。

"10年前，我就背了北京交通地图，根据公共汽车进行定位。"随着北京公交线路越来越多，停靠的站点不断改变，陈燕也在随时修改心中的北京交通地图。

尽管这样，陈燕每次去做钢琴调律，如果是1个小时的车程，她都会提前3个小时从家出发，"我怕找不到用户家，我怕影响盲人调律师的信誉。"即便如此，她偶尔也会因走冤枉路、找门牌而误了约定的时间，为此，她随身带了一个单筒高倍望远镜，"一栋一栋地走到楼的近前，再用望远镜辨认号数"。

就这样，他们虽然看不见，却用自己特殊的方式，感受着幸福。

去前决不告诉自己是盲人，结束后一定要说自己是盲人

目前，陈燕每天的调琴业务安排得非常满。但她确实是盲人，每天最多只能安排两个客户。

陈燕做钢琴调律，还给自己立了一个规矩：去前决不告诉用户自己是盲人，调琴结束后，一定要告诉用户自己是盲人。

对于前半句，陈燕解释说有两个原因："第一，因为大家都没有听说过盲人调琴，他可能不用我。第二，也可能因此来接我。"这两点都是陈燕所不希望的。

对于后半句，陈燕说："给用户调完音后，我除了教给用户一些保养知识外，还要给用户弹一首好听的曲子，最后我一定要告诉他，我是一名盲人钢琴调律师，毕业于北京盲人学校。这个时候，用户感到非常惊讶。你是盲人，你怎么来的？你调琴的时候，眼睛一直跟着手动呀！……有时候甚至会耽误我半个小时。但是我一定不会省略这个步骤，每当那个时候，我觉得自己是一个成功者。"

陈燕不省略这个步骤，还有另外的打算：如果大家都不知道盲人可以调琴，那钢琴调律专业的师弟师妹将重走她的老路，必须用艰辛的汗水一个用户一个用户地争取。为此，陈燕开通了全国第一个钢琴公益热线（010-67563355），每天晚上7点到10点，她都会守候在电话机旁。

在钢琴调律的路上，陈燕还在寻寻觅觅着。她最大理想就是让全国的人都知道，盲人完全可以从事钢琴调律工作。另外，她还想通过自己让全国人了解盲人这个群体。陈燕说，不管路有多漫长、有多艰辛，她都会"笑对人生"。

（刊发日期：2004 年 1 月 2 日）

五、用心用情，让冰冷文字带上温暖的情感

尽管新闻要求客观，要求不掺杂个人好恶，但优秀的新闻作品却一定是记者用心写作的，让冰冷文字带上温暖的情感。

从 1999 年起，我就采访希望工程。一晃 20 多年过去了。其间经历过很多变化，但有些感动却永远挥之不去，最难忘的是"三滴眼泪"。至今回忆起来，那些动人的场景宛如刚刚发生。

第一滴眼泪，跟一名贫困大学生有关。

"我从来没有为能不能考上大学着急过。"连续六年获市级荣誉称号、以优异的成绩考入国际关系学院的他说完这番话，突然大声地哭了，因为他还没有钱交报名费。

2001 年，北京希望工程首次推出"阳光洒满求学路——学子阳光结对资助贫困学子行动"。因为他特殊的故事，成为我采访的对象之一。他家住门头沟潭柘寺南村，是村里第一个通过高考考上大学的大学生。

9 月 5 日见到刚从医院回来的他，因为给爷爷陪床熬夜，眼有点红肿。与他 19 岁年龄不相称的是，由于常年干农活儿手掌上已经结了厚茧。准备上大学用的洗脸盆、牙缸已经掉了瓷，母亲说这些东西已经用了五年了。

"没有钱怎么去交报名费？"当我问到这个问题时，他突然哭了，眼泪像决堤的水，"我从来没有为能不能考上大学着急过。没有钱，我也要先去报到，我不想失去求学的机会"。

第二滴眼泪，跟一位 58 岁的老人有关。

为抵御风沙，保卫北京，让 2008 年的北京天蓝水碧，北京希望工程于 2001 年 9 月推出"构筑京北绿色屏障世纪林"多伦工程募捐活动。我来到内蒙古多伦县沙布楞村采访，随机走进了村民闫同家。

问他儿女们的事，我的话还没说完，当年 58 岁的闫同突然哭了，浑浊的眼泪一滴一滴，顺着被沙染黄的干燥的脸颊流下来："二儿子倒插门，去了河北石家庄，三年只回了一趟家。大女儿嫁到河北宣化了，临走时说再也不用整天担心有一天屋子被沙埋了。小女儿就想嫁到一个没有沙的地方。说不定

明天我就被黄沙活埋在自家屋子里了。我死了无所谓，最可怜的是孙女，她今年才 8 岁呀！"

第三滴眼泪，跟一个 9 岁的孤儿有关。

她是孤儿，自父母因车祸去世后，曾经两次被人领养，又两次被人送了回来。2001 年 7 月只好被当地民警送到怀柔庙城镇养老院暂时收养。她因此成为 2001 年北京希望工程推出的"爱心助学'1＋1'，亲情连着我和你——北京市'希望之星（1＋1）奖学金'"结对资助活动资助的上千对象之一。

12 月 7 日上午，我在怀柔镇见到了两度被抛弃的她。当时她正在上课，眼神很专注。班主任老师说，她不聪明但很努力，品质尤其好。传达室老师说每天早晨第一个到校门口的肯定是她，而从敬老院到学校步行需要 30 多分钟。我问她为什么这么早到校，她却大声地哭了："我害怕上学迟到。"

赠人玫瑰，手留余香。我不知道因为我们平凡但却用心的报道，在我们的职业生涯中总共改变了多少人的命运，但我知道只要用心用情，让冰冷的文字带上温暖的情感，哪怕是改变了一个人的命运，那种幸福的感觉都会伴随着我们终生。感谢我们从事的新闻职业，给我们提供了一个给予别人帮助的平台和机会，在一些人得到帮助的时候让我们收获幸福。

北京希望工程的工作人员说，我每发表一篇捐助类报道收到的善款会超过 100 万元。2001 年，100 万元对于很多人都是天文数字。希望工程工作人员说，大家是被文章感动，情不自禁地自掏腰包。对于新闻报道是要追求纯客观还是自带感情，一直富有争议。但我认为，新闻报道只有带有情感了，采访才能更投入更扎实，甚至不惜冒着生命危险去完成，写作才能在保持理智的情况下更富有激情。

2001 年 7 月，2008 年北京申奥成功了。

届时北京能否天蓝水碧，全世界都在期待。当时，全世界确实在怀疑，因为当时的几年里，北京的沙尘暴及环境污染等问题严重。

植树造林是帮助北京天蓝水碧最有效的方式之一。此前社会很多机构都推出各种募捐活动，让北京人乃至全国人都感到了厌烦。

接到北京希望工程推出的"构筑京北绿色屏障世纪林"多伦工程募捐活

动报道，我唯一的想法就是用情去感动读者，让他们参与到这场可载史册的植树造林优化生存环境的运动中。

二百元捐一亩林 三千元捐一口井
捐助多伦等于捐助自己

多伦，蒙语的意思就是七个大湖泊或者大水泡子，属于锡林郭勒盟，曾是全国甚至世界最好的草场之一。但是……

当地的村民告诉记者，近年来，哪个村被沙埋了，哪个村人被迫搬迁了，这在多伦早就不是新闻了。近十多年来，由于乱垦乱耕、过度放牧等原因，现在的多伦已被三条大沙带占据，总面积近1500平方公里，是北京沙尘暴的主要源头。现在多伦人最担忧的事是一夜风沙可能造成的屋埋人亡。这是9月26日至30日，记者随北京青基会工作人员奔赴内蒙古多伦进行为期四天的实地考察了解到的。

■多伦沙化越来越严重，已经直接影响到当地人民的生产生活

77岁的村民刘秀峰叹息：沙子把地都埋上了，已经没地种了

听说记者要去采访被沙围困的村庄，一个50多岁的老羊倌说："就去我们村吧，那里的院子都被沙埋了。"记者就到了近处的一个村庄，这就是前九号村。

前九号村完全被沙包围，许多村民的房基被沙埋住了一大截。村民告诉记者，村里的沙子已经用推土机清理了好几回。但是，记者看到的整个前九号村就像被浸泡在一个大沙湖里。77岁的刘秀峰家的院子整个陷入黄沙中，院内比院外竟然低出1米多。

记者见到老人的时候，老人正在浇院子中的葱。老人最喜欢种地，年轻的时候，一个人种十多亩地没问题。"现在没地种了，都成沙子了，只能在院子中过把瘾。可就这点儿地，还经常让沙子给埋了"，他告诉记者，刮大风沙的时候，人都不敢往外站，沙子打在人脸上就像鞭子抽似的。"去年三四月，风沙特别厉害，前面那家的院

子都被沙子埋了，没办法，搬走了。"顺着老人手指的方向，记者看到沙子已经爬上那家屋顶，整个院子都是沙。

58 岁的村民闫同犯愁：36 年被迫搬两次家，上次搬家，是被穷逼的，这次搬家，是被沙逼的，保不齐哪天就让沙子活埋了

58 岁的闫同是在 1965 年随父亲从河北怀安搬迁到这儿的，相中这个地方，就是因为这里丰美的草地、肥沃的河滩地，让当年年轻的他感觉仿佛找到了世外桃源。说起当年的前九号村，闫同神采飞扬，眼神明亮。当问起他家现在的生活情况时，沉浸在美好回忆中的闫同眼神迅即黯淡了。

闫同告诉记者，目前他又要面临着搬家的威胁。他说当年搬家，是穷逼的。可是现在沙子实在逼得他没法在这个地方继续生活下去了。去年今年都由于天气干旱，他干脆就没有往地里撒种，一年的口粮全靠国家接济。

记者转换了一个话题，问他儿女们的事，记者话还没说完，历经半个多世纪风霜的男人闫同突然哭了，浑浊的眼泪一滴一滴，顺着被沙染黄的干燥的脸颊流下来。他四个孩子，留在身边的可能就一个了，"环境不好，家里也穷"，二儿子倒插门，去了河北石家庄，三年了只回了一趟家。大女儿嫁到河北宣化了，临走的时候说，至少那里没有沙子，不用整天担心有一天屋子被沙埋了。

"小女儿也不愿在这里待了，就想嫁到一个没有沙的地方。想孩子的时候，我就看着照片发呆，说不定明天我就被黄沙活埋在自家屋子里了。"面对贫穷，他没有流过眼泪，但是面对随时可能遭遇的被活埋的威胁，58 岁的他哭了，"我死了无所谓，最可怜的是孙女，她今年才 8 岁呀。"

记者认识闫同一家人，首先认识的是他唯一在身边的孙女闫慧，一个漂亮可爱的小女孩，一双明亮的大眼睛不带一丝忧虑。在记者采访的时候，又是给倒水又是找凳子。问起小闫慧怕不怕将来自己没地方住了，小姑娘说不怕。在小姑娘的眼里，没有比这更恶劣的

环境了。她带着记者来到她就读的学校，距离教室两米的一行大叶杨和堆积在根部隆起的沙丘就是学校的围墙，而不远处就是流动的大沙丘。

在黑山嘴，指着被沙子埋得只剩下半米的屋子，60岁的赵成祥心有余悸地说："今年春天有一天，刮了一晚的风沙，第二天房门就被沙子堵上了，人都出不去，只好从窗户爬出来。刮大风的时候，我们晚上都不敢睡觉，担心睡着了被沙子活埋了。孩子被吓得直哭，大人心里也烦。在这里，沙子一年积一米，这不，长了七八年的树，看起来还跟刚栽的一样高。两米多高的石头院墙，全部被沙埋了。"老赵还告诉记者，原来在门前流淌的洋肠子河现在干得连水星都没有，"这里剩下的最后一滴水就只有我们的眼泪了。"尽管故土难离，老赵今年还是带着老婆孩子，离开了他生活了30年的村子，搬到其他乡去了。

骆驼场村党支部书记于长江感慨：两个村70多户人全被沙子赶走了

大骆驼场、小骆驼场是两个自然村的名字，源于这里曾经是为当地大喇嘛放骆驼的牧场。你相信吗，这样的两个村庄已经消失，去年，生活在这里30多年的70多户牧民被迫全部搬迁。原因很简单，沙逼人退。

这里的路也已经被沙埋没，连车都开不进去，记者步行入村，眼见的是一片废墟，显得十分荒凉，从散落在沙土中破碎的酱油瓶、废弃的农具和柳编的酒篓，仍然能看出这里人们曾经生活过的痕迹。

"风沙太大了，人没办法在这儿生活了。"骆驼场村党支部书记于长江感慨万千，"这里风沙大的时候，人都不能说话，一张嘴就灌一嘴沙子，一伸手就能抓一把黄沙，没办法，政府只能把人都迁走。村民都不愿意走，故土难离啊。上岁数的老人临走的时候都哭了，可没办法，这都是被沙子逼的呀。"

当地的村民告诉记者，近年来，哪个村被沙埋了，哪个村人被迫搬迁了，这在多伦早就不是新闻了。

■多伦就像悬在北京头顶上的一个巨大沙盆，随时可能倾泻。朱镕基总理视察多伦后嘱托，"治沙止漠刻不容缓，绿色屏障势在必建"

有关权威调查资料统计，半个世纪以来，浑善达克沙地的沙漠化土地增加了700多万亩，特别是流动沙地，从1960年的26万亩增加到现在的450万亩，平均每年增加10万亩，九十年代的10年间每年增加21万亩，扩展速度惊人。当地人说，多伦是遇风就起沙。这是因为构成多伦沙地的沙子，60%以上的沙粒直径小于0.25毫米，最容易借大风悬浮在空中，而多伦一年7级以上的大风就能刮近70天，每年要刮走多伦全县地面3毫米厚的土壤。目前，每年正以3.5公里的速度向北京推进。

多伦在北京的正北部，与河北丰宁接壤，到首都的直线距离仅180公里，但是海拔却比北京高出1000多米。根据调查资料和卫星图片分析，北京的10粒沙子，8粒来自多伦。有人打了个比方说，多伦就像悬在北京头顶上的一个巨大沙盆，只要一刮风，沙子就会从多伦向北京倾泻而下。

丰宁是密云水库的主要水源地，海拔1060米的小坝子乡地处内蒙古高原风沙南侵的自然风道上。来自内蒙古多伦的沙子在小坝子乡境内有大小流动沙丘82处，沙坡19个，直接威胁密云水库。北京人赖以生存的一盆水，因此将会有缩小甚至消失的可能。这绝不是危言耸听，小坝子乡最南端的沙区，距怀柔县直线距离仅30公里，距北京市直线距离110公里。治理小坝子，多伦是根源。

去年5月12日到14日，朱镕基总理视察多伦后，恳切地对当地人民嘱托，"治沙止漠刻不容缓，绿色屏障势在必建"。

■多伦人没有忘记朱总理的嘱托，三五年内要沙漠在多伦消失

多伦人民没有忘记朱总理的嘱托，朱总理的恳切嘱托也已被多

伦人刻碑铭记。在三天的采访中，记者也时时能感受到多伦人治沙的决心。

多伦县的党政机关大院，是记者所见过的一个最破旧的县"衙门"：窄小的院门，坑坑洼洼的路面，几排低矮破旧的砖瓦平房，有的已脱皮塌檐，有的房顶上长着枯草……

县长姜树文告诉记者，不是没有机会修建新"衙门"，前几年，自治区政府也曾给过县里200多万元盖新办公楼的钱，但县委和政府看到一些乡村学校的校舍破烂，修水库缺资金，就用这些钱盖了学校，修了水库。"治理沙漠，我们坚决遵照朱总理的嘱托，三五年内把沙固化。"

老姜最大的愿望是在十年左右或者更长一点的时间让多伦真正地变为青山绿水，真正地成为北京的绿色屏障。他说这不仅是考虑到形象问题。

人们有了这个想法，所做的一切必然要为治沙让路。为了筹措治沙经费，全县7000多职工被直接扣掉了一个月的工资。

多伦是国家级贫困县，已经有两三个月没拿到工资的职工难道没有怨言吗？在团县委工作的24岁的张宝宇说："生活的环境与一个月的工资比，哪个更重要，大家心里都明白。"他每月的工资仅400元，在记者到多伦的前一天，张宝宇刚和他的同事在西部一座山头上挖了一星期树坑回来，这也是县里规定的。全县干部职工每人每年要义务挖5亩地的树坑，总计550个左右。张宝宇说："秋季挖树坑的好处很多，冬季的浮雪和浮尘落在树坑里，都是很好的养料，墒情也好，树木的成活率很高。"

意识到治理沙漠重要性的不仅是县里的干部职工，牧民们也充分地知道种树种草的重要性。

蔡木山乡的植树大王贾义祥，5年前还是牧业大户，他家仅羊就养了1000余只，牛马还有200多头（匹）。现在，他卖掉了全部的牲畜，用来承包了5000亩荒山，改行植树造林。现在，他种植的樟子松已经半人高了。他不仅一个人身体力行植树造林，还给其他的牧民讲授植树造林的重要性。

记者没有见到贾义祥，正在山头培植树苗的大儿子告诉记者，他父亲到锡盟给牧民进行种树技术指导去了。

在去多伦的路上，写有"生态环境治理工程""沙漠治理工程"等字样的碑到处可见，许多草场也被铁丝网圈围起来，几乎看不到自然粗放的大群牛羊。

■有井就有水，有水能种树，有树才固沙

"天苍苍，野茫茫，风吹草低见牛羊"，多伦曾经有过的草原景象还能再现吗？回答是肯定的。

记者沿途看到，多伦有水的地方都可以成为自然风景区。县林业局李局长告诉记者，多伦县境内大小河流很多，常年性河流47条，季节性小河11个，还有大小水泡子110多个，浅层地下水也非常丰富，有的地方2米深就可以见水。

当地有关林业专家介绍，因为草原退化而形成的沙地里其实就有草籽，只要下雨或者见水，草很快就能长起来。专家告诉记者，要想保证多伦境内的河流不断流、湖泊不干涸，种树是最重要的途径，种树是固定沙丘的唯一方法。另外，多打一些当地的小管井，充分地利用当地丰富的浅层地下水进行浇灌，从而尽快使沙地中的草籽发芽生长。据了解，一口小管井能使十余亩沙地彻底改变面貌。

当地林业专家介绍，如果想不让沙化面积继续扩大，只有草是远远不够的，大面积植树造林才是唯一可行的途径。

■200元捐一亩林，3000元捐一口井。"构筑京北绿色屏障世纪林"多伦工程亟待企业和市民参与

退耕还林还草，既成为眼下多伦人"不得不"的选择，也成为他们现在做出的最重要的选择，这个选择也是遏止沙漠化的可能途径。前九号村的老乡说："我们不放羊了，我们不种田了，让我们种

树吧，我们也不忍让家乡就这么荒下去。不为自己，也得为孩子着想呀！"

尽管多伦县政府每年都要从微薄的财政收入中拿出一大部分用来治沙种树种草，但是治沙的速度却赶不上沙化的速度。县长姜树文说，要固定沙丘就必须多植树，只有树多了，才能不让沙子流动，多伦沙化面积才可能不再扩大。但是植树投入比种草大得多，光靠多伦县来治沙，宛如在沙漠中造盆景，没有规模就不能见效益。

从某种意义上讲，多伦就是我们的后院。后院都积满了沙子，我们难保不被沙掩埋。多伦风沙不止，北京就难保碧水蓝天，因此在多伦植树，也是北京人的事。

今天，为抵御风沙，保卫北京，让 2008 年天蓝水碧，共青团北京市委、北京青少年发展基金会、北京青年报社联合推出"构筑京北绿色屏障世纪林"多伦工程募捐活动，呼吁北京市民向多伦伸出援助之手，多捐多伦一棵树，多蓝北京一片天。该活动以北京市民自愿捐款方式，由北京人出钱，当地农民出工出力栽种、养护，目标是在内蒙古多伦植树造林。其捐款标准是：200 元捐一亩林，3000元捐一口井。

一亩林子只需 200 元。200 元，是我们少添一件新衣服、少撮一顿饭的钱，说多也不多，说少也不少，但是它却能保障我们的生活无后顾之忧，捐助多伦其实就等于捐助我们自己。

（刊发日期：2001 年 10 月 16 日）

"让读者看见。令读者在乎。遵循这两条原则，你将造就出获奖记者。"当时没想过获奖，只是想让更多的人在乎这篇文章。

我跟陪同采访的希望工程工作人员说，这次我们的采访不预定目标，车子开到现场，哪里的沙灾最严重，就到那里去采访。

我的感情倾注在对素材的挖掘上，体现在文章以现场报道的方式营造的身临其境的感觉中，捐助多伦其实就等于捐助我们自己。

在北京新闻奖获奖作品《小学生背不动大书包　拉杆箱轰隆隆进校园》

中，我借用朝阳教委督导室主任诸平的话表达感情："看着孩子累成这样，我们都觉得心酸。但是，现在孩子的负担越来越重，重得已经使成年人失去了同情心。"

有了情感的文字，才能引起读者共鸣。因为读者也是有情感的。

事实上，优秀的新闻作品，作者都倾注了个人饱满的情感。比如著名的通讯报道《为了六十一个阶级弟兄》《谁是最可爱的人》等。

六、读者为本，行业报纸采编转型迎新生

任何一种媒体，都应该以自己的预定的读者为本。

行业报纸也不例外。

但事实上，我国的绝大多数行业报纸都没能做到以读者为本，因为我国大多行业报纸的发行，主要依靠上级主管单位的"红头文件"。

没有了靠新闻内容吸引读者订阅的市场要求，行业报纸的新闻采编大多采取简单地枯燥地公文堆砌和抄编模式。

导致一些行业报纸连行业人士都不看，连行业领导都不看的尴尬状况。行业报纸采编必须改变目前的只是完成了信息刊发的目的，新闻采编从以读者为本上下功夫，不仅避免一些行业报的消亡，甚至让一些行业报迎来新生。

转型一：站在领导的角度进行新闻采编

行业报纸的诞生、存在和发展，一定与行业报纸上级主管单位的支持分不开。站在领导的角度进行新闻采编，实质就是与政治家办报性质一样，一定要传递出领导对行业的舆论引导和要求。

据调查，不少行业报纸总编签发内容只是为了追求"不出事"，为了"不出事"宁可不要宣传效果，这些行业报纸甚至成了连业内人士都不看的废纸。

因此"站在领导的角度"要求行业报纸的采编人员，通过新闻操作模式尽可能让读者领会领导的宣传意图，从而理解和支持领导正在和即将执行的管理制度和工作要求。这就要求行业报纸的新闻采编更要讲究写作技巧，智慧地传递上级领导意图，引导读者贯彻执行领导意图。

怎样才算是"站在领导的角度进行新闻采编"？

就是要"把领导先当成读者""领导讲话更需要宣传效果""报纸要为领导实施新政做舆论铺垫"等。

"把领导当成读者"要求编辑记者采编的稿件和版面必须满足实用、新颖、有趣、准确等要素,能吸引领导阅读和赞赏自己的报纸。涉及领导讲话的稿件不能是简单地剪辑,而是要通过新闻的方式进行重新呈现。这样才能吸引读者阅读,真正地达到传递领导意图、引导舆论的作用。

行业报纸还需要给领导提供舆情。

近年来异地高考成为社会关注焦点,北京的异地高考政策则成为热点中的热点。但是面对异地高考政策的制定,确实有很多需要统筹协调的事情。我主导《现代教育报》策划刊发的深度报道《一位北京市民缘何反对异地高考》《异地高考别忽略了另一个群体》等系列报道,经过各大门户网站的转载传播,为年末北京异地高考政策出台提供了很好的舆论支持。

2013年北京推出新中考新高考改革方案,其中英语降分成为社会争议的热点,不少人提出"英语降分影响了英语教学质量"。我组织《现代教育报》编辑部,通过专家解读、基层调查等方式,一方面权威地解读了北京新中考新高考改革的实质,另一方面有力地回击了"英语降分会导致英语教学质量下降"的质疑,相反提供了"英语降分会让英语教学从应试走向能力培养,英语课堂教学会因此更加注重学生英语应用能力培养,因此英语课堂教学会更丰富多彩,学生应用能力会大幅提高"的佐证。这一组报道引起了北京市委教育工委书记苟仲文的关注,他批复《现代教育报》要加大对北京新中考新高考报道力度。

近年来,教育一直是社会关注的焦点。北京市教委也一直在均衡教育和办人民满意的教育方面做出很大的努力,包括资金的投入、师资的提升、校际的交流等,但社会却依然对教育怨声载道。究其主要原因,一方面在于教育的均衡需要一个过程,另一方面在于政府的举措和政策没有准确全面地宣传到位,使得百姓对教育的信息获取仅来自于某些媒体片面的报道和质疑。

转型二:站在读者的角度进行新闻采编

按照2011年下发的《中央各部门各单位非时政类报刊出版单位转制工作

基本规程》，非时政类报刊转企改制有三个主要节点：2011年底、2012年9月底、"十二五"期末（2015年）。

随着非时政类报纸转企改制的推行，以及公款订阅报纸被禁止，曾经发行上百万份的行业报纸迅即减少到几万份甚至几千份。

究其主要缘由，它们都没有站在读者的角度进行新闻采编。

站在读者的角度进行新闻采编，就是要从读者的角度出发写新闻编新闻，因此就要求行业报从业人员采编新闻必须遵从新闻的基本原则：真实、实用、新颖、有趣等。

教育类报纸的读者群要从原来的教育体系内的教师、教育行政人员及教育研究者的基础上新增家长人群。

为什么要新增家长人群？

教育类报纸作为特殊的专业报纸，长久以来有着自身特有的、相对稳定的采编、发行模式，较少直接参与市场竞争。

而随着全社会对教育的日益重视，人们对教育提出的新要求也促使了对教育媒体需求的增大，于是各大报社皆对教育新闻格外重视，各综合性日报、晚报、都市报纷纷推出教育专刊，因为其新闻时效性更强，受众面更广，发行渠道更为畅通，所以也对传统的专业教育类报纸形成冲击。

同时，新媒体的飞速发展，也使得传统媒体面临的挑战日益凸显。而教育类报纸虽然受众对象较为明确，但是其新闻内容大多是传统的说教式的，版式也较为陈旧，难以吸引受众目光。

加之，随着教育改革的不断深入推进，我国教育类报纸长期依靠行政手段保障发行的模式也受阻，传统发行优势正逐步削弱，从长远发展来看，终有一天要走上市场、面对激烈挑战的教育类报纸，必须重新定位自身目标受众，做大、做强自身，尤其在新闻报道内容上不断创新，方能迎接挑战。

读者群体定位的改变，一下子让教育类报纸的读者服务对象，仅在北京就从几十万猛增到上千万。新增的家长群体为报纸提供了极为庞大的可持续发展群体，使报纸的社会影响力和市场价值创设了理论上的几何级增长。

怎样吸引新增的家长群体订阅和参与报纸？

可以尝试"行业报纸的都市类新闻操作模式",以便从新闻报道形式、内容选择、标题制作、版式设计等方面吸引和方便读者阅读。

在新闻内容选择上充分利用上级主管单位的身份,将每篇新闻报道的"真实、权威、准确"做足。

在新闻写作上,摒弃原有的"唯官员身份"决定一切的写作模式,改用"内容实用与官员身份相结合"的模式,要求编辑记者要讲故事、要把专业术语解读为老百姓能看懂的语言。

标题制作上更是要吸引眼球。这个吸引眼球不是"以偏概全哗众取宠",而是要在新闻标题中传递实用的信息,改变原来标题中惯常出现的"哪儿开什么会了"。

从读者的角度进行新闻采编还体现在内容整合上。

读者扩大到家长群体了,新改版的教育类媒体在做好原有专业内容基础上,新增了更能吸引家长关注的考试信息发布及解读,对高考政策、中考政策等及时权威地予以全面刊发解读,相较于都市媒体,尽管在时效上稍微逊色一点,但在全面、专业、权威、准确等方面全面胜出。

转型三:站在发展的角度进行新闻采编

无论什么时候什么行业,发展都是硬道理。

行业报纸原来只"安于一隅"的做法必须要向发展的角度转变。"站在发展的角度进行新闻采编"要求对行业报现有体制按照发展的思路重新定义和改革。

教育类媒体的发展主要从三个方面着手。

一个是读者群体的变化。从原来的定位是教育系统内的老师、教育行政干部到现在的兼顾家长群体阅读,因此新闻采编模式必须从原来简单的版式设计、纯粹的教育教学、教材教法、校园活动等,转向要吸引家长阅读,这就要求版面设计高端大气上档次,内容要兼顾家长对教育信息的渴求、家庭对教育观念和模式的渴求等,文风上就要摒弃原有的"内部公文"模式而转向真正的新闻体。读者群体的扩大才能为报纸的生存和可持续发展奠定基础。为此教育类媒体可以引进来自市场化比较成熟的都市类媒体的优秀编辑记者,从新闻采写编辑等方面进行样板设计，并对现有员工进行新的新闻采编业务培训。报社还可以设立总编辑奖，每月评出获奖作品给予奖励，并以此作为样本进行新的新闻采编模式引导。总编辑奖的评委也由最初的内部的社编委会成员，改变为纯粹社外资深新闻从业人员和教育专家评选。

二是教育系统内读者阅读内容的变化。教育类媒体最忠实的读者都来自教育系统内。怎样能留住教师群体并不断新增教师个体？教师们已不再满足只在教育类媒体上阅读跟教育有关的内容，而是也需要通过报纸了解时事政治、健康休闲等内容。教育类媒体要在内容上突破以往只刊发教育类内容的惯例，新增健康、旅游、活动等，让教师们一报在手纵览天下。

三是广告活动内容选择呈现上的变化。办报实务上万万不可囿于眼前的短期利益，要时刻谋划"大发展大繁荣"，这种"高度"要求报人及时按照新闻传播的客观规律，高瞻远瞩地选择传统报业发展的新路径。改革后的教育类媒体不再仅仅是以新闻报道和版面广告等形式简单地宣传企业和行业，而是要放下"架子"，主动为行业出谋划策、主动提供各种有效的调查数据、市场营销、品牌推广等服务，甚至直接介入企业的经营活动，并成为行业领域价值链条中不可或缺的一个环节，最终促进相关行业健康有序发展。

第三节　新闻采访写作遵循的 22 条原则

1990 年至 2010 年的 20 年间，中国媒体界出现了"北京青年报现象"。

《北京青年报》犹如一匹黑马，在新闻改革和报业改革潮流中异军突起，万众瞩目。在中国人民大学出版社出版的中国新闻媒介研究丛书中，其中一本是《新闻冲击波——北京青年报现象扫描》。

北青报在新闻报道方面所做的成功探索，不仅使得它在北京新闻界成为人们所津津乐道的一个话题，而且在多次读者评选活动中，它都被列为读者最喜爱的报纸之一。尤其是在新闻报道方面，他所标新立异的一系列举措，使其成为新闻界感兴趣的一种现象，广为人们所关注、研究，广为全国各地都市类报纸模仿甚至全盘照搬。

报社对记者进行采访与写作提出要遵守的 22 条原则，当时更是成为业界经典，并一直流传到现在。

一、政治性和纪律性原则

在任何国家，媒体也是政治的一部分，媒体是政治宣传的工具，做媒体的人不懂政治，就像外科医生不懂麻醉术一样，医术再高超，病人最后受不了疼死在床上，也是极大的麻烦。很多假新闻，如果我们从政治高度上去审视，就会看出它们的破绽，因而也就不会给它们提供出头露面、贻害万方的机会了。

二、真实性和客观性原则

新闻报道的全部内容必须真实、准确。这是新闻从业人员必须遵守的基本原则。新闻要用事实说话，必须符合事物的本来面目。

记者搜集到新闻材料之后，必须要加以核实、再核实，至少要向两个方面核实：一是跟当事人核实；二是跟权威部门核实。要保证所报道的都是事实。一个好的记者需要保留一种客观的、有益的怀疑精神，这是杜绝虚假不实新闻的良药。要用两个以上的信源、不用匿名信源；不发表传言、谣言，更不允许发表谎言。

新闻发布会等渠道获得的资料固然有用，但不能取代原始的新闻事实。

当报道中出现错误时，最重要的是明确、坦诚、迅速地承认错误，说明错在哪里并将其纠正是非常重要的。及时承认错误可能使报社免于名誉和其他损失。

新闻报道不允许向壁虚构，不允许使用"合理想象""集中典型"等手法，不允许对事实有任何渲染、夸大。尽量少用"很""最"之类的形容词和副词。在没有了解清楚基本事实之前，不作报道。其他媒体广泛报道、未经证实而又必须报道的传闻，在报道时必须明确交代消息来源。

新闻真实性和客观性原则对记者的新闻语言的要求是：准确、平实和鲜明。这就要求记者在写作时，必须要注意以下几点。

1. 选用最准确的语言

《论语·卫灵公》说："辞，达而已矣。"意思就是用语要准确，不能言过其实，也不能词不达意。用语准确，是新闻写作的第一要义。

2. 做出最妥当的概括

新闻报道不同于文学作品，必须常用概括性的语言，形象化语言只是偶尔使用。这是由新闻体裁本身的要求决定的。新闻语言的概括性强与新闻的时效性有关，太长太烦冗的描写是不适合的。新闻报道要尽量用经过高度提炼、严密概括的语言，要言不烦地传递读者关注的消息。概括首先是准确的、明确的，类似"大概、估计、也许、可能、差不多、基本上、大家说、一致表示"这样空泛的模糊的用语，尽可能不要使用。

3. 表达鲜明的语意

新闻语言除了准确之外，还要求做到语意鲜明肯定。它表现出记者对事物的认识态度：在客观事实面前不含糊、不隐瞒、不夸大。当新闻中涉及数量问题时，尽量不用笼统的"许多、很多、最多、几十、几百"等词语。表示程度的词语也要注意，不要模棱两可、含混不清，要用鲜明、确切、清晰的字词。

4. 加以恰当的描述

新闻报道对事实情节人物的描写一定要恰如其分。宋玉在《登徒子好色赋》中说："东家之子，增之一分则太长，减之一分则太短，着粉则太白，施朱则太赤"，可观东西是什么样子就是什么样子，切不可添油加醋、画蛇添足。

三、公正与平衡性原则

记者要把新闻的公正性奉为最高职业操守，不能因外界压力或经济利益而影响新闻报道或新闻评论。新闻报道在对事实的叙述上必须是客观的，判断上是不带偏见的。

很多时候，新闻报道都要涉及各种冲突，冲突双方都会说自己的道理，这个时候就要兼听，而不能偏信，在写作上也要注意尽量做到平衡。

理论上讲，新闻是对事实的报道，而现实生活中的新闻报道却是事实的选择，就是说任何一个媒体、一个记者，在做报道时都不能完全抛弃自己的意识形态的偏见、社会阶层的偏见、主观喜好、个人的见解、个人的价值观。但我们要做的是应尽量减少主观因素对客观新闻的干扰，不能蓄意遗漏重要或有意义的事实，用不相干的事实代替重要的事实，或者根据自己的需要突出或弱化某部分事实。在行文上，要避免使用有感情、有激情、带有偏见的修饰语。所谓偏见的修饰语指形容词、副词、动词、名词这类有褒义和贬义的意思的词语。这些词语会造成不公正的甚至是性质完全颠倒的新闻报道。

写作上要使用中性的新闻语言。在报道一个新闻事件或人物时，应避免使用魔鬼语言妖魔化某人、某物、某事，或者相反，采用天使语言对某人、某物、某事滥加溢美之词。更多情况下，记者常用的是标签性语言，随意给某个组织或个人贴上标签，比如将"伊斯兰宗教组织"称为"伊斯兰原教旨主义"，把"哈马斯宗教领袖"称为"哈马斯激进领袖"，把"伊拉克游击队"称为是"伊拉克武装分子"等，这在今后也是一定要避免的。

不得因个人因素对事实拔高、贬低和歪曲。报道对立双方事态时应采取公正态度。所有抨击和指控的言论都应当出自某个消息来源，记者必须在同一消息里给那些被攻击和指控的人以回应的机会。不要只听一面之词，要提供不同方面的意见，并尽力寻求来自独立的第三方的意见，以使报道做到平衡、公允。

为了让读者更加接近真相，遇到阻碍报道事实真相的限制时，应努力为问题提供更多的观察视角，并请权威人士讲述可能的原因或者结果。美国自由论坛主席查尔斯·欧沃比提出了一个"新闻公正性公式"，新闻从业人员可以借鉴：

$$A+B+C+D+E=F$$

（Accuracy+Balance+Completeness+Detachment+Ethics=Fairness）

准确 + 平衡 + 全面 + 客观 + 伦理 = 公正

四、全面与完整性原则

记者对事物的观察应当是全面的，而不是片面的；是触及事物本质的，而不是表面的。记者要善于分清事物的主流与支流，处理好全局和局部、当前和长远的关系。

很多新闻事件都具有连续性、阶段性的发展特点，这就要求我们对一个新闻事件的报道应是完整的、连续的、追踪到底的，不可以浅尝辄止。马克思说："一个新闻记者在极其忠实地报道他所听到的人民呼声时，根本就不必随时准备详尽无遗地叙述事情的一切细节和论证全部原因和根源。何况这样做需要许多时间和资料。""只要报刊有机地运动着，全部事实就会完整地被揭示出来。""报纸是一步一步地弄清全部事实的。"换而言之，新闻报道永远是一个寻求权威信源认定事实的过程。即便一开始的新闻（当然这样的新闻不能是空穴来风，而是有一定的事实依据）并不完全准确，也可通过后续的报道和权威对事实的认定，使信息更加明确、更加让人信服。

五、时效性原则

新闻必须在事实准确的基础上力求迅速。记者要树立强烈的拼抢时效的意识。重大突发事件发生后，相关记者应在第一时间联系采访，随后连续报道事态的发展。国内外重大事件的报道应力求领先于同城竞争媒体或者国内同类媒体或者至少不落后于上述媒体。

六、不到现场不写稿原则

记者必须到新闻事件的现场实地采访，用自己的眼睛去看，用自己的耳朵去听，用自己的头脑去辨别和分析。记者一定要勤奋，好的记者一定是勤奋的记者，一定不是那些坐在空调房里喝咖啡、听音乐、玩小资情调的记者。现在我们的新闻从业人员不能说人手一辆车，但也快差不多了，但从报纸新闻所反映的来看，现场新闻、突发新闻比起外报来还是少，工作新闻、会议新闻还是多，出现场的时间还是没有人家快。为什么？

七、合法信源原则

消息来源在很大程度上决定着消息的真实性和准确性，事关媒体声誉，不得不特别慎重。

（1）应清楚明确地交代消息来源。这样做有两个理由：一是为了使受众能对报道的可信性作出自己的判断，二是为了在报道受质疑时保护媒体的声誉。一般情况下，在导语里就要交代消息来源。如果导语里没有做这样的工作，则必须在文章的前三个自然段内交代。文章中出现不同的新闻事实，则应分别交代来源和出处。

（2）消息来源应尽可能具体。最好的消息来源是记者的亲眼所见。有名有姓的消息来源次之。此类消息来源比较有分量。

（3）应避免使用匿名或未名消息。记者如果一定要使用匿名消息，以保护消息来源的秘密时，必须有其合理的解释。不要用"权威人士""可靠人士""消息灵通人士""圈内人士""专家"等作为消息来源。报道这些消息来源所说的话应负的责任完全由当事记者承担。当消息提供者提出不披露自己的名字时，记者必须标明"拒绝透露名字的人士"等字样，同时需保有相关证据。如果是报道冲突事件，当记者引述的未名消息是站在其中一方立场上对冲突另一方所发生的情况进行描述，则只限于对新闻事实的一般阐述，绝不能作为发表观点的新闻由头。不可使用匿名信源攻击一个有名有姓的人。必须使用匿名消息的必须得到总编、值班副总编或者部门负责人的认可。

（4）所有容易引起争议的说法必须严格交代消息来源。无论怎样交代消息来源，必须确保可信、不偏不倚，在政治上以及法律上安全。

（5）在新闻的真实性未得到证实之前不要发稿。记者在搜集材料时必须核对每项事实，必须对消息源所提供的信息中前后不一或者有争议的信息提出质疑。不应报道尽管十分耸人听闻但明显不科学、反科学的假新闻。

（6）对于别的媒体已经报道过的事实，记者也必须经过自己核实确认之后才做报道。

（7）说明消息来源的表达"说"这个词可以用"声称""坚持认为""声

明""指出"等来替换以避免重复。

（8）在连续报道中，每条独立的报道都要写明来源，不能因为先前发过的稿件中已经提到，后续报道稿件就将其省去。

（9）不得转述其他新闻机构的匿名消息，除非找到多个消息源予以证实。

（10）可不必标署消息来源的情况：记者亲眼目击的众目睽睽之下的没有任何争议的新闻事件，这样的消息可以不写消息来源。在固定时间发布的经济指示或行情图以及根据事先知道的时间表而发生的重要新闻事件，比如中国两会、英国加冕典礼、美国新总统就职典礼等，另外还包括其他属于公共事务范畴的新闻事件的报道，可以不必标署消息来源。然而，如果是突发事件，或本来应该根据已知的时间表发生的事件，结果在实际发生时性质发生重大转变，在报道这类事件时，必须要指出消息来源。

（11）"记者独家报道""告诉记者""告诉本报（台）记者"等称谓的使用规范。

记者独家报道：类似的说法还有"记者独家采访""某某独家提供"等，类似说法要特别谨慎使用，或者说轻易不用。

告诉记者、告诉本报（台）记者：记者采用"告诉记者"的称谓会被自然地理解为"告诉本报（台）记者"，也就是消息的作者。使用这一称谓有两个基本条件：本报（台）记者是对新闻人物当面采访；新闻人物只接受了本报（台）记者的采访。

记者在新闻发布会上得到的消息或者本报（台）记者和很多记者共同面对一个新闻源的时候，不能使用"告诉记者"的称谓。

八、主题性原则

新闻应当主题鲜明，所报道的事实要围绕主题展开，切忌下笔千言，离题万里。

九、简洁性原则

心理学研究表明，简洁明快的语言最容易打动人，被人理解和接受。心理学家经过多次实验表明：人的短时记忆的容量为 7±2 个组块（chunk），这也是各大城市的电话号码最多不超过八位数的原因。《美联社写作手册》中有专门一条把"简洁"列入编辑守则，规定："学不会把文字写得简洁有力的人，不必想为美联社工作。"

我们的新闻写作要惜墨如金，日常报道不提倡写长稿。记者要学会以最少的文字符号承载尽可能多的信息，所谓意唯求多，字唯求少，尽量删除那些不必要的字、词、句、段、没有太大必要的关联词。

要多用简单句和短段落。段落不宜过长，每段不能超过 150 字。

参照中国新闻奖资格审定的有关规定，消息一般不要超过 1000 字，通讯一般不超过 3000 字，言论一般不超过 2000 字。

十、背景性原则

新闻要注意交代必要的背景，如事件与周围事物和过去相关事物的联系等。使用背景材料要有助于受众对新闻事实的理解。转述背景材料也应交代出处。背景材料不可离开主题，不能喧宾夺主。

十一、多报事少议论原则

记者应该客观地采写新闻，报道中不要对新闻事件擅自提出判断或定论。新闻教科书上讲记者要做"合法的新闻"。合法的新闻是传播事实，如果你传播的不是事实，而是个人的观点、偏见及个人感情，这是不合法的。读者要看的是新闻事实，要的是相关人、当事人、权威人士的观点，而不是记者的观点。记者存在的价值，只因为他公正地报道各方面的观点。诸如"我""我们""我的""我们的"之类的字眼最好不用，除非是记者正在直接引用别人的话。在新闻报道中对人、地方和事情的好恶褒贬必须出自事实而非记者的观点。如果确有必要表达对事件的某种看法，也最好采用引述权威人士的观点的办法，把主观的议论转换成一个客观的单一事实。或者将议论单独成章，与消息分开处理。

十二、提高新闻信息量的原则

首先，什么是新闻信息量？报纸扩版、电台增频等并不能完全说成是信息量增大，这其实只是加大报纸、电台的容量。增加报纸、电台信息量是指增加报纸、电台的单元新闻信息（新闻事物的存在方式和变动状态、时间、空间），这是新闻中一个最小的基本单位。它可以是单一事实，也可以是蕴含于新闻事实中的一种情感或道理。前者是显态信息，后者是潜态信息。

（1）显态信息：显态信息就是对具体事实的直接描述，又可分为"现态"（事物当前的存在方式和运动状态。客观新闻事实，没有主观议论）、"趋态"（事物即将发生的存在方式和运动状态。分析、判断、预测）、"史态"（过去的存在方式和运动状态。背景信息，不能单独构成新闻信息，但能加大新闻事实的跨度和作品信息量）三种。显态信息按照重要性可分为主信息（主要新闻事实）、次信息（对比、映衬或者补充主信息的信息）、微信息（背景资料信息）、余信息（废话和空话；根据语言习惯而起过渡、照应或加强语气和态度、表情的语句）。

（2）潜态信息：依托于显态信息存在的观点、意图或者情感，也称为暗示性信息。显态信息与隐态信息并不属于同一个信息层次。前者主要是表层的语法信息；后者则是深层的语义、语用和审美信息。计算新闻传播信息量主要就是度量它的语义和审美信息。一则消息，如果只有一些显态信息，就难免是就事论事，其信息量不会很大；如果在其中还具有丰富的潜态信息，动之以情、晓之以理，就可以倍增信息量。但是，有一点也必须指出，隐态信息也要符合主流社会价值观，而不能带有利益偏见（为某利益集团以保护性的暗示）、文化偏见、地域偏见、阶层偏见和意识形态偏见，记者在写作新闻时一定要避免带出这些偏见。

（3）记者在新闻写作过程中，应恰当利用信息的两种表现形态，善于使用隐态信息，把所要表达的思想、态度不露痕迹地自然地寓于新闻事实的表述之中，从而引发受众的联想，使其能心领神会。要充分地表现新闻的隐态信息，要注意三点：一是注意选择新闻事实和报道角度，使其能蕴含丰富的潜态信息；二是注意选用背景资料，用以衬托主要新闻事实，突出主要信息；三是注意新闻信息的排列组合，加强各单元信息组合的有序程度，提高整体效应。新闻虽然有其模式，但并非一成不变，新闻语体有散文化、人格化、主体化、个性化的趋势，这样往往能传递较丰富的潜在信息和美学信息。所谓最大信息量并非仅指单元信息的数量最多，更重要的是要突出主要信息，否则，即使次要信息再多，也不是最大信息量。

十三、不越位的原则

记者不应花费大量笔墨来叙述自己获得信息的途径和技巧，这会使读者感到厌倦。报道的可信度是建立在事实的基础上的，而不是对获得这些事实的方法的描述上。如果不是特别必要，记者不要自己跳到新闻事件中去，成为新闻事件的当事人乃至干预者。

十四、易读原则

英国物理学家、原子物理学的创始人之一卢瑟福勋爵曾对卡文迪什研究所的工作人员说：如果他们不能对酒吧女郎讲清楚他们的物理，他们的物理就是蹩脚的物理。同样道理，德意志新闻社的《编辑手册》明确规定：如果稿件写得只有一部分读者能懂，那就是记者的失败与失职。记者在新闻写作过程中，一定要使用读者能明白的语言，不要用行话术语，少讲抽象道理。对于统计数字，力求清晰明白。对于行话和术语或者专业性的事情，一定要翻译成读者能够理解的通俗语言，这对于专业性很强的新闻报道尤其如此。如果满篇术语行话，行文艰深晦涩，那么将吓走读者。

十五、风闻不抢原则

有关部门内部正在讨论、计划的事情未必变成现实，有些是姿态，虚张声势，做做样子，有些是后来不了了之，因此，在报道这类消息时，谨防将它们作为有关部门既定决策进行报道。有时候，政府官员透露给你这些消息，只是放一些试探性气球，舆论反应好就变成决策，反之则罢手。

十六、预发新闻原则

对于即将来临的事件，没人会认为预先写好报道有何不妥，但是记者在预发该报道时，一定要把报道保留到事件真的按预料的那样发生以后再发稿见报，因为一个预定要召开的会议或计划要发射的卫星可能因为各种原因推迟召开或推迟发射。

十七、尊重隐私原则

记者应尊重受访者和所报道对象的个人名誉和隐私。在未经当事人同意，采访及报道其私生活时，应具合理理由，适当处理，避免侵扰个人隐私。

（1）儿童的隐私尤须谨慎处理，采访报道涉及儿童私生活的题材时，必须要有合理理由；不应单单基于其亲人或监护人的名声和地位而作出报道。

（2）采访报道公众人物的个人行为或资料时，须有合理理由。

（3）拥有公职的公众人物，当其个人行为或资料涉及公职时，不属于个人隐私。

（4）即使有合理且正当的理由报道采访对象的个人名誉和隐私，其所涉及的个人名誉和隐私也必须在社会道德规范和法律所允许的范围以内。

十八、重大、突发、灾难事件报道原则

1. 在重大、突发、灾难事件报道上的媒体责任

突发事件报道包括：突然发生的重大政治性事件、重大恶性事故、重大自然灾害、重大涉外和涉港澳台事件等。此类事件传播快，影响大，为国内外广泛关注，是媒体同题竞争的主战场，必须做到迅速、准确、全面，同时要有自己独特的报道视角。

在此报道上应立足于以下几点：

一是报道灾情，下情上达。

在重大灾难发生的时候，媒体所担当的社会角色不仅仅是新闻报道者，还要将灾情和受灾民众的真实状况、急难、要求、愿望向有关政府部门、社

会机构、组织及时准确地进行传递，以使有关方面尽快对这场灾难造成的破坏有一个比较真实全面的了解，以便及时制定和实施最为有效的救灾措施。

二是组织救灾，上情下达。

我们的新闻媒体是党和人民的喉舌，是社会整合最强有力的工具，是政府组织救灾最好的帮手之一。我们要凭借传播工具和手段的先进性、便捷性，借大众传播广泛、及时、公信度高的天然优势，快速有效地向灾民和公众传递救灾信息，组织救灾措施的施行，使灾情得到及时救助，防范灾情的扩大及再次发生。

三是参与救灾，提供服务。

向灾民和公众提供防灾救灾的有关服务也是本报的一项重要职责。这包括及时提供灾情资讯，及时提供专家意见以及防范和自救的措施和手段等。这要求记者必须深入救灾第一线，多了解受灾群众，多接触救灾人员，只有贴近灾民、公众，才能把信息服务送到群众的心坎上。

四是宣传引导，稳定民心。

要充分利用作为主流传媒在社会舆论引导上所具有的独到的优势，在群众中较高的公信度，把党和政府的声音，把真实正确的信息及时传递给公众，最大程度地避免因不实信息误导而产生不应有的混乱。

2. 重大、突发、灾难事件的报道形式

一是突发事件报道首重现场采访，记者获悉突发事件的新闻线索后，要以最快速度赶赴现场，掌握第一手材料，力争最早发出现场目击报道，并随事态发展做好连续报道和深度报道。与此同时，记者还应在第一时间内向所在版组主编、报社值班副总编、常务副总编甚至总编请示本报所应采取的新闻报道政策。一时难以赶到现场的，要通过其他渠道准确获取信息。记者在采访突发事件过程中，应与编辑部保持密切联系。

二是重点突发事件报道要集全报社之力，实行集束式、全方位报道。灾难性事件是一个复杂的多面体，在报道中不能一叶障目，只报道某一方面的情况而对另一方面的情况避而不谈。同时，还要注意灾难性事件是一个过程，报道不能只停留在事件的发生阶段，而要注意其发展变化，做到全面反映，有始有终。

三是对重要的突发事件报道，要遵守两级审核稿件制度，重要稿件核实后必须要有当事人或主管部门负责人的签字，方可正式发表。

四是对灾情、案情报道一定要慎重稳妥、准确把握国家有关政策。由于灾难性事件有很强的社会影响力，特别是很多表现为负面影响，因此，在报道中必须以国家的稳定大局为重，注意严格按我国有关法律法规、新闻报道政策进行报道。一些社会性突发事件、灾难性新闻还涉及保密的内容，要遵守保密法；一些涉及民族、宗教政策的内容，要遵守国家的民族政策和宗教政策，维护全国各民族的团结，维护安定团结的局面；一些重大案情报道在内容、范围和时间上有特殊的限制，要严格遵守。

五是报道要选择方法讲求策略，要实事求是，留有余地，避免渲染，对凄惨场面和容易引发副作用的犯罪细节，报道要从严控制。对于一些表现极端、情形惨烈的突发性事件，以及犯罪手法残忍、情节极其恶劣的犯罪案件，在报道时还应注意有所报有所不报。要隐去那些可能在受众心理上产生恐惧、血腥感受的细节，避免暴力与色情。也不能详细描述犯罪方法，报道作案的具体过程，以免为他人仿效，对社会和公众造成不良影响。

六是报道还要体现人文关怀，避免简单化。灾难性事件往往都对人民的生命财产造成严重的损失，在人们的精神上造成不同程度的创伤。为此，我们的媒体在灾难报道中一定要有人文关怀的意识，注意体恤民情，给灾民和公众送去人性化的关爱。灾难报道中要时刻想到我们的使命是对灾难中人的生存状态的关注，让人们生活得更好。记者不能只是为报道而报道，为卖点而报道。灾难报道中记者应尽量避免概念化、简单化，要关注灾民和受众的所急、所求、所思、所想。多年来，我们的不少媒体在灾难报道中似乎已经形成了一种简单的模式：某地发生了地震、洪水或空难、海难、重大破坏性案件等突发事件，总是领导亲临现场指挥，慰问受灾群众，各级政府部门不遗余力组织救援、部署侦破，废寝忘食，奋战在抗灾第一线，群众对此充满感激，等等。而受众很难看到他们真正关心的信息，如受灾群众的情况、真实的灾难场景、灾难性事件发生的原因追寻、社会各方对事件的反映和评价等。这样的报道注重的是传播者本位，宣传本位，而忽略受众需求，只对上不对下。在现实条件下，不仅无法达到应有的宣传效果，反而使媒体和受众拉开了距离，失去了公众，这样做的结果也只能是和党的宗旨背道而驰。只有心里时时装着最普通的民众，报道中才会真正有老百姓的位置，这样的报道也才能深入人心。

十九、敏感问题报道原则

敏感问题包括：地震预测、重大疫情、重大环境事故、民族宗教问题、某些涉外事件、群体性事件、涉及港澳台事件、军事演习、领土边界纠纷、恐怖主义活动、民族分裂活动、极端宗教活动、邪教活动、走私贩毒、间谍案件等直接关系社会稳定和我国对外关系、国家安全的重要问题，以及某些中央尚未确定的政治体制和经济体制改革的重要问题等。

敏感问题报道，要从有利于社会稳定和国家利益的角度出发，从严把握。要确保新闻来源权威，事实准确，发稿时机恰当，分寸把握适度，送审手续完备。有关政治体制和经济体制领域中重要问题的报道，应遵循"学术讨论无禁区，新闻报道有纪律"的原则，谨慎处理。

涉及重要政策、敏感问题或社会生活中的热点、难点问题的稿件，须向总编、常务副总编请示发稿与否。

二十、舆论监督报道原则

（1）舆论监督的政治环境。1950年4月19日，中共中央就专门作出《关于在报纸刊物上展开批评与自我批评的决定》，其中规定："在一切公开的场合，在人民群众中，特别在报纸刊物上展开对于我们工作中的一切错误和缺点的批评与自我批评。"1987年，党的十三大报告正确分析了社会主义民主政治的历史趋势和内在要求，在我国历史上第一次明确提出"舆论监督"的表述："要通过各种现代化的新闻和宣传工具，增加对政务和党务的报道，发挥舆论监督的作用，支持群众批评工作中的缺点和错误，反对官僚主义，同各种不正之风作斗争。"这是党的历史上第一次在全国代表大会上明确舆论监督的作用，并提出"重大情况让人民知道，重大问题经人民讨论"。此后，党的领导人对此多有论述，江泽民曾指出："广大人民享有依法运用新闻工具发表意见、表达自己意志的权利和自由，享有对国家和社会事务实行舆论监督的权利和自由。"1989 年 11 月 25 日，李瑞环在新闻工作研讨班上做《坚持正面宣传为主的方针》的讲话中有一段精辟论述："新闻舆论的监督，实质上是人民的监督，是人民群众通过新闻工具对党和政府的工作及其工作人员进行的监督；是党和人民通过新闻工具对社会进行的监督，不应仅仅看成是新闻工作者个人或是新闻单位的监督。"1998 年 10 月，朱镕基在视察央视时也有一句非常著名的题词："舆论监督，群众喉舌，政府镜鉴，改革尖兵。"这些论述为新闻舆论监督在 20 世纪 80 年代中期以后的发展作了最有力量的注解。

（2）舆论监督的六个基本原则。一是用事实说话，是保证舆论监督真实、准确，取得预期效果的基本条件。不仅要做到从总体上、本质上把握事物的真实，而且在细枝末节上，也应力求真实准确。舆论监督报道必须坚持正确立场，深入调查研究，不主观臆测，不妄下结论，不偏听偏信。二是舆论监督报道必须符合法律和社会公德，不得损害国家、社会、集体利益和其他公民的合法的自由和权利。三是舆论监督报道必须符合法律和社会公德，不得损害国家、社会、集体利益和其他公民的合法的自由和权利。四是舆论监督报道要讲求时机，把握大局，力求于解决问题、促使有关方面改进工作，避免激化社会矛盾、危害国家安全、损害民族团结。五是在进行舆论监督时要注意听取各方意见，客观全面反映情况，不充当评判员。批评性报道要留有余地，不说过头话。记者在采访和报道时要注意保留自身保护性证据。六是进行批评报道、揭露性报道或者进行舆论监督时一定要证据确凿，不能有疏漏。在发出谴责和批评时一定要有正当理由。点名批评更要慎重。

二十一、涉案报道原则

（1）一定要避免"媒介审判"，严格使用合乎法律规定的用语。"媒介审判"又称"新闻审判""舆论审判"，指新闻报道干预、影响审判独立和公正的现象，其最主要的特征是：媒体在案件审理过程中"超越司法程序抢先对案情作出判断，对涉案人员作出定性、定罪、定量刑以及胜诉或败诉等结论"。《北京青年报》制定了涉案报道十大自律原则：一是案件判决前不做定罪、定性报道，不使用定罪、定性语言。二是对当事人正当行使权利的言行不做倾向性的评论。三是对案件涉及的未成年人、妇女、老人和残疾人等的权益予以特别关切。四是不宜详细报道涉及国家机密、商业秘密、个人隐私的案情。五是不对法庭审判活动暗访。六是不做诉讼一方的代言人。七是评论一般在判决后进行。八是判决前发表质疑和批评限于违反诉讼程序的行为。九是批评性评论应避免针对法官个人的品行学识。十是不在自己的媒体上发表自己涉诉的报道和评论。

（2）案件涉及凶杀、绑架、爆炸、抢劫、强奸等恶性犯罪情况时，不要过多报道甚至渲染犯罪过程和犯罪细节。

（3）按照《未成年人保护法》的规定，犯罪嫌疑人或者受害者是少年儿童的，报道中不能提及当事人真实姓名，可使用化名。在涉及解救被拐卖的妇女时，不提及受害人姓名。

（4）重要刑事、民事案件终审后，要对前期所做报道进行回顾，对与终审结果不符的，应及时进行补充报道。

（5）纪检监察部门查处案件与司法机关查处案件，在查后的处理手段上要严格区分党纪、政纪和法律处分的界限，对纪检监察部门查处的案件不能用"绳之以法"等词汇。

二十二、不谋私利原则

前面说过，记者的责任在于捍卫真理、报道真相、维护正义、客观公正。违背这一原则，炮制虚假新闻，为利益团体代言而做有偿新闻，这是典型的权利寻租，是对自己责任的亵渎和对职业精神的背叛。记者权力寻租主要有两种形式。

赏金写手：就是被企业或团体组织收买，为其商业活动、打压对手的活动充当鼓手，为其商业炒作充当枪手。记者是社会公器的一部分，绝不是某些企业的利益代言人。记者只能是公众利益的代言人，这一点是天经地义的。

官方写手：官方写手的性质与赏金写手的性质类似，但利益代言的对象不同。这类新闻最典型的就是表扬稿，夸大宣传甚至虚假宣传某个政府部门的工作业绩。

曾有一个著名的案子，叫"赵公口孕妇被害案"。凶手在另一次抢劫时被当时在场的北京足协的四名裁判抓获。但是，到了某记者的手里，报道就成了"48 小时赵公口孕妇被害案告破"，其中把案件告破的功劳直接归到警察名下，现场见义勇为的四名裁判在稿子里竟然只字未提。严格来说，这也是假新闻。

第七讲　记者手记
侵入式参与新闻事件

新闻虽然追求客观性报道，但纯粹的客观性报道是不存在的。

为了追求尽可能地客观性报道，新闻报道要求用第三人称的写法，要么是客观地讲述，要么采用被采访者的话语、观点等。

但是，记者不可能把自己完全与新闻报道剥离开，或多或少地都会表达着自己对新闻事件的态度。

这种表达态度的方式多样，比如文章内容的分配不同、带有个人倾向性的夹叙夹议的报道等，最直接的方式应该是新闻评论和记者手记，毫不掩饰个人对新闻事件的好恶。

第一节　夹叙夹议，用事实表达观点

用事实说话，客观地叙述事实，是新闻写作的最基本要求。媒体主要通过事实来表达观点，把观点巧妙地寓于对事实的客观报道形式之中。越是高明的记者，就越善于用事实说话，来表达一定的思想，把要阐述的观点体现在客观叙述的事实中，无形地传输自己的观点，引导而不是教训读者接受自己的观点。

"我想跟您反映个事，不知道能不能采访报道。" 2006 年 2 月初，突然接到一个电话，一个男士低沉着声音说。

"要看您反映的事的内容。"我回答说。

"我是个教辅书的出版商，我不能再昧着良心挣这钱了。"他在电话里说，"现在的教辅书太坑人了。再这样下去，坑的是孩子，坑的是家长。"

"您详细介绍介绍，从目前看我个人觉得很值得报道。"我还留了个心眼说，"您方便把您讲述的这些发给我一个文字版吗？这样我用起来比较准确。"

实际上我是想留个证据，以防新闻刊发后被教辅公司起诉打官司。

这一年，我的孩子也快要上小学了，将来使用教辅书必不可少。因此，我也想对教辅书市场有所了解，也希望教辅公司出版一些对孩子真正有用的教辅书。

带着爆料人提供的基本材料，我对教辅书市场做了调查，对于这样的舆论监督报道，一定要用事实说话，一定要有权威部门的调查支撑，也一定要有自己鲜明的态度。

在记者调查部分，标题用的是湖北省新闻出版局的调查数据：四成教辅出版物不合格。内容全部采用教辅中出现的错误以及来自各方面的原始采访。

"举头望明月"成了"举手望明月"、"委屈"变成"委曲"……这不是记者玩文字游戏，而是出现在教学辅导书中的错误。还有一些英语教学辅导书，不仅单词注释错误，而且页码与目录标注也"风马牛不相及"。

如果说文科类的教辅书出现点错误还比较容易辨认的话，那么理科类的教辅书出现了错误，则相当于"谋财害命"。一个中学生告诉记者，一次数学大型考试中，他很庆幸多道考试题在教辅书上出现，连想都没想他就把教辅书上的答案写了上去，结果正确率只有30%。"当时做的时候就感觉有点怪，但我想都是名师编写的辅导书又怎么会错呢？"这个学生气愤地说，"要不是其他科目考得比较好，我那次考试可就惨了！"

来自记者的调查和全国各地新闻出版局的抽查表明，像这样质量低劣的不合格教辅书，充斥着整个教辅书市场。去年，湖北省新闻出版局随机抽查了21种省内教辅出版物和30种外省教辅出版物，其中不合格率高达41%；重庆的中小学教材教辅书籍，竟然有1/3是非法出版物，甚至有些学校使用的教辅书全部是盗版的。

学校的教师愤怒地说："印刷质量低劣、内容错误百出的非法教辅已经影响了正常的中小学教育。"而正规的教辅出版社也指出，非法中小学教材教辅书籍不仅扰乱了正常的秩序，而且侵犯了教材教辅书籍著作人的合法权益，另外非法书商偷税漏税也给国家造成巨大损失。

盗版或者非法教辅书的利润有多大？一位书商这样介绍：连封面在内，教辅用书每个印张（1 印张即 32 个页码）印刷成本在 0.20 元左右，只是定价的 20%。再加上其他成本，能占到教辅书批发价的 30%，也就是说，10 元钱的书，其实成本只有 3 元。

"教辅用书最为关键的不是内容，而是封面设计。"这位书商透露说，"如果封面上不印上最新版、名师指导、名校名家等字眼，根本就不会有家长和学生瞧上你的书。所以只要抓住他们的消费心理，保证你会只赚不赔。"

出版商给我发来的是这篇新闻调查报道的最核心内容，也是最能引起读者共鸣的内幕材料。因此，报道的第二部分我直接用了"出版社自述：揭开私人教辅出版公司造书内幕"。我只是加了这样一段引言：盗版教辅书是怎样出台的？是谁搅乱了教辅书市场？……某教辅书出版社人士指出：搅乱教辅书市场的罪魁祸首是私人书商。

他还向记者详细介绍了私人教辅出版公司"造书"的全部过程。

稿源：

私人教辅出版公司的稿源一般有三种途径：

一是网络资源。牵一根网线、买几台电脑……从许多教育资源网上免费下载就可以了。现在有很多这样的网站可以下载到许多教案、试卷、试题，然后把它们打乱顺序改一下版式就 OK 了。

二是剪贴式。这个更简单，成本也低。只需要准备一把剪刀和一瓶胶水就足矣。从市场上以一折或二折买来别人出版的各个学科的教辅丛书，然后剪贴下来自己需要的，再将几本教辅书重新组合，剪贴成一本按照自己的版式设计的图书。

第三种算是有自己固定的作者。可那些作者的稿件从哪里来呢？据悉这些作者都是所谓的几个全国知名中学的在校教师，一般价格是每 1000 字 70 元。但结果却是，出版公司拿到的稿件竟是从网络上下载下来的几年前的旧题，这些所谓的名校教师改一改之后就变成自己的"数年心血和经验之凝结"。别看教辅书在宣传上用的都是全国知名中学的名，但实质上编辑却都是没有"名"的。

比较像样的教辅出版公司招聘编辑的对象还是刚毕业的师范类本科大学生。但差一些的公司干脆就招一些大专毕业的学生，只要他们略通中小学各个学科的基础知识即可。

这些编辑的每日工作就是编辑从网上下载或剪贴获得的稿源，然后按照公司已经设计好的版式通过一次校对录排、二次校对录排、三次校对录排，第四次录排核红出清样后，通知出胶片的公司出片，最后一道程序就是送到印刷厂开机批量印刷了。至于封面设计和制作，一般是招几个学美术的随便划拉几个图片就可以过关了。

在整个"造书"流程中有一个叫策划的，书的具体版式由他来安排。凡是做过几本教育辅导丛书的文字编辑都可以做策划，只要他懂得诸如印张、码洋等出版行业的名词就完全可以胜任了。

如果想自己做的工作少一些也很简单，因为第一次校对和多次录排这些工作在北京有很多专业的公司可以代理，一个电话马上会有人过来拿活儿。出胶片的事情和印厂的活儿则完全交给别人做就行了。所以在北京这个地方，不需要很多资金和文化就可以开一个校对公司或录排公司，而且利润很惊人。许多年纪不大只有高中文化的小老板也敢在市区买三居、价格在每平方米 7000 元以上的房子了。这都是因为北京出版行业生意红火且利润惊人的缘故。

书号：

这个问题做出版的书商都清楚，花钱很容易买到一些不太知名的国家出版社的书号，而且可以重复利用。反正也没有几个人查的，即使查到了，只要"略表心意"就会被"高抬贵手"。

销售：

每个私人书商开的教育辅导图书出版社都有自己在各个省份，包括各个地级市的销售渠道。书商的发行部门基本上是以五折发货，就这样图书公司的老板也是大有利润可赚的。

至于到地方上如何搞公关销售，那花样就很繁多了：送现金、吃回扣、拿提成等，只要把书卖出去了老板就高兴，多花十几万块钱老板不会在意的。

还有一部分销售渠道就是参与编书的部分作者的包销行为，反正都是各个中学的在岗教师，每个人销几百本一点不成问题。

办公场所：

在市区较繁华的地方租一间100多平方米的写字楼，安装上电话、电脑、办公桌等，就可以成为私人教育图书出版公司的老板了。

之所以这样采用出版商的自述内容，一方面是对方提供的，万一有不准确的地方，可以找到新闻来源，加上自述有揭秘的味道很容易激发读者探秘阅读的倾向，另一方面我通过调查证实这些内容是真实的丝毫没有夸张。赶巧了，当时有个朋友给我发来一份民事判决书，希望能给予新闻关注。这位朋友主经营教辅书编写出版，但单位的教辅书却被65家单位抄袭出售，法院已经判处侵权单位不仅要赔付12万元，还要在网站的主页上刊登致歉声明。作为新闻调查的第三版块，我以"奇特个案：一家教辅研究所的产品被65家单位抄袭"为题报道了教辅书市场乱象。

日前，海淀区法院下达了一份民事判决书，判决被告深圳某知名度很高的电子公司在其网站的主页上，连续24小时刊登声明，向原告北京仁爱教育研究所致歉并支出费用12万元。事情起因于被告的某教辅类电子产品，竟然将原告的产品"连锅端"，换了张面孔就"奉献"给了消费者。

"像这样侵犯我们著作权的单位，截至目前已经发现了65家。"北京市仁爱教育研究所所长赵勇痛心地说，"侵权产品更是不计其数。"据悉，侵权的方式有全部照抄照搬的、有整章"拿来"的，还有改头换面后"组装"的，等等。

让记者觉得惊诧的是，在这65家教辅类"侵权"的追风者中，还有一些是全国著名的教育出版社、教育产品公司和数码科技公司，以及一些全国知名的英语类报社。而这些著名单位出版的教辅产品，频频出现在中央电视台等媒体的广告中。

业内人士特别指出，在近年来图书市场品种日益丰富、出版社利润大幅下滑的背景下，教材和辅助教材以量大、出版成本相对较低等优势成为出版社的"生命线"。"比起人手一册的教材，教辅市场容量更大，竞争也更为惨烈。"业内人士说，"2004年国家新闻出版总署取消对中小学辅助教材的审批后，仅中小学辅助教材目前市场上至少有十余万种。""别看教参、教辅类书籍多得令人目不暇接，但编来编去还不是大多都在互相抄袭。"一位业内人士分析说，"抄抄搬搬、拼拼凑凑，就能编成可以卖出好价钱的教辅书，所以在这一领域里侵权的事情频繁发生。"据介绍，全国有600来家出版社，目前约有500家在出教辅，而且多数集中在中学阶段，教辅发行打乱仗已经达到白热化程度。

历经近一个月时间，完成了几千字的新闻调查报道《伪劣教辅书"市场揭秘"——本报记者追踪印刷、出版、流通全过程》。拿到成稿的编辑是一位女同志，她大赞："下午，我请你去四楼咖啡厅喝杯咖啡，顺便再聊聊。"

这是一位资深编辑，从事过多年教育新闻采访报道与编辑。她说，能否给这篇新闻增加些服务性内容，比如教读者怎样分辨盗版书籍；教家长如何选择教辅书。另外，您作为教育圈内颇有影响力的记者，能否再直接明确表达我们对此事的态度和建议？

按照编辑的修改意见，我又补充采访了多家正规出版社，整理成报道的第四部分"认清真假：怎样分辨盗版教辅书籍"和第五部分"给您支招：家长如何选教辅"。

认清真假：怎样分辨盗版教辅书籍

那么怎样分辨教学辅导书的真与假呢？记者采访了北京出版社、新疆青少年出版社、北京新业文化艺术有限公司等专业人士，他们指出盗版书一般具有以下特征：

价格低廉。盗版书因为不用付版权税和作者稿酬，所以价格比较便宜。正版书一般售价不会低于 7 折，盗版书 2—3 折甚至 1 折就可买到，所以从价格上就可以初步判断是否是盗版。

纸张粗糙。选用好的纸张，可以保证书籍的使用寿命；而盗版书则多是用很粗劣的纸张（非正规图书印刷纸张），摸起来凹凸不平，看起来没有光泽和美感。

装订粗糙。盗版书的装订很粗糙，用手拎着书甩一甩就可能散架了。

无防伪标志。有的盗版书封面很漂亮、很逼真，但是没有正规出版社的防伪标志，如有的出版社为了防盗版，采用压纹技术，而盗版书一般没有这样的技术，所以很容易被认出来。

字距宽窄不一。选择合适的字号，可以保护读者的视力，但盗版书却字距行距不整齐，或者太宽或者太窄，读起来不舒服。

图案出现套印。盗版书因为纸张等原因，加上用的不是好墨，经常出现字迹重影、图案套印现象。

错误率高。错误漏洞层出不穷，其中包括一些常识性的内容在内，这是盗版书最显著的特点！

给您支招：家长如何选教辅

教辅书多迷人眼！怎样才能买到好的、对孩子有用的教学辅导书呢？首都师范大学副编审张伯华提出了自己的观点。

首先要到正规的和大型的书店购买，比如北京图书大厦，这样的书店能够保证进货渠道和质量；二是应当选择专业的出版社，这些出版社大多能够组织专门人员或资深老师、专家进行教辅书的编写，水平有保证；三是注意印刷上的讲究，防止盗版书。正版的书封面装帧美观，扉页有防伪标志，字迹、插图清晰；而盗版的封面有毛边，油墨不均匀，插图不清晰，纸质粗糙等，需引起注意。

给孩子购买什么样的教学辅导书，一是要征求一下课任老师的意见，因为他们对学生需要什么样的课外书最有数；二是要根据孩子的特点购买不同种类的教辅书，如果纯粹是为了巩固课堂学习，那就选购与课堂教学同步的、配合课堂教学的练习和参考答案等，如果是为了扩大眼界增加积淀，则选购内容超出课本的；三是在确定买书之前要认真阅读前言部分，了解书的特点、适用范围，这样可以避免因为深浅难易不同而不适合孩子；四是教辅书不必多买，多买的书孩子也看不了。

怎样表达我们的态度？其实，在整个新闻报道中已经体现了我们愤慨的态度，但编辑说的似乎不太直接。突然想起了这位爆料的出版商给我的邮件中有一段话，我把它整理成为"一位书商的心灵独白：救救孩子！"想通过书商的心灵独白间接地表明自己的态度和建议。

多年以前，我曾经是一所中学的教师。为了提高学生们的学习成绩，我曾经接触过诸如"××优化设计"之类的教辅教师用书。看到其中的一些知识与其他教参不一致的时候，当时的我感到很困惑：它们之间为何出现了偏差？

后来我离开了中学，走过了北京、上海、广州等心目中神圣的大城市，兴奋地加入到制作教学辅导书的行列中来。看着同事们异常高超而拙劣地"拼接组装"成的教辅书，我终于明白了当年那些知识的偏差是这样造成的。我告诫我现在还在中学任教的同事：不要再迷信所谓的"名校名师"编写的教辅书！

中小学教辅书是在校中小学生获取知识的重要组成部分，教辅市场的混乱会直接影响到我们国家的整个国民教育水平的提高，在市场经济时代，人们的私欲被巨额的经济利益所驱使而变得膨胀，一些道德底线便被无限制地突破。

我在这里只想强烈地呼吁有关部门："救救孩子！"

但这位资深编辑依然不满意："作为教育圈内有名的记者，您的态度和建议呢？我认为这必须有。"

我的观点和建议呢？我连问了三遍。

我知道我的观点和建议一旦公开后可能产生的影响力，可能会对我的生活造成多大的干扰。

我经历过类似的事情，有一段时间甚至成为我心里的阴影。

我征求了时任北京市政协委员文卫体副主任王晋堂的意见，他曾经担任北京一中校长。他语重心长地说："新闻记者和政协委员一样，都应该有强烈的社会责任感。"

我依然犹豫许久，但做人的良知和职业的良知，让我排除顾虑写下"记者观点：别再让伪劣的教辅书糊弄学生"。

教育是关系国家民族未来的大事，也是关系个人和家庭发展的要事。在国家科教兴国政策的感召下，我们开始全民重视教育，教辅图书形成了一个巨大的市场，成为了大多数学生成长过程中重要的伴侣，然而目前伪劣教辅图书却正在糊弄着我们的学生。

一位业内人士告诉记者，在"减负"的禁令下，学校不能集体订购教参教辅了。但是由于这块"肥肉"的诱惑力太大，有的教育局、教研室、教师进修学校自己编写后在自己的地盘里随教科书一起订下去。眼看着这口"肉"又"吃"不到的小出版商，就只有东拼西凑地"攒"。不需投资不用费劲，钱还来得快。

在巨大的利益熏黑了某些出版商的心的同时，学校也因为利益驱动成了"谋害"学生的帮凶。从执法部门已查处的盗版教材教辅书籍案件看，其印制成本最高为定价的30%；其余的70%中，40%左右进入学校集体账目，其余往往由校长、教导主任和经办人员私分。

在这里，我们在劝诫出版商要凭良心编写练习书、册，让学生从中真正得到参考和辅导的同时，作为学生的直接教育者，学校的有关人士也应该"见钱不眼开"，坚决杜绝将伪劣教辅这匹狼引进校园。另外，我们的家长也不要一味地只是追求和攀比教辅书，因为教辅书不在于多少而在于适用。

如果说孩子是我们的未来和花朵，那么知识就是培育花朵苗壮成长的阳光、空气、水和土壤。如果我们现在都用伪劣的教辅糊弄他们，那我们还能奢望他们的将来能是什么样呢？该掀起彻查教辅市场造垃圾运动了！

报道刊发后，引起强烈反响。在社内，同事们学习，被评为总编辑奖；在社会上，同行交口称赞。

但是，我的顾虑却也真真实实地发生了。

"不在沉默中爆发，就在沉默中灭亡。"这是鲁迅的一句话，高中学习后一直把其作为人生奋斗的座右铭。

对于揭露教辅书这件事，说高尚了不仅是自己多发了几篇稿件、多挣了几块钱，而是真正地为了大多数人好、为国家好。

当年 10 月，我再次刊发相关系列报道，对规范教辅书市场穷追不舍。

也算是为了新闻理想吧！

全市中小学生每年购买教辅材料总码洋 2.4 亿元
名校名师"主编"一人同时挂名 203 种教辅书
名校名师"挂帅"教辅书猫腻多

北京市 118 万中小学生每年购买的教辅材料总码洋数达 2.4 亿元，这一巨大市场的现状却是：教辅书以名人、名师为招徕，内容重复现象普遍，一个特级教师的名字和照片重复出现在多种教辅书中，一个主编竟然同时挂名 203 种教辅书。

■学生奉命买教辅

昨晚，在中关村图书大厦的中小学教学辅导（以下简称教辅）书销售区，海淀区上地某中学的一名初三女生来买一本当代世界出版社出版的《中学英语专项练习》，当她得知早已卖完时显得很着急。她告诉记者，学校的英语老师让所有同学买这本书，"数学老师也让买这套书的'数学专项'，我买晚了，现在哪儿也买不到了，上课老师用这本书时只能跟同学凑着看。"据店员介绍，开学以来这套书就卖得飞快，很多中学生是拿着老师开的书单来买的。

在中关村图书大厦的中小学教辅书销售区，一位高一学生的家长一口气买了 18 本，他说："这些书都是重点中学的特级教师编的，都有一个看起来很唬人的审定机构，都是必读、金榜什么的。"

记者看到，教辅书上有北京重点中学、特级教师冠名的占到一半以上。例如当代世界出版社"三新丛书"的封面上注明："人大附中、北大附中、清华附中、北京一中、北京四中、北京八中等联合编写"。仅在中关村图书大厦的高中教辅书销售区，记者就在不同出版社出版的两套、数百种教辅书上看到了北京某中学同一位特级教师的名字。

■教辅市场大得惊人

北京教育科学研究院近日出炉的《北京市中小学校及市场教学辅助材料使用情况调查报告》显示，北京市 118 万中小学生每年实际购买教辅材料 2360 万册，总码洋 2.4 亿元。《报告》同时显示：以名人、名师为诱饵的教辅，大量五花八门的书名，其内容却大都以题海为主题，重复现象普遍。仅占教辅主编总人数 2.39% 的少数主编，却包揽了市场上 40.62% 教辅。个别主编同时挂名的教辅竟达到 203 种、199 种之多，大大超过了个人编写教辅的极限。

■"审定"部门名头响亮

除了重点中学、特级教师的名字，教辅书的封面上还经常出现一些看起来很权威的"审定"或"主编"机构。例如很多套教辅书的封面上都注明："全国中考命题研究组编""全国学习科学研究会考试研究中心审"。

记者先查找"全国学习科学研究会考试研究中心"，几经周折后发现这是中国高等教育学会下属的 52 个分会之一。于是打电话到中国高等教育学会询问分会的电话，接电话的工作人员问明记者意图后说："他们（全国学习科学研究分会）哪有什么考试研究中心啊？"然后表示不知道分会的电话，并挂断电话。记者随后查找"全国中考命题研究组"，同样一无所获，最后在"天利考试信息网"上发现了一则"全国中高考命题研究组招聘研究人员"的公告，显示这个"全国中考命题研究组"是天利考试信息网的机构。据了解，中考是由各省、市、自治区自行命题的，因此不会存在中考命题研究的国家级机构。

"我从正式编书到最终交稿，前后总共也就用了 10 个小时。"

"只要是我编写的书，我从来不推荐给我的学生使用。"

■内行解密■

名师名校教辅书的"打造"流程

"教辅用书最为关键的不是内容，而是封面设计。"曾经在河北固安当过中学语文老师，目前在北京一家出版社负责教辅编写的王先生透露说，"如果封面不印上最新版、名师指导、名校名家等字眼，根本就不会有家长和学生瞧上你的书。所以只要抓住他们的消费心理，保证你会只赚不赔。"

■出版公司："教辅用书最为关键的不是内容，而是封面设计。"

王先生介绍了私人教辅出版公司"打造名教辅书"的整个流程。

私人教辅出版公司的稿源一般有三种途径：一是从许多教育资源网上免费下载教案、试卷、试题，然后把它们打乱顺序改一下版式就 OK 了；二是从市场上以一折或二折买来别人出版的各个学科的教辅丛书，然后剪贴下来自己需要的，再将几本教辅书重新组合；三是有自己固定的作者。

王先生特别指出，别看教辅书在宣传上用的都是全国知名中学的名，但实质上编辑却都是没有"名"的，比较像样的教辅出版公司招聘编辑的对象还是刚毕业的师范类本科大学生。但差一些的公司干脆就招一些大专毕业的学生，只要他们略通中小学各个学科的基础知识即可。

■书商说："特级教师是稀缺资源，抓住一个就不能放。"

本市的特级教师绝大多数在50岁上下。他们都承担着繁重的教学、教研任务，工作繁忙程度非一般人可比。在如此工作强度下，还主编多套、动辄上百本教辅出版物，似乎不可想象。就职于某图书策划公司、编辑过大量教辅出版物的张先生向记者透露了一些"圈内规则"。

张先生告诉记者，除了少数正规的教育类出版社能够坚持独自编辑教辅书的内容，多数教辅书是由图书策划公司、以教育考试为盈利点的民营公司策划、约稿并编写成书，然后向出版社购买书号出版。

"关键是约稿这个环节，"张先生说，"只有权威机构、特级教师才有卖点，但真正的教育考试权威机构通常不能涉足教辅市场，特级教师全北京市也没有几个，是稀缺资源，通常特级教师有很多收入来源，有些人并不缺编书这一笔收入，不是每个人都愿意干，所以我们抓住一个就不能放。"

张先生表示，多数与图书策划公司签约的特级教师能够尽职编写。"有些特级教师善于整理、积累，20多年的教学资料积累起来，是非常可观的资源，他们编一套东西很容易。"但张先生也承认，个别老师虽然签了"不重复投稿"的合同，但变相违约，比如把给甲公司编的"化学易错题库"改一改，就变成给乙公司的"化学攻坚"，"这对他们来说太容易了。"另一种非常个别，也的确存在的现象是："有些特级教师只卖名字，我们找人编好的书稿，他连看都不看，就冠名收钱，我们也不知道他收了几家的钱。"

据张先生透露，向特级教师约稿，正规的稿酬通常是千字30至80元，视对方知名度而定；而那些只卖名字不动笔的，行情从数千元到数万元不等。

■名师说：“只要是我编写的书，我从来不推荐给我的学生使用。”

张老师是某所中学的数学教研组组长。从前年开始在一个书商朋友的力邀下编写教辅书。“尽管有些书是我编写的，但却从来没用过我们学校的名称，出版社说我们学校知名度不高。每次书编完之后出版社都会在封面上写上诸如北京四中、人大附中等知名学校。”

今年上半年张老师带毕业班，因此平时课特别多。但那位朋友又找他编写一本初三用的数学单元册，稿费为3万元。“按规定要求在今年9月之前完稿，但我实在是太忙了，编书的事情一拖再拖。因交稿时间临近，我就把以前给学生用过的试卷、练习题进行整理，同时上网找了一些现成的题目，拼凑了一下应付了事。”张老师承认，“从正式认真编书到最终交稿，前后总计也就用了10个小时。”

“只要是我编写的书，我从来不推荐给我的学生使用。”张老师还告诉记者，许多教辅书可能也是这样速成的。

我穷追不舍，求证教辅市场的现状。

名校们到底有没有以学校的名义组织特级教师编写出版教学辅助书籍？“没有！至少近几年来没有！”名校校长们肯定地说，“学校也不允许老师打着学校的名义编写出版教辅书。”北京四中、北京八中、北京一零一中学等知名中学校长都这样明确表示。

“那些已经退休或调离四中的教师，他们的人事关系已经不在四中，因此他们都不能打着四中的名义。”时任北京四中校长刘长铭告诉记者，“凡未经学校批准，在校外以四中老师身份招揽生源或者做广告宣传，都是对四中名誉的侵犯，四中将追究有关人员的法律责任。”

时任北京八中校长台峰表示，学校鼓励老师出专著，但绝对禁止老师为了应试、为了追求商业利益而以学校名义编写出版教辅书。台校长指出，市场上出现北京八中某某特级教师等出版的教辅书是有可能的，“这些屈指可数的特级教师可能是应所在学会邀请"。

对于市场上泛滥成灾的名校名师教辅书给名校带来的负面效应也让名校的校长们苦恼不已。

为了维护自己的名誉，北京四中两年前就将学校的校名和校徽进行商标注册，目前已经生效。北京八中等本市一些知名中学也正在考虑评估学校名称的价值，并以注册商标等形式来维护几十年甚至上百年才积淀形成的名校品牌效应。"学校的声誉除了每个老师来维护外，还有必要通过法律途径加以保护。"

第二节　新闻评论，用观点评议事实

"有态度的新闻"。这是某年网易打出的宣传语。

网上查阅了一下这句话的来源，其中有一个网友自称是"被邀请来回答这问题"。他发帖说："事实上有态度作为概念，至今都具有抽象、不容易简要描述的特点。仅凭个人在公司内部所闻所知，作如下答复。"

（1）有态度这个概念的提出者是刚接任网站部总编辑在副总编辑任上提出并获得公司高层认可的。用总编辑的原话来说就是："首次以新闻理念来诠释和定义我们的门户新闻业务，提出做'有态度的门户'，只是对网易长期以来坚持'有态度'新闻理念的更清晰总结。网易的新闻业务在践行新闻专业主义的道路上，一直走得很坚定。"

（2）我需要指正提问者的一个地方是：有态度的不仅仅是新闻，也包含财经、体育、娱乐等非时政性内容。但相对最能引起公众注意并参与议程设置的综合类新闻，其他三类资讯在有态度上的体现上确实不太能引人注目。这是事实，却不容割裂对待之。

（3）针对网易的有态度战略有过这样的点评：现在，这种姿态进一步发展成"有态度的门户"，这等于宣布与新浪开创的新闻超市模式彻底诀别，让网络新闻从量的追求，转向对社会情感脉络的把握和介入。实话实说，这个判断是不正确的。新浪开创的模式与其说是一个新闻超市，不如说是开拓一种非新华社等党媒宣传机构的通讯社道路，只不过他的载体以网络为主。作为后来者，网易、搜狐、腾讯都脱离不了这种模式。有态度的诞生只是在新浪模式外，改良已发现的弊端，走属于网易自己的、可被人识别的模式。但其本质不具有颠覆前者的意思。

（4）有态度从宏观上说可以扯到市场定位、争取话语权、传播价值观等许多方面，但对一个编辑或网友而言，有态度更多的细节表征则是：致力于满足公众知情权；监督并限制公权力；相信民主、法治、小政府大市场、自由经济等几大类。

多年的新闻实践要求媒体从业人员明确，"新闻是客观报道"。但是，事实上，新闻是客观报道仅存于理论研究，仅为了表明自己"中立立场"，因为新闻报道只要有人参与，就会带有态度，这种态度是天生的、永远割裂不了的。

随着新媒体的兴起，纸媒、广播电视等传统媒体同质化现象越来越严重。怎样才能显得与众不同？新闻评论成为传统媒体最早开展差异化竞争的新阵地。

这里的新闻评论已经不是最初媒体当天的报道只有一个社论那么单薄，而是在社论基础上开辟评论版面、各个版面开设评论专栏，比如《北京青年报》就开设了评论专版，专版上既有社论，也有其他评论文章，同时不少部门还开了评论栏目，包括青年论坛、文艺时评、体育时评、副刊时评等。我所在部门开设的青年时评文章，即对当时的教育现象表达了态度，现在看来当时的评论观点还是相当犀利的，不少文章还获得新闻奖。

评论实际上就是对新闻直接表达态度。

我最早写的评论文章是《与其百万聘院士　不如十万奖教师》。当时做值班编辑，我觉得当天的新闻稿件无论是从数量上还是分量上都显得不足，对于这种情况我想通过评论内容提高整个版面的稿件质量，于是在阅览当天各种新闻时看到了这个新闻事件，我对此很有些话想说。

我国高等教育虽然取得了很大的发展，但与国外相比还有一定的差距，各高校都在激烈地竞争，一个主要方面就是生源，吸引生源的主要因素是教学水平的提高。

但不知是领导理解的偏差还是在制造轰动效应，有一段时间各个学校都开始引进人才，中小学也纷纷效仿，有的是请大学的博导给他们上课，请重点大学的教授来做兼职的校长等。

我对此有自己的看法。

有句话说：没有不好的学生，只有不好的教师。

老师无意间一句鼓励或赞扬的话，可能改变学生的命运。

我们不能否认院士的作用，他在某一领域具有很深的造诣，但教育事业的发展是需要一个团体，其基础是我们每一位教师。

之前，我就此现象问过一些教师，得到的答案是没有积极作用，反而有一些负面影响。他们说学校把一切都给了院士们，我可能也很优秀但却发挥不了作用，所以教师的流失率非常高。

我想表达，教育要想发展和提高必须依靠这些教师，而这些教师的需求是很小的，给一个院士一百万可能不算什么，但给一个教师十万就可能激发他极大的热情，他可能还会影响其他人。

选择这样一个切入点的出发点是"贴近群众，贴近生活，贴近实际"。贴近实际就是教师需要鼓励；贴近生活是教师的现状、教学水平的提高必须依靠这些更多的非院士的教师来支撑；贴近群众就是我们教师有这种呼声和需求。

与其百万聘院士　不如十万奖教师

据《扬州晚报》报道，徐州师范学院为了提高办学水平，近日推出高薪诚聘院士等各类人才举措。其中给院士开出的价码是：一套面积不少于200平方米的别墅，一次性安家费50万元，配工作车和生活保姆，科研经费、科研条件可满足需要；年津贴20万等诸多条件。

　　引进一两名院士就能提高学校的办学水平吗？这令笔者怀疑。作为一所普通的师范院校，其培养的主要目标就是给社会培养各个学科的任课教师，这是需要该学院所有的老师来完成的。院士确实在某一学科领域造诣很深，但是他不可能在所有的学科上都有所成就。指望一两名院士来提高大学的教学水平，是一种不切实际的做法。

　　这种现象绝对不是徐州师范学院仅有的。最近一段时间，引进人才似乎成了各级各类学校一个制胜的法宝。你引进国产的院士，我引进进口的教授；中学引进名牌大学的教授，小学引进博导。似乎只有引进外面的人才，办学质量才能得到提高。

　　粗略算来，引进一名院士大约耗资百万，还不包括以后的长期投入。对于徐州师范学院这样一所普通高等学校来说绝对是一笔不小的开支，能不能兑现还值得怀疑。那么，徐州师范学院这样做的目的是什么？会不会是像法派服装那样以请克林顿做形象代表来制造轰动效应，提高自己的知名度？

　　如果学校真肯拿出巨额资金来提高教学水平，就应当更多地给现有的教师提供工作上生活上的各种便利，激发大家的工作积极性。100 万对于一名院士可能算不上什么巨大的诱惑力，但如果拿这 100 万来奖励 10 个本校教师，每人虽然只有 10 万元，却可以激发 10 个人甚至更多人的工作热情，这样一来，100 万元所发挥的作用岂不是比请一名院士要大得多。说不定有人会因此获得全国甚至全球的大奖，这样一来，学校可真是要名利双收了。

2003 年，教育部首次进行优秀教育新闻暨论文评选，评论一等奖只有三篇，除了《与其百万聘院士　不如十万奖教师》外，另外两篇分别为《中国教育报》的《铸起坚不可摧的青春长城——在抗击"非典"斗争中大力弘扬和培育民族精神》、《中国高等教育》的《端正学术风气　警惕学术失范》。教育部专门举行了获奖作品研讨会，我做了大会发言《从〈与其百万聘院士　不如十万奖教师〉谈评论的敏锐性及角度切入》。

中国教育报刊社总编辑赵书生就此作了点评：

新闻评论是新闻媒体的旗帜，代表报纸、电视台、广播电台等媒体对一些事件的看法。邓兴军的作品《与其百万聘院士　不如十万奖教师》就是一篇比较好的评论。为什么这么说？因为他真正地做了一些深入的思考，有感而发，能够很好地教育人、引导人。

他的文章有三个特点，一是鲜明，二是求是，三是普遍。所谓"鲜明"就是高举旗帜、观点鲜明。新闻评论的生命力就在于它的战斗性，鲜明的立场、观点是所有评论的生命力所在。这篇文章的题目非常明确："与其百万聘院士　不如十万奖教师"。徐州师范学院是作者评论的新闻由头。往往有作者为回避矛盾，只笼统地提"某校"等，特别是有批评之意时往往如此，而本文作者并没有回避，这不仅是一个有没有理论上的勇气的问题，而且是个世界观的问题。二是"求是"。"求是"不仅是一个思想方法问题，也是做评论时进行辩驳的一个方式或者方法。写评论关键要让读者接受你的观点，而最有力的武器就是实事求是，从实际出发来阐述你的观点。这篇文章第三段对当前各种现象的论述，第五段对由"聘院士"到"奖教师"可能引发的一些良好的后果，都作了一些推测，这里有作者的观点，也有他的具体阐述，是比较有说服力的。三是"普遍"。评论所要论述的观点要有代表性，有很强烈的针对性，这样才能引起广泛的影响，达到作者或者新闻媒体本身需要达到的目的。这篇文章在这点上选择的观点和阐述的论点都有比较强的普遍性。另外，这篇文章如果能从其他的方面再多做一些补充，比如说"聘院士"它本身的积极意义，再稍微说得全面一点，恐怕就更好一些。

由这篇文章我谈两点感受。一是我们的教育评论这一块儿比较弱，应当引起重视，大大加强。近几年来，从事评论写作的人比较少，队伍比较弱，水平也不是很高。事实上对教育新闻来讲，除了做消息以外，做评论是记者最基本的功夫，或者说是基本素质。二是怎么做评论。过去我们说"脚板子底下出新闻"，我认为，深邃的思想出评论。激情很重要，激情是一种创作的欲望，一个人没有激情的时候，什么好作品都写不出来。但作为评论文章的作者，其理论功底更为重要。希望大家能够多抽一点时间读一读邓小平理论，读一读"三个代表"重要思想，读一读毛主席一些早期的著作。理论著作看似很枯燥，但它是我们解决世界观、认识论、方法论问题的根本武器。一个记者如果思想不深邃，就不可能看问题高人一等。同样的新闻事实摆在你面前的时候，你看到的只能是表面，而不是本质。从评论的角度来说，这点就更重要了。很难想象一个人没有很好的理论修养能够写出一篇好的评论。当你有一个很深邃的思想，你对问题有很本质的、独到的认识，你又产生了创作的冲动和激情，想要急切地把它告诉别人，想和别人去分享一种思想的时候，这时你写的评论肯定会感动人、教育人。关于教育可以选择的评论题材是极其丰富的，大到教育方针，小到学生没有课桌凳，每天可以评论的东西很多，关键是要用正确的舆论来引导人，也包括用一些具体的正确的思想去影响人、教育人，这样我们整个教育新闻才会做得丰富多彩，才会从整体上提高引导水平。

这次研讨会对我影响很大。

原来我只是认真地做新闻，现在我开始思考写一些评论。

高考新方案应该提前三年公布

昨天（16日），《北京青年报》每日评论版刊发社评《地域性高考新方案难以消除体制"痛点"》，其中把某省刚刚通过的高考新方案称之为"螺蛳壳里做道场"：格局变化很小，实质内容不多，对现存的教育弊端难以形成正面影响，因而也很难说得上是考生的福音。笔者对此非常认同。但笔者很想补充的是，新方案的公布时间也相当重要。

高考新方案何时公布最合适？笔者认为，高考新方案的公布时间应该在学生参加高考前三年，即在学生升入高中时就要告诉他们，高考将采取哪种方案。而此时通过并公布 2008 年的高考新方案，是非常不合适的，容易引起中学教育的混乱和应考者的慌乱。

提前三年公布高考新方案有三个方面的考虑。一来利于学生和家长备考。高考决定着无数人的未来，尤其是一些贫寒子弟，更希望通过高考改变自己甚至整个家族、整个村镇的命运。没有足够的备考时间，对他们将是一种重大打击。

二来利于学校教学。如何帮助这些需要通过高考改变命运的学生应对高考选拔，是目前学校教育实施的主要目的之一，也是教师、学校体现业绩的主要途径之一。如果高考考试要求、内容、方式不及时公布，那么高中的教学必然陷入混乱当中。

三来利于整个高中课程改革的实施和推进。高考的导向无疑是促进高中推行课程改革的因素之一。如果不是高考导向追求综合素质、看重体育成绩等，那么学校的教育很可能无法体现综合素质教育，学校也不大可能注重学生的体育锻炼。既然作为一种实验，就应当是一个完整的、全程的实验，因此必须在学生一上高中就开始实行，否则新的实验结果也不会有参考价值，因为教育改革见成效是需要周期的，而且这个周期还不能是一个月或一个学期这样的短周期。

笔者认为，一个高考新方案，如果已经决定要推出，就应该及时、尽早地通报考生、家长以及老师们。尽管改革会有不完善的地方，也会引起社会的广泛争议，但只要改革的方向对了，就应该在争议中逐年完善。

从今年秋季新学期开始，北京也将实行高中新课改，同样让北京的考生、家长和老师觉得不解的是，到目前为止影响他们命运的2010 年北京高考方案还没有公布。笔者就在北京的一些中学听到了这样的声音："千万别在 2009 年才告诉我们 3+X 改成了其他！我们不想当一个仓促改革的实验品！"
2013 年，《中国德育》邀请我根据提供的素材写教育评论，连续刊发了

《名校"公有民办"破坏了教育公平》《多给些奖学金又何妨》《"减负令"不仅仅是减负》《"行为世范"方能杜绝"到此一游"》《"说心里话"本不该有顾虑》等，都引起了强烈共鸣，尤其是《"说心里话"本不该有顾虑》《多给些奖学金又何妨》反应最强烈。

"说心里话"本不该有顾虑

"今天我想说说心里话"，这是今年上海市中考作文题。

这是一道很好的题目，它好就好在让考生"我手写我心"，写出真情实感。即使有的考生文字表达能力不够高超，但是只要他描述的是真实的场景，抒发的是真挚的情感，我们都应该为其鼓掌。因为，我们的教育是要培养真人，而不是虚伪的学生。

出题者的本意是要通过"指挥棒"对学生健康成长进行引领，但在电视台摄像机镜头里，一个小姑娘语惊四座："因为是中考，大家都不敢写心里话。真正写心里话的人，他肯定考不好。"

"真正写心里话的人，他肯定考不好。"这话耐人寻味。

如果在作文中真诚地表达"感恩""赞美"之类的"心里话"，学生是无需顾虑"考不好"的。这里，学生说的"心里话"，应该是指"憎恨""批判"一类。那么，表达"憎恨""批判"之类文章是否真的会影响学生考试成绩呢？

按理来说，只要学生写出了心里话，语言运用、文章结构等合理，阅卷老师就应该给考生高分。但是现实中有时却不是这样。我们有的老师宁可孩子虚假地歌功颂德，也不愿意孩子真实地抱怨倾诉。上海作家叶开的女儿曾经在作文中爱说"心里话"，结果几乎每次老师的批语都是："再多用些好词好句。"

这样，久而久之，学生往往会成为"双面人"，说一套做一套，学校里一套学校外一套。叶开的女儿就说："我感觉一半在学校里，一半在家里，在中间被切了两半。"这是我们要培养的人吗？

这样，久而久之，师生距离还会拉大。一项针对北京 10 所中小学进行的调查显示，三分之一的学生对自己的烦恼守口如瓶，在倾诉对象选择上，老师是青少年最不能讲真话的"朋友"。学生这样解释："说了惹他们生气，说的不对受他们批评，说了没用不如不说。"这是我们追求的教育吗？

教育拒绝虚伪！

要让学生说真话写真话，与老师做真朋友，首先需要我们的老师做个真人，说真话，做真事。在评判学生的作文时，哪怕是批判性文章，只要文理可观，也应该对学生进行肯定。其次，需要我们的老师平时多关心学生，鼓励学生说真话，哪怕真话多么刺耳。

我希望，如果下一次再出"今天我想说说心里话"作文题，每个学生都能没有顾虑，畅所欲言。其实，这是能够做到的。在日常教学和管理中，只要我们怀有一颗真心，学生就会"真"起来。

多给些奖学金又何妨

据国内多家媒体报道，今年高考志愿填报咨询阶段，北京大学招生办公室明确拒绝了少数企图向北大索要巨额奖学金的高考状元。

北大拒绝高考状元迅即成为舆论讨论焦点，有赞同的，也有反对的。其实，最令人关注的问题是：北大缘何拒绝给予状元高额奖学金？

近年来，名高校争夺优秀生源呈现白热化态势。为了在生源大战中占得先机，很多高校给予高考状元一些"诱惑"。但是，这次北大没有。北大给出的理由是：要超越目前国内高校盲目争夺高分生源的恶性竞争，新生奖学金将发给真正有需求、家庭有困难、无法负担大学学费和生活费的优秀生。

此答复颇能赢得人心，展示北大的博大胸怀。但近年来国内高中优秀毕业生竞相投奔国外高校上学，优秀高中生流失海外现象颇为严重。北大等高校是否应该重新审视奖学金问题呢？

奖学金制度是现代大学制度的重要内容。从世界范围来看，通过高额奖学金来吸引优秀生源是知名高校比较普遍的做法。北京多名高考状元都跟笔者表示，同时申请国外多所院校，同时收到多所大学的录取通知书，最终选择去哪所学校，除了看学校名气、专业前景外，也要对学校提供的奖学金进行比较。奖学金体现的是学校对自己价值的认可。

多种类、多层次的奖学金已成为大学核心竞争力之一。香港大学、香港中文大学等港校，近年来一直以高达四五十万元的全额奖学金，吸引着高中优秀毕业生。

反观北大，新生全额奖学金为 50000 元，新生半额奖学金为 25000 元。"我们鼓励具备下列条件之一的新生申请新生奖学金：（一）家庭经济困难，无法负担学生本科四年学习、生活等费用；（二）在国家级、世界级各类别比赛中，取得优异成绩，或在某方面有突出特长，取得良好社会声誉；（三）高中阶段成绩优异，综合素质全面。"

北大新生奖学金很大一部分发给家庭经济困难的学生，体现了大学奖学金制度的另一个内在要求——促进教育公平。尽管有人说在这一点上北大是与国际接轨的，但笔者认为奖学金与助学金不同。奖学金是为了奖励优秀的学生，不应该承担"促进教育公平"的重任，那是助学金的事儿。

如此看来，北大的理由是牵强的。如果这个学生是人才，是未来的袁隆平、钱学森，只要学校有这个财力，高额奖学金为啥就不能给呢？

新媒体尤其是博客、微博兴起后，记者发表评论就更便捷了。与在报纸杂志上刊发的评论不同，博客、微博的评论更简洁、更直接，毕竟博客、微博在某种意义上只代表自己，而不代表自己供职的单位或媒体。

个人非常喜欢微博式评论。

有一阶段，每天早上起床第一件事，就是速览昨天新闻，发表个人观点，评论的新闻内容也不局限于个人从事的教育领域。

2015年11月4日，我看到了这样一条社会新闻：《流浪狗咬死宠物狗　常喂它的人负全责》，新闻中写道：今年6月，浙江奉化一只流浪狗咬死了一只宠物狗，宠物狗主人林师傅将经常喂流浪狗的水泥厂毛老板告上法庭。昨日，奉化法院判决此案，毛老板被判全责。律师称，长年喂养流浪狗，就形成了饲养关系，要为它担责。我对此发表微博评论表达态度：

> 法院的依据实在可笑。长期帮一个贫困家庭的孩子，这个孩子出事了就得帮助他的人担责？法官都是纳税人养活的，他出事了，全国人民都得担责？

2016年1月28日，多个媒体发了这样一条新闻：《谈"全面二孩"：应当努力打消"大宝"的顾虑》：

> "你想要一个弟弟或妹妹吗？""不！"很多"大宝"张口便"一票否决"。对此，以死相拼恐吓家长者有之，逼迫母亲打胎者有之，联手小伙伴组建"反弟妹联盟"者有之……

添丁入口，本来是件好事情，却弄得一些家庭有苦难言。我发表了这样的微博评论：

> 生二胎根本不需要征求大宝的意见。只要我们都善待孩子就可以了。只要我们斟酌家庭实际情况就可以。生二胎征求大宝意见，是畸形的民主。是否生育二胎是父母的权利，接纳和保护好弟妹也是大宝应尽的职责。

尽管如此，我对教育新闻写的微博评论最多。

2016年2月1日，看到了"小学校长跳槽到大学当教授"的新闻，由于微博有140字限制，我为充分表达个人观点，无间隔发了两条微博评论。

> 对于这样的选择，其实不必评判，也不必惊诧。小学校长当大学教授，研究的应依然是小学教育，把管理转向专业研究，很正常的选择。这就跟大学教授当小学校长，也不必惊诧一样，把理论研究转向教育实践。动不动就惊诧不已，才是真的令人惊诧了。

> 小学校长跳槽当大学教授，在我看来既可能满足了其本人的选择，同时也给其他有为之士从事校长的机遇。都值得称赞。当一些

人做到一定程度的时候，如果没有再突破的可能，不妨换个行当去做做，也给想有为能突破的后来者以机遇，这是最佳的选择。

由于长期从事教育新闻报道，做了很多有社会影响的教育新闻报道，无论是博客还是微博，我的粉丝都很多，因此，每一条评论都会引来很多粉丝的关注和跟帖。从2012年3月起，我从《北京青年报》调任《现代教育报》做副总编辑，原则上已经不再从事一线新闻报道了，但通过写评论来关注教育的习惯却保留了下来。其间，《中国德育》杂志为我开设了评论专栏，我也在微博上每日撰写教育评论。印象最为深刻是下面这条。2014年6月底，社会最关注的莫过于高考录取分数和高招录取。就当时高招录取政策，7月1日，我在新浪微博上写了这样一条：

高招录取三方面有待改进：

（1）加分项目。加分项目成为目前高招不平等重灾区，建议取消全部加分项目。学有所长的考生，有的可以通过科目优秀达到总成绩高分，还有的可以通过高校自主招生获得加分或优惠，没有必要再单设加分项目。

（2）本科分批次划分数线。目前，各省高招本科录取分数线基本上分为三个批次，即本科一批、二批、三批，这对高校不公也对考生不公。官方人为地讲高校分为三六九等是对高校的不公，分为三批给考生设报考门槛是对考生的不公。建议只划本科线，凡是线上考生根据报考志愿从高分到低分依次录取。

（3）第二志愿设门槛。目前，很多高校要么声明不接受第二志愿生，要么对第二志愿生录取设置很多高门槛，比如必须高于本校多少分、高于一批本科多少分、不能随便调剂志愿等。这属于高招录取霸王条款，应该取消。

一般情况下，我发了博客只会关注一下跟帖评论，有些需要回复的我都认真回复一下，从不在乎阅读率高低。因为，我只想表达个人对此事件的看法和建议，有多少人阅读并不是我发博客的主要关注点。让我感到异常惊讶的是，没过几天这条博客的阅读量超过了100万。

2015 年 11 月底，我跟一位教育专家聊，谈到当前高招改革趋向，他向我透露了一些改革动态。其中这条微博中提到的三条建议，第一条基本落实；第二条即将落实；第三条已经落实。

时至 2021 年，我在这条博客中提到"高招录取三方面有待改进"的建议，全部被政府部门采纳，取消了单独的加分项目，高招录取分数线虽然没有变成只有一个本科线，但也将原来的本科三个批次分数线减少到两个，名称上也不再叫本科一批分数线，而是叫自主招生分数线或民间称之为重点分数线，志愿填报改成了平行志愿，高招录取实现了按分从高到低录取。

这就是评论的力量，有时候比新闻报道影响更大更直接。

第三节　记者手记，侵入式参与新闻

手记，《现代汉语词典》释义为"亲手写下的记录"。

记者手记则依此可以释义为记者亲手写下的记录。

如果这么理解记者手记，很显然是有问题的，因为所有记者署名的新闻作品都是记者亲手写下的记录。从新闻作品来讲，记者手记都是作为新闻主体陪同出现，更多应该是记者对新闻时间的评议。

相较于新闻作品以第三人称客观报道的写作不同，记者手记应该是以第一人称表达个人观点的写作。如果把新闻主体比喻为一名冲锋陷阵的勇士，那么记者手记就是勇士手中锋利的匕首。

看到不少文章把记者手记解释为记者札记，作为记者第一人称写作新闻的形式，我认为这样的记者手记或札记不能称之为记者手记。如果记者手记仅仅被片面地认为是记者对新闻时间的记录，那么这种记录完全可以融入到新闻主体中，这种写作的方式是新闻报道中常见的夹叙夹议方式。

为什么要在新闻主体中再单独成段出现记者手记，我想应该有三个方面的原因：一是夹叙夹议表达态度的方式太含蓄，不符合新闻报道追求直白易懂的传播意图。我们写每一篇新闻报道，尽可能地要让绝大多数读者看懂，在教育很不普及的年代甚至目前基础教育已经普及的时代，浅显易懂也是新闻写作的最基本要求之一。二是被采访对象中没有合适的观点能准确代替记者表达出对新闻事件态度的引导方向，有的事件根本不适合找第三者发表观点。三是记者就想直接参与新闻报道，表达自己对新闻事件的观点态度。

记者手记的写作方式极大地突破了新闻报道冷冰冰的感觉，可以写得很有诗意，可以写得锋芒毕露，可以写得中肯妥切。

记者手记不同于新闻正文以第三人称写作，而是采用第一人称写成，或细致入微的描写，或辛辣犀利的剖析，或朴素实用的建议等，非常有利于调节文风，激发读者阅读兴趣，赢得读者最大共鸣，什么情况下采取哪种风格，要视新闻报道的主题内容而定。

■散文一样的写法，表达强烈的感情

2005 年初春，编辑部收到一封读者来信，落款是"一个几乎绝望的母亲"。她在信中这样写道：

编辑同志，您好！

本不想将此信发给您，因为学校校长每次在家长会上都会警告家长们不要去告状、不要给老师惹麻烦等，但看着孩子每天写作业到很晚，看着孩子日益憔悴的小脸，听着孩子每天对我说着"妈妈，我又累又困""这是我们早自习做的卷子""我们今天中午吃完饭就写作业，又没让出教室""老师又让星期日上辅导班了"，我的心都快碎了……但我能怎样？能告诉孩子咱不上学了？只能告诉孩子"学海无涯苦作舟""吃得苦中苦，方为国家有用人"……

我强忍着眼泪给您写这封信，孩子们太苦了（我并不是一个娇惯孩子的母亲，我的孩子在学校非常优秀）。如果您有时间可以周六 11 点到中古小学操场去看一看家长接孩子的壮观场面，听听家长们每天在一起讲得最多的就是孩子们的辛苦和不易以及家长的无奈。中国的教育何去何从？难道就眼看着那一个个年轻、甚至幼小的生命在学业的重压下倒下去？请您救救他们吧！

作为报社常年负责基础教育报道的记者，这样的读者来信自然就转到我

手中。中午 11 点 30 分左右，我和摄影记者来到信中提到的学校进行了暗访。路边台阶上坐着十多位看报纸、杂志的家长，他们告诉我都是来接到该校"学习"的孩子。

走进学校电动伸缩门，一位身穿黑白方格无袖上衣、蓝绿色毛衣的女士，正高声地与另外两名教师模样的女士讨论着如何阻止北青报记者拍照的经历。后经我核实，这名是学校传达室的工作人员。家长们介绍，孩子已经在 11 点散了一拨。

11 点 50 分，学校门口的家长骤然增多。大概因为孩子都在同一所学校，家长们见面也不显得陌生。他们一聊起来全都与孩子有关，昨天聊得最多的话题是奥数班停办的事。

"听说海淀已经向学校下发了停止上奥数班的通知，八中的奥数班今天也停了。不知道这个学校和黄城根小学的奥数班停不停。"橙衣家长对黑衣家长说。

"我也听说了，不知今年孩子怎么上初中呢？"黑衣家长有点困惑地回应。

"我一个朋友的孩子，为了上好学校报了三个奥数班。"橙衣家长接着说。

12 点整，家长们突然呼啦啦挤进了校园。这时一位女老师带着一群孩子从教学楼里走了出来。孩子们规矩地排着队，逐渐被各自的家长包围在中间。当着家长们的面，女老师认真地点评了孩子们的上课情况，并布置了要背诵三首古诗的家庭作业。

一位穿黑色上衣的女家长也正等着自己的孩子。"孩子今年上三年级，报了三个班，奥数、作文和剑桥英语。"这位女士说，"今天上午从 8 点到 12 点上奥数和作文，明天上午上剑桥英语。"

我装作无知地说："那孩子今天下午和明天就可以玩了。"

这位家长突然严肃地说："哪有玩的时间！下午还要完成上午老师布置的作业。如果周五晚上完不成学校老师布置的作业，星期六和星期日孩子则更累，哪有玩的时间。"

"所有的孩子都这么苦！每天写作业都得写到晚上 10 点，看着孩子累得打着哈欠、流着泪还强撑着写作业，爷爷奶奶直抱怨，再这样下去，孩子连命都没了还上什么学。"另一位家长突然插了话，"我看着心疼也得让孩子写，人家都这样，咱不这样行吗？"

当我就有没有玩的时间询问一个胖男孩时，这个男孩先是看了我一眼，随后愤愤地说："学校就像监狱，我们就是一群小囚犯。"过了一会儿，男孩觉得自己有点不礼貌，突然认真地对我悄声说："我特别想玩，你是大人，能不能帮我出个主意，既能瞒过大人又不挨老师批评？"

我无语。

孩子走了。

12点5分，这一拨超过100名的小学生全部离开学校。他们许多人背着书包，吃完午饭后有的要奔赴另一地接着上奥数、英语或者美术、书法等；有的则要伏案完成今天的作业和周五学校老师布置的作业。春天的阳光，似乎跟他们没有太大关系。

市教委曾经三令五申地禁止学校办补习班，中古友谊小学怎敢顶风作案？家长们告诉我，这个班不是学校办的，是一个民办教育机构租学校的校舍办的。家长们的说法得到学校传达室一位老师的证实，确实周六周日的补课班不是学校组织的。

既然孩子这么累，家长们为何还要逼着孩子周六周日补奥数、补英语呢？一位家长道出心声："上好的学校都看这个，要是上重点高中的初中实验班，还能免好几万赞助费呢！"

前年市教委曾明令禁止奥数、华数与升学挂钩，为什么社会上各学校还如此大规模地举办奥数班呢？一位家长告诉我，重点高中的初中实验班或者好一点的初中，都把奥数成绩作为入学的重要参考。另外，英语实验班则要看剑桥英语过了几级。政府部门不能光发文件，还要严查严办杜绝才行，否则苦的还是孩子，禁令也只是一纸空文。

在调查中还有这样一个例子，一个小学生一周要上14个单元的业余课。北京市中小学生心理咨询中心主任温方尖锐地指出，让孩子每天学习连轴转，对家长来说这是挖潜，但从孩子成长的角度来说，这是一种摧残，现在有不少孩子患了强迫症、抑郁症、两面人格症等心理疾病。

温方主任指出，孩子学习最需要的是兴趣，作为老师和家长应该把孩子的兴奋点引到学习上，让他们爱学、进而会学。如果只是一味地加大学习量和学习时间，孩子将来肯定对学习产生厌倦情绪。即便有能力，由于情绪上的逆反，也会拒绝学习。

专家们指出，对正在成长期的孩子们来说，玩也是一种学习，也能进行诸如人际交往技能、处理问题能力等多种能力的培养，"玩被剥夺了，就等于学习也被剥夺了"。

做完这些采访，心中久久不能释怀。回到办公室，我想着怎样写这篇报道。

先从标题上，确定主题《小学生周末上班忙》，这个上班寓意双关。大人们为了幸福生活，工作日"上班"忙；学生们为了好成绩或获得所谓的竞赛证书，周末忙着上各种辅导班。肩题用对比说明乱象，"市教委禁止学校办补习班　民办教育机构主办的补习班遍地开花"。副题用"专家指出让孩子每天学习连轴转，对家长来说是挖潜　对孩子成长是种摧残"。

从新闻报道的结构上，确定了原文引用"读者来信"，主打现场暗访，辅以专家观点。摘登家长写给某小学校长的一封信。

尊敬的校长：

您好！

我是咱们小学的一名学生家长，怀着一种极为复杂且矛盾的心情来给您写这封信。以下是对咱们学校一些方面的简单看法。

学生中午休息的问题。每天学生从早晨 7：50 前到校（甚至更早）至下午 5：00 放学，课间不允许学生出楼，午餐后还要写老师留的作业，到户外活动时间甚少，经常不让出去。真可谓难见天日！

学生成了老师之间相互竞争的牺牲品。低年级学生，据我所知，家庭作业不应过多，而一年级应无家庭作业。可贵校的一年级学生作业都要写到晚上 9 点多钟，而有的低年级学生因前一天作业写到

11点多，第二天上课瞌睡，老师竟然打电话讯问家长。作业繁重，已使学生们过早地戴上了小眼镜。老师一味地追求高分数，各班成绩的攀比，最终导致加重学生的作业来达到目的，使孩子们不堪重负，小小的年纪，竟然说出了"学校像监狱，谁也跑不了"的心声。

　　科技班、作文班，等等，周六、周日都被学校安排了诸如此类的学习，更可笑的是教学生的竟还是自己学校的老师，只是换了个学校而已，难道这些知识只有另付费，老师才肯教给学生不成？是否咱们小学特殊，学生必须一周上七天课不成？孩子们都已经开始恐惧过周六和周日了，因为不仅得不到休息，反而还要上课，还会有新的作业需要去完成……

　　此致

　　　敬礼

　　　　　　　　　　　　　　　　一位学生家长

　　　　　　　　　　　　　　　　2005 年 3 月 15 日

详细罗列出某小学二年级学生近日的家庭作业：

　　1. 写生字两页（由于是生字，要求按田字格书写，必须仔细对照书上例字的每一笔画及所在田字格中的位置，并书写拼音、偏旁、数笔画、组词等）。

　　2. 两张小卷子。卷子的有些内容，即使连我一个本科学历的成年人都要翻找资料，才能答得上来。

　　3. 听写字词 20 个左右。

　　4. 口算 60 道。

　　家长介绍：孩子 17：00 放学，17：30 左右到家，除去换衣服、洗手、上厕所、吃饭、喝水等时间，一刻不停地写作业到 21：30 左右，洗漱完毕 22：00 睡觉。

主体报道内容非常丰富，但还是觉得缺少点什么，总感觉这样的新闻报道与类似的新闻报道没有两样。如果因为陈旧的写作模式削弱新闻报道的影响力，这样的新闻报道也不值得大篇幅刊发。

应该写出更令人发省的内容。

当年作为一个 4 岁孩子的父亲，也作为一个对教育有想法的记者，我想应该表达出自己对此事件的感受。

我想到了记者手记这种新闻题材。

回头再阅读了一下成稿的新闻报道，对"春天的阳光，似乎跟他们没有太大关系"感触颇深。

于是，我将这句稍作修改，成了当天记者手记的标题："春天的阳光，似乎跟孩子无关"。

记者手记的第一句话，重复了一下标题"春天的阳光，似乎跟孩子无关"表达我强烈的感情。然后再直白地道出，"写下这句话时，我的心有点痛"。

然后转向白描，就像写一篇抒情散文。

> 早晨 6 点多起床，洗漱、吃早餐后，就匆匆地奔向了校园。随着气候的转暖，地上的草儿开始泛绿，阳光也更加明媚起来。但是，这些似乎与孩子无关，因为他们已经坐进了教室，开始了字词解析、公式演算等紧张的学习。
>
> 下课了，总可以到操场上去撒撒欢了吧？不行！老师怕出事，已经要求只能在楼道里走动。看着从窗户缝隙里流泻进来的阳光，孩子们觉得有点耀眼。然后就是上课上课再上课，除了可怜巴巴的几节体育课，全都在教室里或者楼道里度过。下午 5 点放学，赶回家吃饭再做作业，直到夜里 10 点多。
>
> 周六、周日放假了，该可以自由地享受煦暖的阳光了吧？可事实是这两天与工作日没区别，有时甚至为了几个英语单词、几个奥数公式更耗费时间呢，因为那玩意儿更难！
>
> 春天的脚步一天天走近我们，阳光也一天天暖和起来。可这些，似乎真的与孩子无关。孩子们说："即便我们是被关在教室里的囚犯，也应该给我们一个放风的机会呀！"

我一直是个感性的人，总觉得纯粹的新闻报道会压抑人的思想和才情，直到写完这篇记者手记，才改变了固有的思维。

新闻写作其实是可以多元化的，新闻写作可以采取任何方式。

这样的感觉在把稿件提交给编辑后就得到了正向反馈："这篇记者手记写得太好了！彻底改变了我们对你的固有印象，不再是冷冰冰的新闻报道者，还是带有温情的新闻参与人。"

稿件刊发后的反响也是异常的好。

这个好最意外的是获得了教育部好新闻一等奖。原本以为这种监督教育的新闻稿件，一般都会被教育部门评选时规避掉。但是这篇报道不仅获得了教育部好新闻一等奖，而且是唯一的舆论监督报道。我想，这篇新闻报道的内容不仅涉及千家万户引起评委共鸣，最关键的是散文诗似的记者手记写作手法独树一帜。

■商议式的口气，表达最肯定的态度

当年，在中小学生的课业负担中，奥数和公共英语等级考试曾经被认为两大罪魁祸首。在奥数受到社会各界强烈批评和教育行政部门强烈干预下，2005 年 9 月，新学期开学第一个周末，公共英语等级考试成了社会热点。

9 月 10 日上午，全国英语等级考试（简称 PETS）如期举行。在北京外国语大学考点，不少考生是由家长陪伴来参加考试的，他们中间多是稚气未脱的孩子，甚至有小学三四年级的孩子就来参加难度相当于高考英语水平的PETS–2 级考试。

资料显示，PETS 分为 5 个级别。

一级 B：是一级附属级，适合英语初学者。

一级：是初始级，其英语基本符合诸如出租车司机、宾馆行李员、门卫、交通警等工作，以及同层次其他工作在对外交往中的基本需要。

二级：是中下级，其英语水平基本满足进入高等院校继续学习的要求，同时也基本符合诸如宾馆前台服务员、一般银行职员、涉外企业一般员工以及同层次其他工作在对外交往中的基本需要。

三级：是中间级，其英语已达到高等教育自学考试非英语专业本科毕业水平或符合普通高校非英语专业本科毕业的要求，基本符合企事业单位行政秘书、经理助理、初级科技人员、外企职员的工作，以及同层次其他工作在对外交往中的基本需要。

四级：是中上级，其英语水平基本满足攻读高等院校硕士研究生非英语专业的需要，基本符合一般专业技术人员或研究人员、现代企业经理等工作对英语的基本要求。

芳草地小学五年级学生毛恒宇才 10 岁，他参加的已经是 PETS-2 级笔试了。据小恒宇的妈妈介绍，他 4 岁就开始学英语，三年级的时候参加了PETS-1 级考试，这次是第二次参加 PETS-2 级笔试了，小家伙看上去信心十足。来自农科院附小六年级的王丹萌今年 11 岁，她参加的也是 PETS-2 级笔试，据她的爸爸讲，她是从二年级开始学英语的。在北外考点现场记者发现，在大约 900 多名考生当中，绝大多数都是中小学生，而小学生的比重更大一些。

北京规模最大的专门从事儿童外语教学与研究的北京海淀儿童外语学校任行校长说，他们学校常年有中小学英语学员 2000 人左右，在 1999 年全国英语等级考试刚出台的时候，应试 PETS-1 级的基本都是中学生，到了 2001 年、2002 年，小学五六年级就成为主力，今年很多小学三四年级的学生都将参加PETS-1 级的考试，有的甚至还参加 PETS-2 级。据了解，英语等级考试吸引了至少上万名小学生。

任行校长分析认为，之所以出现这种低龄化的现象，一方面是由于小学升初中时，一些重点中学对于英语特长生免收数万元的择校费，导致家长和学生对英语学习的要求迫切；另一方面是由于全国英语等级考试的特点是对听说读写综合考查，因此准备的周期延长，学生不得不提前开始准备。

家长的解释佐证了这一观点。据王丹萌的父亲介绍，之所以要参加这项考试，主要是孩子如果想上重点中学的话，有的学校需要孩子拿到 PETS-2级才有资格参加他们的选拔考试，否则连考试的机会都没有。以前 PETS-1级就可以，现在都水涨船高要 PETS-2 级了。小丹萌是二年级开始准备的，现在是六年级了，再不通过就该小学毕业了，时间上就晚了。为此家里也花费不少，几年下来书本费、学费加上请家教的费用，已经投入一万多元了。

我们就此做了调查。虽然北京市教委三令五申禁止奥数与升学挂钩，但却总有人顶风作案还让奥数暗中汹涌。与升学挂钩的奥数还没让孩子和家长摆脱"苦海"，继奥数热再度涨起的英语等级考证热，再次让家长和孩子周末忙于"上班"。根源在哪里？

回答是重点中学初中实验班选拔学生的潜规则。对于这种说法，一些重点中学负责人说："没有了升学考试，我们拿什么选拔优秀学生？只能通过奥数或外语。"主管教育的领导也表示，尽管明令禁止各种学科比赛与升学挂钩，但到目前却没有给校长们提供一个选拔学生的好方法。

北京市教委领导明确指出，明年本市小学升初中政策不变，依然执行"就近入学"的原则。既然是"就近入学"，为什么还要选拔学生？既然取消了学校考试，为什么却允许学生奔波在更难考的奥数和英语等级考试之间？一些没钱没关系孩子资质又不错的家长们说，让孩子学奥数或者考英语等级是无奈的选择。

2005年，北京市教委继紧急叫停"迎春杯"等奥数竞赛外，并向全市中小学校提出"七不许"，如不得出租出借校舍让社会办学机构进行学科培训；不得针对小学生组织文化类的培训及学科类竞赛活动；不得组织考试及依据学科类竞赛证书选拔学生，等等，但调查发现，这些"不许"的执行情况并不好，仍有许多公办中小学出租校舍给校外培训机构。

"学外语的关键在于培养孩子的兴趣，如果家长盲目地逼着小学生过公共英语一级、二级，对孩子以后学外语没有任何好处。"北京海淀教师进修学校特级英语教师胡晓力老师说，"如果孩子在小学就学会了初中的，那么初中的课堂他就不学了，另外还因为家长的逼迫，很可能孩子到中学连学外语的兴趣都没了。"胡晓力老师指出，公共英语等级考试更适合于成人，非常不适合小学生，"可以说小学生出了考场就把所学的东西全忘了。"胡晓力老师特别提醒家长，"让孩子考公共英语一级、二级什么的，不如让孩子多听英语故事，多看英语大片，这样更能培养孩子的语感和兴趣。"

这样的新闻结构和内容已经是尽善尽美了。但是文章中没有提到如何解决问题。一篇好的舆论监督报道，不应该只是提供一种现象或问题，还应该提供可能实施的解决方案，以供决策者参考并最终经过相关程序形成解决问题的决策。

对于小学生参加公共英语等级考试这样的现象，由谁来提供解决建议呢？一是在很短的时间内很难找到长期关注这个问题的专家，二是对于相关教育行政部门主办的这个考试谁愿意抛头露面提出建议。长期关注这个考试的只能是教育业内人士，教育业内人士对教育行政部门提建议，显然不是很合适。

作为长期从事教育减负报道的专项记者，我对此事一直很关注也有自己的想法和建议。这时候，我想到了应用记者手记的方式表达自己的观点。

标题应该是直截了当表明态度，但不能太生硬，否则我这个业内记者只能转行做其他领域的报道了。这也是业内记者最忌讳的事情。

我想到了《上课能否晚一点儿》标题的修改。当时，我交上去的新闻标题是《上课能否晚一点》，没有"儿"。时任总编辑张延平把稿件调到头版头条后，在原标题上增加了一个"儿"字。这个"儿"一方面很有北京方言特色"儿化音"，另一方面把一个生硬的表达语气软化为委婉的商量的口气，既明确表达了建议，也体现了媒体谦逊的态度，不让教育决策者觉得是媒体利用舆论监督权施压。

受此启发，我将记者手记的标题定为"PETS能否拒绝小学生"。这个标题虽然表达出"PETS要拒绝小学生"的明确态度，但"能否"二字体现出商量的语气，而且拒绝的是"小学生"，不是其他需要通过PETS证明自己外语水平的中学生、大学生和成年人。

> 昨天和今天，对于北京上万名中小学生来说，不是休息日而是考试日，因为这两天他们要参加全国英语等级考试（PETS）。据记者了解，参加公共英语等级考试目前已经成为本市小学生仅次于奥数的另一个大规模考试。

记者从有关部门了解到，全国英语等级考试（PETS）原为全国公共英语等级考试，主要测试应试者的实际英语交际能力。目前，PETS主要分为附属级、初始级、中下级、中间级、中上级这5个级别。

按理来说，孩子们多学点有什么不好？可是，原本没什么不好的考试现在却愈来愈演变成一种小学生的"大考"，因为重点中学实验班的报名门槛点名要 PETS 等级证书，而且还越要越高，没有二级证书人家根本就不看。

那么这个二级证书的英语水平应该到了什么程度呢？按照有关部门的解释，二级是中下级，其英语水平基本满足进入高等院校继续学习的要求，同时也基本符合诸如宾馆前台服务员、一般银行职员、涉外企业一般员工，以及同层次其他工作在对外交往中的基本需要。

记者了解到，即便是 PETS 最低的等级一级 B，其笔试和口试的合格成绩就可替代中等职业学校招生考试的外语加试成绩。也就是说，上万名小学生在小学三年级左右，如果通过了 PETS 最低等级的考试，其外语水平已经相当于学校外语教育的初中毕业水平。而重点中学初中实验班的报名必需的一级甚至二级证书，则要求我们的小学毕业生具备高中学校毕业或高自考专科毕业英语水平。

由于 PETS 等级证书成为一些重点中学实验班的报名条件，家长们不得不逼着小学阶段的孩子攻克高中甚至大学英语毕业具备的水平，死记硬背无数的单词和句式。孩子们的 PETS 等级证书拿得很高，孩子们的外语水平果真就具备高中甚至大学专科的水平吗？"出了考场，我们就全都忘了。"孩子们这样说。

在孩子们还没有摆脱奥数的沉重枷锁时，越来越多的人开始担忧 PETS 会演变成第二个奥数。对于 PETS 这样适合成人的考试，为了减轻学生负担、避免某些学校以此证选拔学生，教育考试机构应该拒绝未成年人报名参加 PETS 考试。

培训机构在获得巨额经济利益的时候，我们也真的应该为孩子考虑了。孩子们都累趴下了，我们将来指望谁呢？

整个记者手记的写作手法采用的是新闻评论。

简明扼要地再次重复新闻核心内容后，重点提出解决这一问题的建议：

对于 PETS 这样适合成人的考试，为了减轻学生负担、避免某些学校以此证选拔学生，教育考试机构应该拒绝未成年人报名参加 PETS 考试。

这个建议虽然用"能否"委婉地提出，但结尾却采用更委婉的带有强烈的感情话语表达肯定的态度：

"孩子们都累趴下了，我们将来指望谁呢？"

对于这样的事情，记者都应像范仲淹一样，先天下之忧而忧，居庙堂之高则忧其民，处江湖之远则忧其君。

这是个画龙点睛的句子，是整篇记者手记的核心所在，让支持记者建议的决策者支持记者的建议有了理论和情感的高度。

所以，委婉的表达态度不是暧昧的表达态度，而是以委婉的方式表达明确的态度。

正是因为记者对此事的态度明确、建议合适，教育部颁发新规："各地要严谨把全国英语等级考试（PETS）等公共考试成绩作为小升初的依据，义务教育阶段学校实行免试就近入学的规定，不得以各种形式的考试、考核、测试选拔学生。"全国各地组织实施考试的官方机构随后下发新的通知，禁止小学生报考公共英语等级考试。

《英语等级考试会不会成"奥数"第二》被评为全国青年报刊"好新闻、好活动、好论文"一等奖。当年参加评选的作品来自全国 50 多家青年报刊推荐的 352 件（项）作品及活动。

记者不是政协委员，也不是人大代表。即便对新闻事件有态度、对遇到的问题有建议，也不能直接提出来。但有些时候，一些建议确实不太适合找一个具体的采访者提出来，记者就可以用记者手记的方式，用商议式的口气表达最肯定的态度。

■肯定陈述的句式，铿锵表达的支持态度

2006 年 10 月，受中国航空第二集团邀约，我参加珠海国际航空展采访。

在展览区内偶遇北京航空航天大学学生，得到了一个令人兴奋的消息：在 10 月 31 日开幕的珠海航展诸多火箭模型中，首次出现了学生军团自行设

计完成的作品。这枚取名为"北航 1 号"的探空火箭，目前已运抵甘肃酒泉卫星发射基地，将于 11 月 1 日上午 8 点发射第一枚。

站在与其他 13 名同学一起设计制作的"北航 1 号"探空火箭模型前，北京航空航天大学宇航学院大四学生张莘艾介绍了它的诞生过程。"为了培养理论与实践相结合的创新型航天科技人才，同时也为了庆祝中国航天五十周年和北航航天专业创办五十周年，我校开展了大学本科生探空火箭项目。"张莘艾说，"14 名对此感兴趣并已保送读研的同学，自动组成了这个小团队。"

从 2005 年 11 月"北航 1 号"探空火箭研制项目正式启动到今年 10 月，大学生分组完成了发动机的地面热试车、分离回收机构试验、数据采集试验和点火系统试验后，我国首枚完全由在校大学本科生独立设计完成的探空火箭制作完成。北京航空航天大学科技部主任洪杰说："北航 1 号探空火箭共 3 枚，目前已经全部运抵甘肃酒泉卫星发射中心，将于明天发射。"

"北航 1 号"探空火箭主要用于大气参数的测量，火箭全长 2.53 米，箭体直径 0.18 米，重 95 公斤，发射高度 12000 米，有效载荷质量 10 公斤。火箭由结构系统、动力系统、点火控制系统、分离回收系统、数据采集系统和地面发射系统六部分组成，采用一级底边延伸伞对数据采集系统进行回收。据悉，"北航 1 号"的潜在应用价值很大，尤其在廉价导弹武器发展方面探到了新路子。

"作为一个系列，北航探空火箭项目将不断发展新的探空火箭，并培养一批在工程设计和研究方面有突出能力的年轻的创新型人才。"北京航空航天大学党委书记杜玉波说，"为此，学校将从各方面给予学生以支持，比如'北航 1 号'的研制过程，学校就为学生提供全部的场地、经费等支持。"

杜玉波书记还指出，近 10 多年来，学校以"冯如杯"科技活动为载体，以突出实现对学生动手能力的培养，学生也因此创造出了许多实用的高科技成果，比如 iFLY 项目已经成功地在直翼、三角翼、伞翼等飞行器上通过自主飞行验证，在无人侦察、巡视、航拍和重大科研项目中得到广泛应用。

"北航 1 号"到酒泉后的情况如何？能否按照计划准时发射？大学生们的心情又如何？当天晚上 7 点钟，我拨通了在酒泉卫星发射基地的北京航空航天大学宣传部副部长黄敏和全面负责探空火箭设计与研制的朱浩同学。

"北航 1 号明天什么时候发射？当地天气如何？"

黄敏副部长回答："北航 1 号总计三枚，第一枚应该在明天上午 8 点发射，然后每一个半小时发射一枚。当地天气也很好。"全面负责探空火箭设计与研制的朱浩同学告诉我："正在进行最后的组装调试，到目前为止一切顺利。"

"大家的心情怎么样？晚上能睡得着觉吗？"朱浩在电话中说："刚开始大家比较激动，现在稍好一些。尤其是进行了一次合练后，我们心里就有点底了，心里也能放下了。明天还有很多工作要做，我们必须睡个好觉。工作顺利的话今晚 10 点大家就应该休息了。"

11 月 1 日，对北京航空航天大学学生朱浩和他的 13 名同学来说，绝对是一个终生难忘的日子。这天，他们要在甘肃酒泉卫星发射基地，对自己设计制作的火箭进行试飞。

当天早晨 5 点 30 分，尽管前一天忙碌到深夜 12 点多，但朱浩还是和同学们精神抖擞地早早起了床，草草吃过早饭后赶赴卫星发射站。"当时的心情既激动又紧张，毕竟一年的辛苦要看到结果了。"朱浩说，"按照计划，我们的火箭将在 8 点准时发射。"

此时的酒泉，也刚刚从沉睡中苏醒。在广袤的沙地环抱之中，一个绿色的火箭发射架带着一枚 2.53 米长的白色火箭直指长空，蓄势待发。这就是"北航 1 号"，我国首枚完全由本科生独立设计研制的探空火箭。

200 米之外发射指挥中心大厅指挥监视系统的所有显示屏都切换成了火箭发射架、控制数据和气象指数画面。

火箭发射之前 5 分钟，酒泉卫星发射中心发射场数十位官兵严阵以待。参与"北航 1 号"探空火箭研制的 14 名大学生，除了两名正在上班、两名在珠海航展外，其余 10 名同学也都屏住了呼吸。

"……3、2、1，点火！"伴随着指令，北航学生薛松柏沉着地按下了电子点火按钮。

随着"嘭……"的一声巨响，"北航 1 号"火箭尾部立即喷出一股耀眼的火焰，随之箭体呼啸着刺入万米高空。

"随着火箭越飞越高，我看见有几名同学立即从掩体中冲了出来。"朱浩抑制不住内心的激动说，"我也跑了出去，就想看看火箭飞行得怎么样，就想第一时间知道我们的火箭有没有发射成功。"

"成功了！"朱浩和同学们激动地拥抱在了一起，还有人击掌相庆。

朱浩知道，只要第一枚发射成功了，随后的两枚也将顺利地发射成功，因为这3枚"北航1号"探空火箭就是三胞胎。

让同学们觉得遗憾的是，他们期望的火箭分离后用伞带着回收物品降落的一幕没有实现。发射中心的工作人员在距离发射地13公里以外的戈壁滩上找回了以自由落体的方式掉到地面上的火箭残片。

"我们已经非常高兴了。"朱浩和他的同学说。

上午11点和12点，酒泉卫星发射中心天高云淡，风速4—6米/秒，同学们根据当时的气象情况和首次发射状况经过紧急计算后调整了发射角度，又将另两枚同期研制的探空火箭送上了湛蓝的天空。

2006年11月1日，中国首枚完全由本科学生独立设计完成的探空火箭成功发射；对于酒泉卫星发射中心来说这天也是一个特殊的日子，他们首次发射了由学生自行设计研制的火箭，而且首次三箭连发。

朱浩是"北航1号"探空火箭项目总负责人。朱浩和同学们讲述了"北航1号"的诞生秘密。

2005年秋季开学，朱浩和宇航学院的许多本科生同学获得了保送读研究生资格。"当时我们的课程相对比较少，我们也希望较早地进入研究状态。"朱浩回忆说。

学生的想法与老师的想法不谋而合。北航宇航学院常务副院长蔡国飙也有一个理想：为学生们创建一个有航天特色的综合性科技平台，让不同专业的学生在这里交流，早一点儿接触科研一线。

与此同时，朱浩和发动机专业的5个人几乎同时得到了这个消息。"研制火箭还需要总体设计、控制等专业，于是我便在宇航学院的几个专业中，寻找综合能力比较好的同学。"朱浩说，"我就一个一个地联系，当时找了12个人，其中包括 1 名女同学，这些人都是一拍即合。"

12 人按照火箭研制的分工被划分到火箭总体、动力系统、点火控制系统、分离回收系统、数据采集系统和地面发射系统 6 个不同部分去工作。

在宇航学院的这 12 名本科生眼里，火箭制作没有什么难的，不就是解决动力问题、设计外形结构，再解决控制等问题。"当时我们都挺有信心！"朱浩说。

但很快，进入实际操作阶段的同学们意识到理论与实践的不同。"从哪儿开始入手呀？"朱浩说，"做什么样的发动机、控制怎么加进去等，当时脑子里都是一片空白！"

要做火箭，动力先行。在达成这样的共识后，朱浩和同学们便开始查找资料，以便研制出能将火箭推向 12000 米高空的发动机。"我们去了内蒙古航天六院十多次，最后的组装也是在那儿完成的。"朱浩说。

在发动机组奔波在北京和内蒙古之间的同时，控制组、外形结构组等的同学也分头做调研，整个中关村都被他们跑遍了。

但最后的结果却让大家高涨的心情冷却了许多。"当时我们想搭载小白鼠上天，但是通过实践发现，我们的理论储备根本达不到。"朱浩说，"于是，经过大会小会讨论，最终确定制作气象探空火箭搭载仪器。"

朱浩和 4 名同伴负责发动机的设计，他们准备了 4 个方案。一天，他们带着自己最满意的方案来到航天科工集团六院，调研真正的发动机设计情况。"看到他们的方案后，六院的老师们开了个玩笑：在我们的项目中，你们的方案还在论证中。"朱浩笑着说。

在老师的建议下，朱浩和伙伴们选择了最简单的发动机设计方案，又用了一个半月的时间修改。5 个人各有不同的分工，他们根本记不清楚一张图纸要改动多少次。朱浩说，早上设计的图纸到了晚上便改得面目全非。"这比我们做作业累多了，也麻烦多了！"朱浩说。

朱浩深有感触："实际设计制作一个发动机需要掌握书本上学不到的工程实践知识和经验。我们发动机组的 5 名同学的电脑设计图合成完毕以后，在老师和航天六院的专家指点下，先后修改了 5 次，我们真正体会到根据理论设计的东西与工程实际还离得很远。"

同学们在设计中几乎每一步都会遇到新的问题：弹道设计、气动特性计算……

每周大大小小的碰头会是火花碰撞的最好时机。朱浩说，每周都要开个例会，通报进展情况，每个系统还要开各自的小会。

经过无数次的研讨、修整，再研讨、再修整……检验的日子到了。

5月进行了第一次地面点火试验。学生们紧张地看着控制屏：喷管出了问题。指着工作室内被烧坏的发动机残骸，朱浩回忆说："这对我们的打击太大了，情绪也非常不好，尤其是负责设计喷管的张莘艾都快哭了。事后，经过现场老师们的分析，是喷管加工工艺没达到要求，跟设计无关。"

8月31日，同学们第二次在内蒙古进行实验，结果是完全成功。"设计与实验完全吻合。尤其是张莘艾的设计一点问题都没有，评价参数用途设计相差没有太大区别。"朱浩说，"1分钟前，我们则刚刚收到北京来的短信，说分离回收结构的分离实验也成功了。"

就这样反复地实验，到暑假火箭研制进入最后攻坚阶段。当时许多人本科毕业研究生又未入学，住宿都成了问题。但他们已经沉迷在火箭制作中了。"学校对我们很支持，提供了一间会议室。这里白天是工作间，晚上就是卧室。"

10月，"北航1号"终于通过了各项地面试验后开始总装。连后来补充进来的薛松柏等共计14名同学，看着还没有上漆还显丑陋的"北航1号"激动极了。"你看你看，我手机的屏保照片就是当时拍的。"朱浩至今还激动地说，"我们轮流上去抱着火箭合影。"

在随后的日子里，朱浩和同学们又发现了许多问题。

10月20日，是箭体结构设计项目组前往内蒙古呼和浩特市进行全箭试总装的前一天。这天下午张凌燕和张莘艾拿着点火试验用过的发动机壳体和部分零件的组装体，匆忙赶往航天三院的仓库进行火箭的试滑。

与发射车的导轨试滑后，张凌燕的心里起了寒战。原来箭体上架后晃动得非常厉害。"如果不进行修改，直接影响发射。"朱浩回忆说，"距离11月

1 日正式发射仅剩下十多天，怎么进行设计改进呢？"当天晚上开临行会议，当张凌燕通报了这一试验结果后，大家都很着急，但一时半会儿却想不出更好的解决方案。开完会后已经是晚上 10 点多，张凌燕的改进方案仍然还只是个雏形。这时，负责发动机固体药柱设计和内弹道计算的饶大林也过来帮忙，并提出一些修改建议。当张凌燕将最终确定好的方案设计图纸打印完毕时，已经是第二天凌晨 2 点了。

第二天早晨 7 点多，张凌燕就从北航赶往大兴的加工厂。加工厂的魏厂长从张凌燕提供的方案中确定了其中加工量和设计修改量最小的方案，便紧张地组织工人进行零件加工制作。下午 3 点多，一天都没吃饭的张凌燕背着沉重的铁疙瘩们就匆匆赶到火车站，坐上了晚上开往呼和浩特的火车，10 月 24 日早晨与在内蒙古的同学们准时会合。

"在控制评审中又发现了问题。于是，薛松柏、杨勇等同学不得不没日没夜地进行修改，整整干了 3 天。"朱浩说，"那几天，同学们每天的睡眠仅五六个小时。"

火箭被分解着装到了 3 辆车上，开了 3 天方到达酒泉。"尽管沿途是沙漠、戈壁，但我们觉得很美丽。"朱浩说，"想着我们的火箭即将要发射了呀！"

起起落落、落落起起……在这近一年学生研制火箭的时间里，作为指导教师，蔡国飙感觉到孩子们不一样了："他们学会了独立思考，潜心研究，突破常规，大胆设计，吃苦耐劳，团结协作，互相学习。"

朱浩自豪地说："我终于找到航天人的感觉了。"

为了培养大学生的实践能力和创新能力，使其成为祖国航天事业的优秀人才，北京航空航天大学于 2005 年启动了学生探空火箭项目。

"这个项目是在摸索航天人才的培养模式。"北京航空航天大学党委书记杜玉波说，作为一个系列，"北航 1 号"只是一个开始，还会有"北航 2 号""北航 3 号"……北航探空火箭项目将不断发展新的探空火箭，每年都会有一批本科生在这里接受检验，培养出一批在工程设计和研究方面有突出能力的年轻的创新型人才。为此，学校将从各方面给学生以支持，比如"北航 1

号"的研制过程，学校就为学生提供全部的场地、经费等支持。

"北航1号"成功发射，不仅是学校大力支持和实践的结果。朱浩跟我说，当时他们也想就近进行发射，比如山西太原、内蒙古等地，但最后专家认为还是在甘肃酒泉发射更为合适。于是就电话联系酒泉卫星发射基地，本以为是特别困难的事儿，但对方听说是大学生研制的火箭，所以非常感兴趣，并为大学生一路开绿灯。

凭着多年的职业敏感，我认为这绝对是个极好的新闻。因为社会太需要弘扬正能量，我们的教育太需要这种能展示素质教育的成果。什么是素质教育？不是空喊口号，而是离不开实践。要想将理论教育、应试教育落到真正的素质教育，北航和酒泉卫星发射基地给我们树立了榜样。我想由衷地赞美他们。

对于各行各业的示范典型，尤其是带有创新探索的模式，我们的新闻报道本身就是一种支持与弘扬。我想我应该通过记者手记再次铿锵表达支持态度：

素质教育离不开实践

10月31日我到珠海参加航空展览，无意中看到了"北航1号"探空火箭模型。当我得知这个展出的火箭模型正在酒泉卫星发射基地准备发射后，感觉兴奋的同时也产生了疑惑："本科生也能研制火箭？真的是他们独立设计制作完成吗？经费怎么来的？……"

回到北京后，我采访了参与"北航1号"研制工作的朱浩、王文龙、薛松柏等同学。"我想很多大学生都跟我们同处于一种状态，不是不想干，而是苦于没有发挥的平台。"朱浩这样对我说，"有了这样的一个机会，于是大家都很珍惜。所以当时我一天就联系了12人，都是立即答应。"朱浩等同学说，他们很幸运，学校给提供了这样一次机会。"经过这些锻炼之后，假如我们去航天院所，上手肯定比其他人更快地投入进去。"参与的学生王文龙这样说。

近几年来，全国上下都在提倡素质教育，都在叫嚷高技能人才的缺乏，于是就有人提出要大力发展职业教育。但是，高技能人才的缺乏到底根源在哪里？"不是不想干，而是苦于没有发挥的平台。"此次"北航1号"探空火箭的全面总负责人朱浩同学说。

　　我非常认可这句话，也希望我们的学校能为学生搭建一个理论与实践相结合的平台。果真如此，我们的每一个学生都有了实践理论的机会，在毕业的时候都能成为掌握技术的人。

自从教育部设立好新闻奖评选活动以来，我每年都有文章获得一等奖。

此前每次的获奖作品，都是对教育进行监督或评论，比如新闻调查《小学生周末上班忙》、新闻评论《与其百万聘院士　不如十万奖教师》，但这篇人物通讯《本科生朱浩：我和同学制出探空火箭》却是真正的带有饱满的情感对教育改革与创新做正面宣传报道，在报送的时候就认为一定能获得好新闻一等奖。评审结果跟我预料的一样。

　　我想这篇人物通讯之所以能获得一等奖，除了新闻本身及写作技巧等达到一等奖的标准外，更重要的是记者手记鲜明地体现了记者对新闻事件的态度，并通过记者手记呼吁希望我们的学校能为学生搭建一个理论与实践相结合的平台，因为素质教育离不开实践。

■撰写手记，成为职业建言献策人群

　　相较于人大代表、政协委员这些职业建言献策人，记者其实最应该成为职业建言献策人群。实际上，记者进行建言献策还更有优势，因为记者每天都在接触大量的新闻事件，这些新闻事件中绝大多数又是问题报道，问题报道是需要解决方案的。一个优秀的记者应该要成为行业专家，应该为整个行业的发展和完善建言献策，利用自身舆论监督平台优势推动社会的发展和完善。

　　从业几十年来，我从最初的只写新闻的记者，到最后成为努力地通过记者手记表达自己观点的记者，让自己从一个记录者变为一个报道者和建议者。为此，我写了大量的记者手记，通过各种媒体平台发声。

　　2006年2月15日至3月15日，凡北京高校今年毕业的应届大学生，如

果想到北京农村有所作为的，就可以报名参加今年首批 2000 名左右村党支部书记助理、村委会主任助理两种职务的竞聘。

按照北京市委、市政府《关于引导和鼓励高校毕业生面向基层就业的实施意见》的规定，明确提出"力争用 3 至 5 年的时间，实现每个村、每个社区至少有 1 名高校毕业生"的目标，从而为乡镇和村两级管理人才队伍培养后备力量。

为此，市委组织部、市委教育工委、市农委、市人事局发出《关于面向2006 年应届高校毕业生招聘村党支部书记助理、村委会主任助理的公告》，公开在在京高校应届毕业生和京外高校北京生源应届毕业生中进行招聘。

对于市委、市政府推出的新政，一般的采访者或新闻报道大多会采取支持的态度。但我却没有那样乐观，在进行新闻报道的时候配发了记者手记：

想替大学生村官说点担忧

大学生作为知识型人才，具有眼界开阔、思想活跃等特点，他们能成批走进农村，不仅能够提高农村的干部素质，而且在白热化的人才大战中不再拘泥于外企、白领，走出了一条新的择业之路，使自己得到更好的锻炼。可以说，大学生当村官是一项双赢的创举。

但农村引进大学生村官不光是在引人，更重要的是引智。如果在三年或者更长时间内，一名大学生村官把自己的"智"在农村"释放"到了理想的效果，在基层管理工作中起到了"鲶鱼效应"，那么其主要使命也就完成了，而不断引进的"大学生村官"们会像接力赛一样形成"送智链"，不断充实、丰富这项"引智工作"。

其实，农村发展的关键不在于拥有了多少大学生村官，而在于怎样让大学生村官的"智"释放到理想效果，或者让大学生村官们干脆"乐村不思城"是这项"引智工程"亟须思考和解决的问题，千万别让大学生村官们"心有余而力不足"。

在北京的大学生村官还没有正式上任之前，我想替他们先说点担忧事。如果这些担忧被事实证实只是"杞人忧天"，那么打破现有的城乡二元结构、构建城乡一体化格局，大学生村官制度的实施将可能像当年"实行土地承包制"一样，成为中国农村改革史上又一个重大历史变革。

写这样的手记，目的很明确，就是希望社会各界在政策正式实施之前，能从人的角度出发真正地重视这些初出校门的天之骄子，提早谋划充分发挥他们的智慧和活力，把这项好的政策执行好、落实好。这个担忧不是空穴来风，而是源于曾经发生过的多个新闻事件，比如名噪一时的北京男幼师停招事件。

2003 年 12 月，北京市东城区职业教育中心学校举行毕业生招聘会。最引人关注的是，几名男幼师用雄健的舞姿，引起前来参加招聘的众多幼儿园园长们的青睐。其实，在 2002 年年初，首批 11 名男幼师就已从这里毕业，分赴北京许多公立幼儿园。男幼师走进幼儿园，曾经引起社会广泛关注。两年过去了，这 11 名男生，还都在幼儿园吗？

2002 年 1 月，11 名男幼师开始实习工作，时间为半年。东城职业教育中心学校教学处王红雨老师介绍，从实习期开始，男幼师们就算正式进入幼儿园。

11 名大男孩走进幼儿园，集体当阿舅，在当时的北京教育界轰动一时。时间过去两年了，坚守在幼儿园的阿舅们只剩下 6 个了。其余 5 名学生的去向，尽管老师和学生提供的稍微有点不同，但大体一致。两个"悲壮"地离开幼儿园，一个出国了，一个上大学，还有一个，则因为患了眼疾，在家休假。

而 6 个坚守幼儿园的小伙子，从事的幼儿园性质也发生了巨大变化，只有两个还效力在公立幼儿园，其余的从最初的公立幼儿园"跳槽"到私立幼儿园。

在 11 个男幼师里，除了出国、上大学和因病休假在家的，真正意义上脱离幼儿园的，其实只有两个。而这两个男生离开幼儿园，据说很是有点"悲壮"。

小天（化名）是 11 名男幼师中最早"悲壮"地离开幼儿园的。2002 年 1 月，和其他男同学一样，小天被一家公立幼儿园看中，并开始进入园里实习。走进幼儿园后，小天的感觉是被"闲置"了，被安排到后勤部门的小天，每天干的是整理磁带、复印资料等工作，另外负责每天早晨孩子们做操时放录音机。小天觉得自己"就是一个打杂的",加上工资太低,实习期刚满他就离开了幼儿园。据悉,小天现在在家待业。

在同学和老师的介绍中,小木(化名)离开幼儿园,多少也带有"悲壮"色彩。一天,幼儿园教室里的灯管不亮了,小木想着自己更换一下灯管。但是,灯管却从空中掉了下来,将一个幼儿砸伤。由于这个意外,加上微薄的工资,去年7月,小木"被迫"离开幼儿园。两个月前,小木南下打工,在安徽省安庆看守钢管,月薪1600元。

没有离开幼儿园的男幼师,现状又如何呢?尽管他们都表示非常喜欢幼教事业,但幼儿园里"唯一"的男老师、微薄的工资,加上随时可能遭遇的风险,使得这些活泼开朗的大男孩,处境很是窘迫。

小刀(化名)是那批男幼师中被媒体关注最多的一个,供职在某公立幼儿园。他每月的工资总共是700元,其中每月有200元还作为风险金被幼儿园扣押,"一学期四个月,孩子们都平安无事,学校会一次性将800元发给我。"小刀告诉记者,"只要有一个孩子受了伤,四个老师都将根据事故的轻重,扣除一定的风险金。"为了能让扣押的200元钱每份都能拿到,小刀和所有的幼儿园老师一样希望孩子们千万别受伤,"但是孩子们是活泼好动的,难免会发生磕磕碰碰。"记者了解到,6名男幼师中,小刀的工资是最低的,大多月薪在800元到1000元,最高的月薪为1400多元。

微薄的工资,直接导致的是生活的窘迫。除去风险金,小刀每月拿到的工资是500元,为了能跟孩子们有共同语言,从2003年开始,小刀每月都会拿出200多元钱购买漫画、卡通或者电脑游戏,"另外,朋友聚会、买点零食,每月就所剩无几了"。

在幼儿园工作,男幼师们看着每天都嘻嘻哈哈,似乎就是在跟孩子玩,实际上他们的心理压力很大。"幼儿园里无大事,出了事可就都是大事。"小刀说,"现在家里都只有一个孩子,谁都是父母的心肝宝贝。孩子稍微有个磕磕碰碰,家长都会跟你没完。"

男幼师在成为幼儿园新的风景线的同时,幼儿园先天存在的严重的阴盛阳衰情况,让这些20岁左右的男幼师在工作时倍感"孤独"。男老师喜欢聊电子游戏，聊足球、篮球，运动的比重大一些，而女老师则聊化妆、服饰等。记者了解到，在幼儿园待了半年就决定离开的小天，有一个主要原因就是孤独难耐。

根据目前男幼师遭遇的现状，教育界人士做了悲观预测：如果情况没有改观，首批毕业的男幼师可能到 2005 年就会全部选择离开幼儿园。

北京教育学院崇文分院教授邱淑琦指出，导致男幼师"出走"的直接原因是待遇太低。"随着男幼师们年龄的增长，这些曾经单纯得甚至还需要父母养着的孩子，开始承担起成家、养家的重担。幼儿园每月 1000 元左右的工资，已经无法让他们留在那里。"邱淑琦教授分析说，在生活的重压下，男幼师会被迫从幼儿园"出走"，有的选择其他行业，有的选择继续深造。

在流失的男幼师中，还有一部分将被裁减掉。这种情况出现在私立幼儿园。目前，首批毕业的男幼师有 4 名供职在私立幼儿园。他们的待遇尽管稍微高一些，但私立幼儿园经常是三个月就裁一拨人，只有中专文凭的男幼师，除了性别没有其他竞争优势。

其实这些男幼师也不愿放弃自己所学的专业。小刀说："直到我不能跑了，不能跳了，也不能跟孩子们一起玩了，我可能才会离开幼儿园。"他还说当初选择幼教"不是为了钱，而是喜欢孩子"。

"男幼师的就业非常好，经常是供不应求。"北京东城职业教育中心学校教学处王红雨老师说，"明年毕业的男幼师都被预定了。"

尽管男幼师市场如此看好，但男幼师的招生情况也不是呈平稳或上升趋势。东城职业教育中心学校首届男幼师招收了 11 名男生，第二届就只招收了 6 名男生。后来，人数稍微略有上升，去年最惨，"报考男幼师的只有五六个学生，合格的只有两个。而幼师专业一直是男女兼招，并没有限制性别比例。"王红雨说，"因为男生太少而难以安排教学，学校打算不招男幼师了，只是因为那个学生很想学习，才决定收下。"

"男幼师的出现，确实给女性一统天下的幼儿园，带来生机和活力，另外，由于年轻男老师特有的粗犷，将改变目前我国幼儿教育女性化太浓厚的景况。"北京教育学院崇文分院教授邱淑琦说，"年轻男老师走进幼儿园，也使得幼儿园的教育丰富多彩起来。小刀在幼儿园，除了带体育课外，还兼职上泥工课，最近开展的轮滑也由他来完成。"

针对目前男幼师的窘迫处境，一些教育界人士呼吁社会应给予高度关注。教育界人士指出，要让男幼师这个职业还能继续存留，在提高男幼师的待遇、加大对培养学校的投资外，作为幼儿园，还应该为男幼师的发展创造条件，千万不能只是拿男幼师作为招生的幌子。对于一些家长不用男幼师的要求，幼儿园有关领导和社会应该给予他们正确引导。

2003 年，与小刀最要好的小木离开了幼儿园。临走的时候，小木语重心长地对小刀说："哥们儿，好好干吧！"小刀和小木的班主任芦爱军说："这些孩子，都非常喜欢幼教。小木离开幼儿园的时候，还立下豪言壮语说，等他挣了钱，就自己开办一所幼儿园。"

小刀说大家挣钱开办幼儿园的想法，在东城职业教育中心学校上二年级的时候就有了，"为能开办幼儿园，我们甚至去买彩票，期望中个 500 万。"但是，彩票并没有把重奖给予他们，他们最多的一次才中奖 50 多元。

现在离开幼儿园的小天和小木都是小刀最要好的同学。到目前，小刀说他还没有想着要走。但是，21 岁的小刀还只是幼儿园的临时工，"我最向往的是拥有一个国家指标，这样一上来工资就会有 1000 多元"。

幼师专业招收男生始于 1999 年，作为北京第一个招收男幼师的学校，东城职业教育中心学校也因此备受社会关注。但到了 2004 年，男幼师却在悄然中停止招生了。从 1999 年到 2004 年，东城职业教育中心学校幼师专业总计招收了 29 名男生。

学校为何放弃男幼师的培养呢？东城职业教育中心学校幼师专业主任张红和幼师专业组长刘淑珍披露了男幼师缘何从新闻热点走向目前的"绝版"的根源。

"1999 年学校决定在幼师专业招收男生，是做了充足的市场调查。"作为当年招收男幼师的当事人刘淑珍老师说，"其实男幼师在国外早就有了，但在国内这方面的培养却很稀少。男孩子阳刚之气的匮乏使得幼教界希望幼教行业有男老师补充，从而让男孩子的性格呈现阳刚新气象，加上家长也有需求，所以学校借鉴国外经验决定招收男生。"

但是，幼师专业招收男生从一开始却遭遇生源不足的尴尬。"当年不知道有多少人报名，所以根本就没做招生计划数。"刘淑珍老师回忆说，"当年招收了11名男生，可以说来报名的基本上都招收了。"

这一年，也成了东城职业教育中心学校招收男生最多的一年。随后的5年里，招收男生最多的2001年也只招收了7名男生，其他年份招收的男生维持在2到3名。"幼师专业不是谁都能从事的。"东城职业教育中心学校幼师专业主任张红说，"尽管报名的学生少，但我们也要精挑细选，只有有责任心、品质好、有才艺、外在形象好的男生才能被录取。"

张红主任指出，近年来持续不断的普高热，使得整个中等职业的生源数量和质量都在下降。"幼师专业的男生也不例外，生源太少、质量太差，使得学校逐渐没有了选择的余地。男幼师招收也就在不温不火中坚持了几年。"

但这只是导致男幼师绝迹的一种原因，现实的待遇太低则直接切断了后来者报考男幼师的热情。刘淑珍老师说，目前男幼师的工资很低，月薪最高的才2000元左右。"作为男孩子，他们要谈恋爱、要养家糊口，这么低的工资迫使热爱幼师的男孩子另谋高就。"

马超离开幼儿园了！这位2004年还坚守在幼儿教育第一线的男幼师，当年的工资月薪才700多元，而他最大的梦想仅仅是想要个国家指标，因为那样工资就能涨到1500元。"第一拨儿毕业的11名男幼师，估计全部离开幼儿园了。"老师们感慨地说，"已经毕业的近30名男幼师，估计80%左右因为待遇太低而放弃幼教行业。"

小男孩缺乏阳刚之气成为一种令人担忧的现象。但能给小男孩带来阳刚之气的男幼师培养，却以异乎寻常的方式悲壮地结束了。学校无奈！社会无奈！当我把新闻报道全部整理完毕的时候，我决定加上记者手记发出属于我的声音。

某些行业，政府应该给予男性倾斜

某些行业，政府应该给予男性倾斜。这些行业，其中应该包括幼师专业。

目前，从幼儿到小学再到中学，女性成了绝对的主导。而在女教师的熏陶下，男孩子缺乏阳刚引起社会普遍的关注和焦虑。怎样才能让男孩子呈现阳刚之气呢？除了爸爸们多参与孩子的教育之外，幼儿教育（当然也包含小学教育）中补充男教师则成了当务之急。

但是，怎样才能吸引男性从事幼儿教育呢？要想解决这个问题，先得弄明白男性为何不愿从事幼儿教育。作为一个男性自身的理解看主要有三大原因：第一，社会偏见认为男性从事幼儿教育是男人女性化的表现；第二，男幼师普遍存在找对象难，目前女性嫁男性的规则虽然发生了一些变化，但仍然要求男性在身高、学历等方面要强于女性；第三，整个幼儿教师待遇太低，使市场经济下的男性无法承担养家糊口之重任。

一方面包括幼教在内的基础教育急需补充男性来提高男孩的阳刚之气，一方面男性却要面临着成家立业排除社会偏见等难以克服的现实问题，鱼和熊掌真的不可兼得吗？回答是否定的。其实，只要政府给予男性一些政策倾斜，比如提高他们的待遇等，从而吸引那些真正热爱这些行业的男性摒弃社会偏见坦然地走进这个行业中来，为男孩子的健康成长作出他们的努力。

当然，要让男幼师这个职业还能继续存留，作为幼儿园还应该为男幼师的发展创造条件，千万不能只是拿男幼师作为招生的幌子。对于一些家长不用男幼师的要求，幼儿园有关领导和社会应该给予他们正确引导。

教育其实是一种理想，这种理想尽管有时过于完美，实现起来有一定困难，但教育就是要通过一种完美的理想把现实逐渐地推向完美。新闻其实也是一种理想，不要寄希望于通过新闻就一定能推动社会发展和完善，但作为新闻从业人员，应该通过自身的新闻报道和建言献策，努力地推动社会的发展和完善，努力地让新闻记者成为无冕之王。

第八讲　标题精作
标题是新闻的眼睛

"看报看题，看书看皮。"这句俗语，充分总结和说明了题和皮对于报和书的重要性。这里的题，就是新闻的标题，这里的皮就是书的名。今天，我们只探讨新闻标题的重要性和标题制作的忌讳。

第一节　题好一半文

一条新闻能不能迅速吸引读者阅读，标题起着最重要的作用。好的标题就像一双绝世清澈的眼睛，让我们一见钟情。"题好一半文"绝不是夸张，而是事实。

尘封三十八年一朝亮相
北京档案馆公开"国家机密"

从明天起，35万卷珍贵历史档案将在北京市档案馆向社会开放，公民凭身份证或工作证等有效证件即可进馆查阅。

据了解，这批1996年以前的档案主要包括明清两代档案212卷，北洋时期档案4109卷，日伪时期档案125695卷，民国事前档案116121卷，北平和平解放及建国初期档案103400卷。

据北京市档案馆利用处王琴介绍，这批档案中有很多原来属于"国家机密"类，普通公民根本不可能看到。引人注目的有伪北平警察局和河北高等法院逮捕、审讯乃至杀害共产党人的原始记录，李大钊案件审讯记录，沈崇事件材料，审判日伪汉奸金璧辉（川岛芳子）等人案件材料，北京市人民政府进行"三反五反"，镇压反革命的材料。

王琴还介绍，除以上档案外，还有大批档案也属机密类，平时控制查阅较严，确因工作需要查阅的，也必须持单位介绍信，并得经过馆长同意。这类档案主要包括原北平市政府系列章程、计划，国民党及其他党派以及军事机关的材料，日本侵华及五次强化治安运动材料，国民党破坏共产党组织及学运、工运材料，陈独秀、邓中夏等北京活动史料，以及历次重大历史事件如"三一八惨案""一二·九运动""反饥饿反内战""七七事变"，审判日伪汉奸王揖唐、王克敏等案件史料，中共与傅作义和平谈判纪事，北平和平接管进程，北京市人民政府封闭妓院、取缔反动会道门、打击封建把头的有关史料。

据了解，北京市档案馆公开国家机密向社会开放，这还是该馆建馆38年来的第一次，说明北京档案管理工作从思想观念上已开始发生重大变化。

北京市档案局伍爱国处长、张圣德、王贞告诉记者，仅仅是一年前，北京市档案馆才开始批准挂牌，此前连附近的居民甚至都不知道建内大街贡院胡同一所有卫兵站岗的院落就是北京市档案馆所在地，档案资料在普通人心目中更是很神秘。而档案部门的工作主要就是保密保管，顶多是在故纸堆里编些"资料汇编"之类的东西。

档案馆人士指出，按照档案法的规定，档案自形成之日起满30年一般就要向社会公开，这也是国际上通行的做法。北京馆在这方面甚至落后于许多外地省份。和国外相比，我国档案开放程度还很低，有许多随着时代变迁已不再具有机密价值的档案迟迟未能开放。例如李大钊案件，因当时涉案被捕的17人在审讯时回答有所不同，致使这17人能否定为烈士存在争议，导致该案审讯记录成为绝密。另有涉及政策新的史料如"三反五反运动"等因有冤假错案也一直不予公开。

北京市档案馆王琴女士认为，随着改革开放逐步深入，以及第十三届国际档案大会于今年 9 月在北京的召开，我国档案解密步伐将进一步加快。据悉，今年底以前将再开放 15 万卷珍贵档案，其中也有许多"国家机密"。

（《北京青年报》1996 年 4 月 24 日）

想美要敢美　敢美要会美
北京市第五建筑公司举行"建筑工人仪表美"竞赛

《工人日报》

妻子——不判离婚就自杀　丈夫——判了离婚就杀人
法院怎么办？

《人民日报》

一个青年个体户说：
"我们穷得只剩下钱了！"
精神文明建设备忘录

《哈尔滨日报》

安全会上睡着了

台上：市安监局成立，部署安全生产工作，市领导讲话

台下：有人睡觉、打电话、玩游戏、发信息、吞云吐雾

插曲：市长发火："切勿糊糊涂涂开会，糊糊涂涂出事，连乌纱帽怎么掉的都不晓得！"

《中国安全生产报》

平均数代表不了大多数

《农民日报》

我非常喜欢这些标题，每每读起来，都内心激荡不已。我想先说说标题的结构，一般分为两种形式，单一型标题和复合型标题。

单一型标题是只有主题的标题，比如：

党代会首次出现来京务工人员党代表

《北京日报》

北京试点"让权利在阳光下运行"

（中新社）

元宵夜央视新址工地突发大火

（新华每日电讯）

复合型标题由多行题组成，分为肩题、主题和副题。主题是标题的核心部分。肩题的主要作用是"引出主题"。副题的主要功能是"解释和补充主题"。按组合方式分，可有"肩题＋主题＋副题、肩题＋主题、主题＋副题"三种形式。如下：

现代科学研究解释千古学术悬案

《夏商周年表》正式公布

我国历史纪年向前延伸了 1200 多年

《人民日报》

说来令人心痛　听来难以置信

农民郭元英捐赠的飞机三年无人过问

《工人日报》

学校设"爽吧"为老师减压
教师已经成为心理高危人群

《北京青年报》

无论是哪种模式，主题都必不可少。

我们讲的标题的写作也主要是指主题的写作。

主题是什么？从形式上判断，一篇报纸新闻中，字号最大字体最粗，肯定是主题。它揭示新闻中最重要的、读者最关心的、核心的事实或思想。

主题既可以是一行题，也可以是两行题，但最多不超过三行题。

实际操作中，单行题和三行题都用得比较少，大量使用的是双行题。

前面我们讲过标题的作用是引出主题，主要类型包括概括全文型（《我三十万大军胜利南渡长江》）、突出重点型（《人生最后一笔开销　老贵了》）、点明思想型（《学者不得为商家当"托儿"》）、引起悬念型（《几万条香烟哪儿去了》）。大量使用的是"突出重点型"，因为它最能突出新闻的精华，吸引读者注意。

新闻标题中的"主题"与文章"主题"概念完全不同，故又称"主标题"。

肩题又叫眉题、引题。其作用主要是：交代新闻事件的背景；说明新闻事件发生原因；点明新闻事件的意义；提出新闻的来源或根据；烘托新闻报道的气氛，为主题的叙述做铺垫。

由于肩题的这些作用，在整体是实题的标题中，它是唯一可以阐明抽象道理的部分。肩题可以从叙事、说理、抒情三方面去充实和发展主题。

肩题位于主题之前，正常的肩题不超过一行，也有各种变化，但以不妨碍主题的突出为原则，比如：

肩题：**县城的黄金地段要建一个大广场，但拆迁户大多是下岗职工、无业人员和吃低保的城市贫民，他们担心被县里强拆后无家可归**

主题：**五河：城市贫民背不动豪华广场**

副题又叫副标题、子题，主要用来对主题作补充、解释和印证。

副题对主题的补充，主要是补充次要事实、补充事情的结果以及补充新闻的背景、来源和根据等。

副题对主题的解释和印证有如下一些情况：

（1）主题揭示出一个论断式的事实，副题就用论据式的事实来解释和印证。

主题：**当心！**

副题：**广州市东山区抽查六十四间饮食店，绝大多数食具消毒合格率低**

（2）主题提出一项政策精神、原则、思想、道理等的抽象概念，副题就用具体新闻事实来印证。

主题：**市教委副主任反对课改过度洋化**

副题：**课程创新必须把握国家课程的实质　明确反对学前教育中的双语教学热**

（3）主题要概括全局的，副题就提出主要的局部情节来印证。

主题：**淮海路有一片被忘却的黄金地**

副题：**在哪儿？淮海电影院对面；面积多大？7000 平方米；被搁置多少时间？整整 26 年**

（4）主题提出一个悬念式的疑问，副题就用新闻事实作答复。

主题：**为谁辛苦为谁忙？**

副题：**黄冈丝绸总厂一年利润被"三乱"吃光，倒贴二万；个体销商贩收购香菇遭"路卡"剥皮，反亏五百**

（5）副题都是标明事实的实题，可以不止一行。新闻要点较多的，可把要点集中起来做成短行的多层题，称"副题目"。

主题：**多么令人鼓舞的消息！**

副题：**南海县一九八一年的数字　农工业总产值 12.6 亿元（比一九七八年增长 0.1%）　社员集体分配人均 37.4 元（比一九七八年增长一倍）**

社员家庭副业收入人均约 100 元　农村社员储蓄存款金额 1.38 亿元（比一九七八年增长 67%）

新闻内容比较重要而复杂的，可以做成不限字数、不分行的提要副题。

除消息的副题外，通讯、特写、调查报告等的标题也有副题，比如美国普利策新闻奖获奖作品《尼克松访华 —— 一个关键问题及其解决步骤》，其中"尼克松访华"是主题，"一个关键问题及其解决步骤"是副题。

写新闻是先写文还是先拟题？

每个人的写作习惯不同，顺序也就不同。

我的写作习惯，拟定题目贯穿整个采访的全过程。

当然，每条新闻拟定题目的开始时间不同。

一般情况下，一边采访一边草拟题目，随着采访内容的变化不断修改题目，根据新拟定的题目不断调整采访的内容，从而确保新闻质量。两个目的：一是在采编分离的机制下，我写的新闻要被值班编辑选上，而且能确定为当日重要新闻给予重点刊发。二是在第二天的同城媒体竞争中勇争第一，为单位不断提高社会影响力。

只有如此我们的路才会越走越宽。

举个例子。

2006 年，北京某区少代会，首次举行提案答复现场会，邀请了北京几乎所有的媒体参加采访报道。我也是其中之一。在接到采访邀请的时候，我看到活动名称，初次拟定的题目是《少代会首次举行提案答复现场会》，报给编辑的时候反映很冷淡。一些预知的采访活动，为了保证尽可能地发稿，我们都是提前报给值班编辑。

尽管如此，当天下午我还是决定去活动现场。现场对活动的新闻感觉还是很好的。

其实很多新闻，如果不参加现场，会觉得挺没意思。

但这个活动确实有点意思。

一个是当时的政务活动，刚刚兴起提案现场答复形式，显得民主也显得重视高效。另一个是，提案的都是小学生，提交的提案虽然幼稚却很有趣。

一些在职的官员现场要答复小学生的提案，想想都是热闹的。

在当天的很多采访中，能选择参加这个也是看中这一点，因此我是抱着极大的热情参与现场采访。

我真是听得特别认真，记得特别仔细。

作为在职官员，更多是爸爸妈妈辈，在职官员的回答非常负责任。正是因为负责任，现场的答复就出现了"含糊不清"的情况。

因为我很多次是报社"北京两会""全国两会"驻会记者，采访过正规的正式的市级国家级的提案答复现场会，因此对于这个提案现场答复会出现这样的情况，总认为是某些思想在作祟。当时脑子一闪，重新拟定了一个题目《小"代表"提案很具体　大"政府"答复忒含糊》发给值班编辑。

"特别好！一定要照这个方向写。"值班编辑短信秒回。

石景山少代会首次举行提案答复现场会，记者发现

小"代表"提案很具体
大"政府"答复忒含糊

政府官员表示，确实想给孩子明确答复，但许多提案确实需要多个部门协调

"麻峪小学校门外的马路不仅窄、坑洼得厉害，而且还尘土飞扬。同学们上下学或到邻院的教室上课都要经过这条路，天天要吸入不少的灰尘。为了我们的身体健康，请有关部门的叔叔阿姨帮助我们改变一下学校周围的环境。"在昨天下午石景山少代会举行的提案答复现场会上记者发现，学生代表提案很具体，政府官员答复却忒含糊。据悉，学生代表提案咨询，政府官员现场答复，这在本市还是第一次。

昨天下午，石景山区城管大队、环保局、教委、交通管理局、卫生局、体育局及文委等7个相关部门领导，一字排开接受50多名少先队员代表的现场质询。据石景山少工委有关负责人介绍，此次从全区2万多名少先队员中搜集到与同学们切身利益息息相关的有效提案 137 件。记者从提供的资料看，这些提案内容非常具体，涉及教育、交通、体育、环境保护等区域发展的多个方面。

2 点 30 分小代表们就开始现场提问。尽管小代表们的每个提问很具体，但现场的答复却并不明朗。比如金顶街二小路边的沙堆扬尘问题如何解决，现场的回答是巡视，有主的找单位解决，没主的……学生特别想知道的何时如何解决并没有出现；再比如一所小学墙体脱落，为了保障学生安全建议重新给予装修的提问，现场的回答是经费投入有限，学校的这个问题会考虑靠前安排等。

对于这样非常"外交"的答复，许多学生代表们困惑地问："这个问题到底怎样解决？"而针对如此"忒含糊"的答复，现场的政府官员这样解释："我们也确实想给孩子们一个明确答复，但许多提案确实需要多个部门协调。比如路口加装红绿灯，至少需要交通、市政管委等协商才能确定。"

"在请这些政府官员来之前，我们已经就学生的一些提案与相关部门进行了沟通，他们感觉压力很大。"石景山少工委办公室主任方蕊说，"主要是这些提案多涉及多个部门，无法给予学生一个明确的答复。"方蕊告诉记者，尽管学生没有现场得到答复，但他们却通过这种形式对社会各个部门更了解，也明白了一个提案的答复不是想象得那么简单，这样的知识课堂上是学不到的。

这样的写作是有风险的。如果后期处理不好，记者会遭到相关单位的封杀。这实际上是很多记者在职业生涯里最常遇见的两难问题。

一方面，报纸要担负起舆论监督作用。

另一方面，记者要维护良好的业缘关系网。

而要解决这个问题，媒体单位给予记者的保障非常重要，比如调换报道领域等。如果媒体单位不给一线记者给予工作保障，那么没有职业操守的一线记者慢慢就会远离舆论监督，新闻舆论监督功能将逐渐丧失殆尽。一个媒体如果没有了社会、群众或者读者赋予的舆论监督职能，这个媒体也就离倒闭不远了。

第二节　新闻标题拟定原则及制作的 15 个忌讳

"谁要是给我想出一个好标题，我给他磕三个头。"著名报人邓拓这样评价新闻标题的重要性。

《新闻学大辞典》这样定义新闻标题的主要功能：在于最简明地向读者揭示新闻最重要的内容，使读者可以在一瞥之中获知重要的新闻信息，满足先睹为快的读报需求，并据此对进一步阅读的内容做出选择。

标题还可以用显现的或含蓄的方式对新闻事实进行简要的评论，表明报纸的态度，引导读者正确理解新闻内容。

标题还能以生动的语言诱发读者的阅读兴趣，吸引读者去进一步阅读新闻。标题也是组织和美化版面的一种手段，借助于标题，版面可以富有变化，并清晰易读。

制作标题，要求题从文事、题文一致，并能以精练的文字揭示出新闻中最重要的内容，做到片言居要。标题要具有动态，能显示出新闻事件的变动；标题的文字要求准确、鲜明、生动、通俗。

一、新闻好标题的原则和要求

在《新闻采写新编》中，给出好标题的 9 条标准：

（1）就它的生动而吸引人讲，它应该使读者"一见倾心"；

（2）就它的简洁明快讲，它应该使读者"一目了然"；

（3）就它忠实于新闻事实讲，它应该是"一片丹心"；

（4）就它对新闻内容的高度概括讲，它应该是"一语破的"；

（5）就它的笔触犀利讲，它应该是"一针见血"；

（6）就它的逻辑说服力讲，它应该是"一言九鼎"；

（7）就它所提供的信息含量讲，它应该是"以一当十"；

（8）就它的含义深刻讲，它应该让读者"一唱三叹"；

（9）就它给读者的印象讲，它应该是"一曲难忘"。当然，不可能要求这

"九个一"都集中体现在一个标题上，但既然是一个好标题，它在具体、准确的前提下，应该兼而有里面的一两条，就算是"一、二技之长"吧。

《北京青年报》对标题的写作提出 7 条原则：

（1）本报标题应力求简洁、准确，必须有实质内容，是对新闻事实的准确概括和提炼；

（2）标题是一个记者最高文字水平的体现。记者应加强标题制作的能力；

（3）标题是文章的广告，要能使文章引起读者的阅读欲；

（4）信息的筛选对于消息来说是非常重要的，而筛选的关键是在写作之前；起好标题，标题是筛选信息的最好尺度；

（5）写作应先起标题后写文，增强文章逻辑性；

（6）交稿时应有三重标题，以利编辑做进一步修改；

（7）标题不宜太长，一般控制在 20 字以内。

实际操作中，还有几条要求：

（1）主标题的字数应该控制在 8 到 12 字之间，据说这是最容易记忆的最长文字，字数太少则信息量会不足，做头条显得单薄压不住版面。

（2）尽量做到"三多三少"：多用动词，少用形容词；多用实词，少用虚词；多用直接引语，少用间接引语。

（3）标题中的标点符号，除了有特殊含义的感叹号、问号、破折号三个外，其余尽量用空格或者改变字号、字形等方式替代，给标题尽量留白，让标题看起来清秀舒展。

无论是 9 条标准还是 7 条原则，我们在实际新闻写作制作标题时必须随时要提醒自己这几个问题：

读者会对报道的哪一部分内容感兴趣？

读者为何关注这则新闻？

这则新闻对于读者而言有什么价值？

在此基础上，我们去拟定标题吸引读者"一见钟情"去阅读，这才是拟定标题的根本。

新闻主要可以分为两大类：消息和通讯。

两者的写作方式不同，对标题的制作要求也不同。从标题的内涵上看，消息标题要具体实在，通讯标题则多点到为止。从包含的新闻要素上看，消息的传播功能主要是向受众报告新闻事实的发生，尽量涵盖新闻的六要素，而通讯则不必拘泥于此。从标题的结构上看，消息的复式标题可以涵盖肩题和副题，通讯的复式标题一般不用肩题只用副题。从时态上讲，消息侧重于报道正在发生的事实，标题应侧重于表现事物发展变化的动态。通讯则需要详尽地描述新闻事件发展变化的过程，需要再现新闻人物的言行和事情经过，其标题一般是静态的。

二、新闻标题制作 15 个忌讳

标题如此重要，在职编辑依然犯错。对某报多年来的报纸版面新闻题目分析，新闻标题制作常犯的错误有以下 15 条。

1. 常识错误，贻笑大方影响形象

标题中出现常识错误是最低级的错误，这种错误在报纸上比较常见。它们可能不至于导致原则问题，但却严重影响报纸的形象和权威性，因此也是必须引起高度重视的。

案例 1：

昔日美军总司令密谋转行拍戏剧

美军总司令（美国武装部队总司令）从来都是美国总统兼任，这是基本常识问题。什么时候韦斯利·克拉克当过美国总统？克拉克的职务是北约欧洲盟军最高司令兼美国驻欧洲部队总司令。

案例 2：

卫生部：湖北洪湖市等地发生疑似禽流感疫情

禽流感疫情的发布单位应为农业部，只有禽流感在人际间流行时，才由卫生部负责。

案例 3：

韩国代表团赴朝参加南北统一庆典

南北朝鲜什么时候实现了统一？

案例 4：

重庆今晨枪击引爆氯气

氯气是不能燃烧的，因此是不能被引爆的，应该是"液氯"。氯气在很大压力的情况下会变成液态，而这个"很大压力"才是引爆的物理条件。在涉及基本科学常识的问题上，我们一定要表现出专业水准才行。

案例 5：

春节出国　挤爆申报大厅

标题说的是出国，但文章里还提到到港澳去旅游的事，等于把香港和澳门划到国外去了。这既是常识问题，也是政治问题，不可小视。应改为"出境"。

2. 文法错误，语词不通生造概念

除了发布信息这个基本职能，报纸还担负着规范使用语言文字的任务，编辑一定要清楚，标题文字要文通字顺，简洁明快，不可以生造概念。

案例 1：

亿万少女苦恼多

"亿万少女苦恼多"，字面意思就是"亿万个少女苦恼多"，而不是编辑所希望的"有亿万家财的少女苦恼多"。有人说百万富翁并不会被认为是百万个富翁，但是"富翁"是与财富有关的词，与它合用的数量词一般是指财富的数量，这是约定俗成的。但"少女"与财富并没有直接关系，与它合用的数量词一般没有财富的数量这个含义。

案例 2：

双棒遇上双棒王

标题制作时本意是借用双胞胎的俗称"双棒儿"，但既没有加引号也没有加儿化音，犯了用字（词）不规范的错误，看起来令人很费解。

案例 3：

笼中囚生已过半

此标题让人莫名其妙，首先是不知如何断句，是"笼中、囚生已过半"，还是"笼中囚、生已过半"？但不管怎么断，还是不知所云。另外，过半这个词也有歧义，是数量过半还是时间过半，不得而知。

案例 4：

长寿首相难过情报门

2003 年，布莱尔五十岁，正是一个政治家年富力强的时候，怎么担得起"长寿"二字？仔细看了文章才知道，原来本意是指布莱尔在英国历史上执政时间最长，但这跟长寿有何关联？

案例 5：

肩题：本市城管部门摸索四大招数专门对付非法小广告

主题：2600 个电话"呼死你"

两个标题在意思上搭不上界。另外，"2600 个电话'呼死你'"文法不对，不知道是什么意思，到底"呼死"谁？根据文章，好像应是 2600 个小广告电话遭到"呼死你"的惩罚。

案例 6：

大屠杀纪念馆今起免费开放

侵华日军南京大屠杀遇难同胞纪念馆是一个专有名词，简称大屠杀纪念馆很不严肃，难以理解是在纪念什么。

案例7：

怀柔泄漏事故原因初步查明

"怀柔"这个地名与"泄漏"这个动词是不能直接发生联系的，由于副题又没有对主题进行解释，所以会让人觉得莫名其妙。有人可能会辩解说，知道怀柔毒液泄漏事故的读者是会明白这个概念的含义的，但我们的读者中不可能是都了解这个事件的，因此在编辑时有一条准则，就是应将所有读者都视同为第一次阅读新闻的人，这就像体育比赛的电视解说员要经常不厌其烦地为那些"刚打开电视机的观众"解说已经过去的比赛过程和当前的比赛结果一样。至少在这个新闻的标题制作上，其他几家报纸都比我们"专业"。某报一：怀柔毒液外溢属违规操作；某报二：怀柔毒液外溢事故原因查明；某报三的标题最标准：肩题：北京公布氯化氰泄漏事故调查结果；主题：五大违规引发怀柔毒液泄漏事故。这里的"毒液"是不能省略的。

案例8：

肩题：**没有解释任何理由　声称要给弟弟自由**

主题：**约旦国王为何废了弟弟？**

这个标题让人莫名其妙，语焉不详，而且甚至有点可乐。什么叫"废了弟弟"？是不是像武侠小说里讲的那样，夺去对方武功的那个"废"？读了文章才发现，这个"废"是"废黜"的废，但为什么在主题里不直接点明？肩题里对这个"废"字也没有做任何解释，特别是弟弟是何职务而被废。参看外报的标题，其他四家都提到了"废黜王储"这个概念，而这个概念是新闻的"眼"，是省略不得的。另外，从逻辑关系上看，肩主题之间缺乏上下承接，而且意思重复（犯了标题的另一忌讳），肩题说的是没有解释任何理由，就是不知什么原因，主题"为何废了弟弟"显然也是这个意思；肩题里有"弟弟"，主题里也有"弟弟"。

案例 9：

"Hi 可爱初露峥嵘"

既然是"可爱"，怎能用"峥嵘"？

案例 10：

中国女羽强化制军

标题中使用"制"字的含义应如何理解？是制度的这个"制"，还是治理的那个"治"？

案例 11：

韩国拟邀卡扎菲居间

这个标题的毛病就在于弄巧成拙。"居间"的意思就是"在双方之间"，在语法上讲是个状语介词，相当于英语里的 between，没有必然的"调停""斡旋"的意思。标题讲究巧妙，但更讲求准确。

案例 12：

亮晶晶相遇断言无语

"断言"的本意是下判断、做决断的意思，用在这个标题里不知是何用意。可能用的是断言的简单字面意义，中断谈话的意思，这个虽然不规范，但也不是说就不能用，但既然"断言"，也还是说了，何称"无语"？既称"无语"，就是没有说话，何来"断言"？

案例 13：

几千苍鹭狂撮鱼塘霸王餐

这个标题首先就让人不解，什么叫"狂撮鱼塘霸王餐"？另外，"霸王餐"在这里是何用意？难不成我们还指望鸟吃了鱼塘里的鱼还会给钱不成？文章里还有"村民们鱼塘养殖的观赏鱼成了这些鸟儿们的免费大餐"的字句，这简直让人忍俊不禁了，鸟儿吃食什么时候不是免费的？鸟吃食不免费才真是新闻！

案例 14：

四十父亲官　旁听民告官

什么叫"父亲官"？在我们的语言里哪有这个词？生硬地造出一个新概念出来，是想解释什么呢？

案例 15：

北京汛期首次采用预警色

这个标题根本读不通，"北京汛期"这个主语与"预警色"这个宾语在字面意义上无法产生关联，文法上叫主谓不搭界，俗称叫"驴唇不对马嘴"。我们可以看某报的标题："北京防汛首次应用四色预警"，确实比上述标题准确、通顺得多。

案例 16：

河北大蒜昨自辩无毒

大蒜本无语，奈何强语之？物事能自辩，岂不人笑痴？

案例 17：

陈坪　《追赶我可能丢了的爱情》

这个标题不合标题制作的基本规范，主谓结构不完整，缺失动词。两个名字，一个是人名，一个是作品名，就构成了一个标题，大家读读，看有什么效果。

案例 18：

商品房近期不会取消预售

这个标题的毛病比较隐蔽，这种说法我们也经常在口语里听到，但从文法上分析，它的主谓语搭配有问题，"商品房"是个物体概念，如何自己能有"取消预售"这个动作？其实把动词调换一下位置就完全可以准确表达了，比如：近期不会取消商品房预售，商品房预售近期不会取消。我们可以参看其他报纸的同题报道的标题：商品房预售制暂不取消、期房销售制暂不取消、建设部称暂不取消期房预售、近期不会取消期房。

案例 19：

硫酸罐车行驶中突发泄漏

泄漏的字面意思是液体、气体排出。根据文法，"泄漏"这个动作的施行主体应是"硫酸"，而不是"罐车"，但是这个标题恰恰给人以罐车是施行主体的印象。"罐车"这个东西如何能发生"泄漏"？

案例 20：

哈马斯组阁"血统纯正"

这个"血统纯正"用在这里是什么意思？哈马斯是什么血统？换了别的人组阁血统就不纯正了？

案例 21：

泰国人妖"登陆"北京　深山演出天天爆满

登陆这个词用得有问题，人妖也是陆地上的，不是"海妖"，何来登陆一说？另外，引号用在这里是什么意思？

案例 22：

电话印上小广告将被停机（头版）

登上小广告电话将被强制停机（下转版）

头版标题"电话印上小广告将被停机"，第一眼看时感到莫名其妙，不明白说的是什么，翻到下转版，对应的新闻标题"登上小广告电话将被强制停机"，仍然让人不能一眼看明白是什么意思。等看了具体的新闻稿，才明白：北京通过的某项行政规章，内容包括这样一项，即通过非法小广告传播的电话号码、手机号码将被停机。

这样一件事情，设计一句话来准确、简洁地表达，是不难的。我们的编辑在设计新闻标题时要站在读者角度想一想，他们是否能够看懂。记者写稿存在着"自己清楚，误以为别人都明白"的心理误区，编辑在设计标题时，也会出现这种情形。这时，就需要请不相关的人检验一下。如果时常想到读者，这样的检验就应该是编辑的日常工作程序的一部分。

案例 23：

《西方眼》重现"自行车收藏"

这个标题让读者乍一看根本就不知所云，失去了标题抢眼的特点。"自行车收藏"是编辑杜撰的一个名词，刚读时还觉得是收藏自行车的，看了文章内容才知道，是说这些画展作品是收藏者骑着自行车廉价买来的。那么何谓"西方眼"？读者读完新闻，才了解就是指一个外国人用其西方眼光来看中国艺术。

3. 夸大其词，故弄玄虚丧失公信

新闻事件的意义原本一般，但却为了制造眼球效应，而在措辞上故弄玄虚、添油加醋、刻意拔高、夸大或渲染新闻意义和后果，这从本质上讲也是违反了新闻真实性原则。类似"首度""首发""惊现""唯一""惊爆""第一次""空前绝后""史无前例""揭秘""探秘""大揭底"等用于突出新闻意义的字眼一定要慎重使用。简单说就是，唯要随时客观冷静，不要动辄一惊一乍。

案例 1：

新闻媒体开始整风

"整风"这个词有特定政治含义，不能随意套用，这么做标题容易引发政治歧义。

案例 2：

三百公斤金条明天首发

卖金条并非第一次，何言首发？或者我们可以理解为每根重达 300 公斤的金条，这样重的金条倒可能确实是"首发"，但新闻事实显然不是这样。

案例 3:

圣诞垃圾惊现京城

"惊现"这个词的用意不知何在。"惊现"所反映的新闻意义应是以前很少见到的,或突然见到的反常事物,但就"圣诞垃圾"这个事物而言不可能是以前没有过的。

案例 4:

史无前例重赛引来世界关注

在这篇长达千字以上的新闻稿里前后出现了两次"这是世界足坛历史上第一次宣布比赛无效而需要重赛的比赛"。对这一表述的根据何在我们不得而知,据我粗浅的知识,新闻刊发前不久德国足球联赛因为出现黑哨问题,就有好几场比赛重赛。如果我们一定要表述"史无前例""历史上第一次"这样的概念的话,则只能是"因为裁判的'技术性失误'而判罚一场重要的比赛重赛,这在国际足球的历史上是第一次"。但严格来说这种说法也不准确,2002—2003 赛季法甲第 8 轮欧塞尔对色当的比赛中,当色当打入一球后,他们有两个队员还没回到本方半场,主裁判就鸣哨欧塞尔中线发球,结果欧塞尔快速进攻进球。这显然也是一个裁判规则运用错误的典型事件。因此比赛后,法国足协决定对本场比赛进行重赛。

案例 5:

京城第一税案主犯昨天伏法

应为第一发票案,它与偷漏税相关的税案的概念是不一样的。

案例 6:

财富论坛会前注册全揭秘

通读全版未见有何秘可言。以夸大新闻意义来掩盖新闻价值的不足绝不可取。新闻编排能否平和些、客观些?

案例7：

我捐出了孙中山亲笔信

这个标题明显是言过其实，我们给予如此大的强势处理也很有误导之嫌。如果确系孙中山亲笔信，则放头版头条都不为过，但如果如文中所讲仅仅是复印件，则新闻意义大大降低，充其量是一条本市新闻的素材。

案例8：

7 种情形可判"飞车贼"死刑

这个标题的字面意思是，有 7 种情况可以判"飞车贼"死刑，然而实际情况并非如此。这个新闻说的是广东省公安厅、省检察院、省高院联合公布《关于依法严厉打击抢劫、抢夺犯罪适用法律的指导意见》，其目的是统一执法尺度，从重从严惩处"双抢"犯罪。双抢就是抢劫和抢夺两种罪行，二者的量刑是不一样的，抢夺罪一般处以 3 年以下的刑罚，最高刑罚是无期徒刑，而抢劫罪一般处以 3 年以上的刑罚，最高刑罚可以适用死刑。现在，广东司法当局规定，对 7 种情形的"飞车贼"犯罪可以适用抢夺罪的量刑，最高可以处死刑。也就是说，并非所有的飞车犯罪都可以适用抢夺罪，同时，7 种符合可适用抢夺罪的飞车犯罪，只是在极端情况下可以判死刑，并非像我们的标题所说的那样，只要飞车犯罪符合 7 种情形，都可以判死刑。这个标题夸大了新闻事实，目的还是为了抢读者的眼球，违反了新闻真实性原则。

案例9：

肩题：农大博士研究生党支部开展"红色 1+1"科技行
主题：把博士论文写在农民的田间地头

从 2004 年 12 月开始，农大和密云县委携手开展"红色 1+1"科技行动，10 个博士研究生党支部与密云县 10 个村的党支部进行共建，农大选派 100 名博士生进村，一个党支部带动一个村庄，一名博士生党员帮扶一个农户，实现农业高科技与农民"零距离"。在帮扶的同时，许多博士生不仅在第一线的工作中锻炼能力，还在具体实践中发掘课题进行研究，把论文写在了京郊田间。"红色１＋１"活动既让博士生们锻炼能力，又能与各自研究的学科专业相结合，不仅博士生积极性非常高，老师也积极支持甚至参与活动。

一个普通的周末清晨，一辆"春游"大巴拉着中国农业大学食品科学与营养工程学院的十多名老师奔赴密云，他们带去了吃的、玩的，带回的却是任务。而这趟旅途是院长罗云波早就"设计"好了的。

■先以春游的方式拉老师到乡村

春游的目的地是密云县北庄镇，当地已经具备了一些农产品生产的基础条件，但由于生产规模小、生产不规范，导致此地生产的果酱因质量不达标而被限制出口。老师们赶到后，镇长便把早先准备好的"困难"一一摆了出来，困难让这些研究食品营养的专家立刻起了兴，他们当中不少人当场承诺拿下"困难"。

■带回家作课题研究

跟随老师们的脚步来到密云的是食品学院的研究生们，他们教农户用农机，告诉他们合理施肥的方法，但短期内看不到立刻的收益，有些农户有了情绪："你们这是添什么乱啊！"为了尽快给农民增收，老师和同学们琢磨起了"生意经"。当地有一家农产品加工企业，叫互润，老师们亲自攻关，把互润的订单"拉"到了田间，大力开展订单农业。

有了企业的资金支持，农民乐了，师生们的工作好开展了，企业也获得了利润，罗云波院长称，三方合作方方受益，这样才使得建设新农村有了长久之计。

■"农户要打井，我们没同意"

"有阵日子没来了，很想念您啊。"这是河南寨镇套里村老书记见了李桦后的第一句话，李桦是农大工学院原党委书记。他带领着该院博士生农工党支部牵手套里村党支部。刚到村里时，村里有 6 口井，两三口已经干涸了，村民让他们帮助新打一眼井，"我们没同意。"李桦称，如果不改变现有的灌溉方法，打多少眼井也不管用。于是师生们着手研究节水灌溉项目。但搭设这套节水设备要花费千余元，农户们都不愿自己出钱，于是师生们就向学校申请了经费，帮助农户更换设备。现在他们已经做通了 3 户农户的思想工作，准备先期更换设备，李桦称，我们要让其他农户看到成效，如果能节水又能增收，其他农户也就愿意加入了。

■ "宿舍电话成了咨询热线"

博士生们把宿舍电话等联络方式告诉村里人，当他们学业繁忙不在村里时，电话就成了农民们的咨询热线，"播种时节到了，该注意什么？""新引进的牡丹花如何种植"……同学们都耐心地一一讲解。在与淳朴农民的接触与交流中，博士生们也深受教育。

中国人民大学新闻与传播学教授、博士生导师陈力丹先生专门就这个标题写来指正意见：

看到 6 月 22 日头版的消息《把博士论文写在农民的田间地头》，我吃了一惊，不禁想起了"文革"时期要求钢琴为工农兵服务，于是把钢琴抬上卡车沿街演奏的情形。这种荒谬的做法我们是否还想重演？博士论文的写作是科学研究行为，即使是农业学的博士论文，也不可能搬到田间地头。我仔细看了消息的具体内容，其中有一句"把论文写在了京郊田间"，从上下文看，只是一种形容，不是真的跑到田间地头写论文。消息的主题是提倡农大的学生为农村解决些具体问题，写法带有明显的"穿靴戴帽"的宣传意味，需要改进。这里主要批评版面编辑，标题的设置要以尊重科学为前提，不应误导读者，似乎严谨的博士论文能以如此的形式完成。

案例 10:

主题: 14 岁学子"指挥"专业民乐团

副题: 2006 年"民族艺术进校园"启动

主标题从制作上看非常突出,但是,文章的主要内容却主要是副标题所指。主标题所指内容只是整个新闻事件中的一个微小的细节,它不具有提领整个新闻事件的作用。编辑是有意将主标题内容作了夸大,形成了一个噱头,可能一时能达到吸引读者的目的,但过后,就会让读者感觉上当。

4. 舍本逐末,避重就轻迷失根本

对新闻事件的意义和背景判断不清,对新闻事件的核心内容轻描淡写,对细枝末节问题却突出渲染,导致不能做出与事件的新闻意义相符合的标题,或者肩题、主题、副题位置颠倒;或者避重就轻,降低甚至湮没原有的新闻意义;最甚者用没有任何新闻意义的官话、套话、空话来做标题,敷衍了事,虚张声势。在新闻学上,上述错误被称为是新闻信息判断失误。新闻信息根据其形态,分为显态信息(对具体事实的直接描述)和隐态信息(依托于显态信息存在的观点、意图或者情感,也称为暗示性信息)两种。前者按照重要性可分为主信息(主要新闻事实)、次信息(对比、映衬或者补充主信息的信息)、微信息(背景资料信息)、余信息(废话和空话;根据语言习惯而起过渡、照应或加强语气和态度、表情的语句)。如果标题不能准确提炼主要新闻信息,而错误地突出了次信息、微信息甚至是余信息,对一个编辑来说,这都是不称职的。

案例 1:

肇事司机已被警方监控

事件性新闻一定要配以最能概括事件性质的主标题。肇事司机被警察监控是四川客车倾覆事故的一个副产品,是整个事件中的一个环节,且具有必然的意义,所有恶性事故的责任人都要首先受到类似的处理,而新闻强调的是要突出反常的意义。可以改成:"主题:四川一大客车西安翻车 26 人遇难,副:乘客多为夫妻带着幼儿赴上海打工,肇事司机被警方监控",事故性质

（26 人死亡）、地点（四川大客车西安翻车）、乘客特点（很多夫妻带着幼儿）都能一下子就抓住读者的心。

案例 2：

中国克隆成功世界顶级牛

先来看另一个同题报道的标题：主题：朱镕基为俩克隆公牛命名，副题：起名大隆、二隆寓意克隆、兴隆　两克隆牛母体为加拿大政府赠送。大家可以比较一下我们的标题。中国克隆的这两头牛是否为世界顶级我们无从知晓，顶级牛是什么概念我们也无从了解，但读者对"朱镕基"这三个字会敏感，因此突出这个显要概念是符合新闻编辑规律的。

案例 3：

单刀赴土

在这个标题下，"惠更斯项目"这个人类最尖端宇宙探索项目的科学意义（该项目耗资 33 亿美元、美国和 17 个欧洲国家的 260 位最重要科学家共同参与，目的是探索"早期的地球"）、惠更斯的悲壮使命（它在卡西尼号上沉睡了 7 年最终只能在土卫六上存活半个小时）、人类挑战自己科技极限的勇气、能力等，都被湮没了。另外，标题用语也不对，"单刀赴土"显然仿拟的是"单刀赴会"这个词，但情境上根本无法两相对接。这个"刀"在这里就不知是何用意。如果从"单"字上做文章，还不如用"只身"，更有在邈远的宇宙中孤独求索、义无反顾的韵味在里面。

案例 4：

肩题：阜成门特大交通肇事案民事赔偿一审判决

主题：司机单位共赔 120 万

如果不看这个新闻的肩题，这个大标题给人的感觉就是莫名其妙。大标题的编排是新闻编排上最重要的一个环节，好的大标题可以没有肩题、副题，读者也能对新闻的重要性、异常意义有所感知，从而引起阅读情趣。那种指望读者按照我们编辑的思路，先读肩题、再读大题、再读副题的做法，只能是一厢情愿。现在是浏览式读报时代，一个大标题如果不能在第一视觉上就吸引读者，则基本可以肯定，这条新闻就被读者忽略过去了。这个标题的毛病是主次颠倒。新闻的基本事实应是"阜城门特大交通肇事案一审判决"，应把这个点在标题里体现出来，然后用副题"司机单位共赔 120 万"来对主题新闻事件的后果进行解释。

案例 5：

主题：**部分干部违规购超标车**

副题：**大理市委书记被撤职**

主、副题的顺序显然是颠倒了。这个消息的主要新闻事实是"大理市委书记被撤职"，原因是他主管的很多干部违规购买超标车。在编排处理上，应该以前者做主题，原因解释部分做副题。

案例 6：

5 名警察当街殴打老人

这个标题没有文法错误，但是我们这么做，就使事件的性质发生了变化。如果只是警察殴打老人，就只是简单的滥用警力的问题，要是这样的话，应该没有必要放到版面头条来处理。但如果是白人警察殴打黑人老人，就是种族歧视问题，后者的性质要比前者严重得多，我们处理在头条位置，应该也是根据这个性质，所以标题里的"白人""黑人"是不能少的。

案例 7：

惠更斯发回一组照片

就这个标题的具体意思而言，坦率地讲，根本就不是新闻。惠更斯千里迢迢到那里干什么去了？就是去拍照片的嘛，它发照片回来不具有新闻异常意义。这个新闻的异常意义在于，科学家通过分析照片，确认土卫六上有液态物质，这是太阳系继地球之后第二个有液态物质存在的星球，因此而具有重大的历史意义。

案例 8：

189 手完胜废了石佛官子功夫

这个标题与这个新闻事件的反常意义并不相称。这个新闻最大的异常之处就是年仅十五岁的北京孩子、四段选手陈耀烨战胜了韩国神话人物、有"石佛"之称的李昌镐。我们可以改成：《15 岁中国娃屠龙大胜李昌镐》，北京媒体可以突出北京地域，很有点武侠的味道，也可以改成：《北京 15 岁小将干掉"石佛"》或《15 岁北京少年扳倒"石佛"》。它们都突出了年龄特点（少年）、地域特点（北京），这些都是北京读者的关注点所在。现在的标题，整个事件的新闻意义被冲淡了。

案例 9：

违规帮"蓝田"上市　坐拥三处豪宅

这个标题的毛病还是避重就轻，中组部原法规局局长王法雄是因为涉嫌受贿 140 万和巨额财产来源不明等犯罪行为被起诉的，而不是简单以"违规"而被追究的。法律上，一般在违法、违规同时存在的情况下，都适用"从重"原则，新闻标题提炼也是一个道理。

案例 10：

数十市长观赏北京夜景

作为头版头条的这个标题，显然太"软"，不够大气，不足以提领今天本报的新闻总体报道，难以彰显本报"新闻是有分量"的新闻理念。世界各地的市长们千里迢迢到北京干什么来了？就是看夜景来了？显然不是。这个看夜景的标题，充其量只能是一个新闻配图的标题。另一家媒体的标题是：百位市长在京纵论全球合作、全球百名市长共论理政心得。显然，标题里的是数十，还是百名，也需要核准。处理在重要位置的新闻，不管其是否是真正意义上的新闻，只要占着那个位置，那就要给予与其位置相匹配的形式包装，这个位置的新闻就是小题也要大作。

案例 11：

夏利的士开进首博库房

这个标题明显没有把新闻眼，也就是新闻的异常意义做出来。开进首都博物馆的这辆夏利车不是一辆普通的车，是全国劳模于凯开的车。另外，"夏利的士"是个集合名词，应该做专属性限定。

5. 以偏概全，哗众取宠意在惊人

在主标题里不对新闻事实、新闻人物、新闻环境、新闻发生地、新闻事件的作用范围、新闻性质等进行专属性限定，具体表现为喜欢用复数名词，因为缺乏限定条件，就很容易导致新闻失实和差错的发生。

案例 1：

悬　扁豆放倒 28 人

对扁豆的限制定义不够，很容易引起歧义。当天某外报的同题新闻的标题是："夹生扁豆毒倒 28 名工人"，非常准确。

案例 2：

超市昨遇面粉退货风波

"超市"的范围较广，但事实上发生面粉退货风波的仅局限在家乐福以及冠军超市中，标题用词夸大了新闻发生的范围，加重了事实的严重性，易导致读者的恐慌心理。

案例 3：

街道办事处开始"脱官服"

党政考察团车队冲卡打人

街道办事处不再替政府跑腿

这三个标题犯的错误是一样的，都是对集合名词不作限定。街道办事处开始"脱官服"，这里的街道办事处是个集合名词，在表述时必须进行限定。

案例4：

肩题：**因琐事发生口角扎死自己同学**

主题：**北外女大学生被判死刑**

这个标题还是我们多次说过的老毛病，就是不对内涵宽泛的名词做限定处理。"北外女大学生"多了，哪个被判死刑了？准确的提法是"北外杀人女生"。这个标题的肩题也有毛病，它陈述的是一个过去发生的事件，按照写作要求，有了这样一个题，你就要在文章里进行呼应。但实际上，这个新闻的核心事实是法院判刑，而不是犯罪事实的复现，后者内容是旧闻，是前者的新闻背景，它是不适合在新闻标题里出现的。

案例5：

明年年检不再"面对面"

这个新闻的主、副标题均没有对新闻主体的唯一性进行限定。新闻讲的是"企业年检"方式改变，但看本报的标题，最容易令读者联想到是车辆年检。"企业年检"中的企业是省略不得的。

案例6：

9月北京房价上涨78元

漏掉了核心概念。这里应为期房价格，不是所有房子的价格。

案例7：

流失海外八十载　龙门石雕昨回家

龙门佛雕昨日回归

这两个标题都值得商榷，"龙门石雕""龙门佛雕"都是集合名词，本意是复数概念、整体概念，应该对它有所限定。

案例8：

民政局原局长滥用职权被诉

一副局长挪用公款判十年

此两则标题都存在新闻主体限定不清的问题。前一个标题很容易让北京市民政局的局长看了不舒服。就这条新闻来说，在称谓前加上"房山"和"平谷"的限定是必要的。

案例9：

卫生部首次公告慎食薯条

卫生部根本就没有发布慎食薯条的公告，发布的是慎食炸薯条的公告。薯条和炸薯条是两个概念，就像饮用水和河水是两个概念一样，我们可以说"河水不能喝"，但不能说"饮用水不能喝"。

案例10：

网上侵犯著作权可罚款10万元

不是只要出现网上侵犯著作权的情况就罚10万元，而是最高罚10万元。标题过于泛化了，对新闻事实的描述就不准确了。

案例11：

游戏审查标准　六月征求民意

首先，这个游戏不是普通的游戏，而是网络游戏。因为最近连续发生学生玩网游成瘾不能自拔而自杀的悲剧事件，网游已经成了社会关注的焦点。另外，根据文章内容，网络游戏内容审查标准征求社会各界意见，这是文化部的整改网游的具体措施，它并不能提领中央五部门共同参与的联合行动中的所有具体措施。还有，征求民意和征求社会各界意见的概念是不一样的，前者的内涵要大于后者。但我们从这个政策信息来分析的话，更可行的是征求社会各相关部门和专业人士的意见，而不大可能是在全社会征求意见。网游、强制、净化等严厉措辞是不可少的，它们是新闻意义的承载者。编辑一定要对新闻稿的核心事实和新闻意义吃透，这也是体现功力的地方。

6. 佶屈聱牙，概念生僻读者生畏

新闻心理学研究表明，大多数读者会对反常的新闻事件和熟悉的人物乃至概念产生关注兴趣，而对自己不熟悉或不在自己的知识阅历范围内的事物一般都没有阅读的兴趣，这在新闻学上总结为异常性和显要性原则。标题里不可以出现专业词汇、只在小圈子里流行的外来词汇和让读者感到陌生的人名、地名及其他概念，否则容易让读者产生畏读情绪，其后果是导致放弃阅读。编辑和记者的工作被承认或者说他们的工作价值实现的唯一评判标准就是读者的阅读，不能实现这一点只能算是无效劳动。

案例 1：

房山金陵惊现龙凤纹石椁

标题的毛病是太专业，普通读者谁能清楚"龙凤纹石椁"这个考古学概念？如果改成"房山发现完颜阿骨打陵墓"，可能就好很多。读者中听过曾经风靡一时的刘兰芳的评书《岳飞传》的大有人在，对"完颜阿骨打"这个名字一定耳熟能详，完颜阿骨打的四儿子就是岳飞的死对手、大名鼎鼎的金兀术，报纸应该根据"显要性"这一原则来提炼标题，一下子就拉近了与读者的心理距离。

案例 2：

病原微生物不能用公交车运输

这个新闻的核心是国务院公布施行《病原微生物实验室生物安全管理条例》。这个标题显然是根据其中的第十二条"运输高致病性病原微生物菌（毒）种或者样本，应当由不少于 2 人的专人护送，并采取相应的防护措施。有关单位或者个人不得通过公共电（汽）车和城市铁路运输病原微生物菌（毒）种或者样本"做出的。这个标题的毛病最主要的一点是太专业。"病原微生物"是个很专业的提法，读者头脑里没有相应概念，根本无法从这个词体会到新闻的意义何在。用"公交车运输"也给人的感觉很怪异，难道不能

用公交车运输，就可以用其他民用交通工具，比如地铁、城铁运输？这个标题的另一个毛病是前面提到的"舍本逐末，迷失新闻核心意义"，其实，这个新闻的核心点，也是国务院出台该条例的直接原因，因为北京的一家传染实验室发生污染泄漏，导致又一次的"非典"恐慌，因此国务院出台相关条例，对今后类似事件要严厉追究责任。因此，"实验室污染泄漏责任人要究刑责"才是新闻的关键所在。

案例3：

张海已被刑事边控？

敢问一下编辑，什么叫"边控"？我们的读者没有多少是法律专业出身的，这样一个专业术语有多少人能明白？

案例4：

我国肝吸虫感染者达1200万人

北京弓形虫感染率才超过全国水平

什么是肝吸虫？什么是弓形虫？读者不知道这些个生物是什么东西，如何理解它们的危害？

7. 题不对文，用词不当难圆其说

文不对题的情况可以分成两种，一种是标题反映的内容与新闻事实不符甚或正好相反，另一种是标题中反映的内容，在文章中没有呼应，简单说就是没有扣题，导致空穴来风。

案例1：

京西北险遇大停电

从字面看，"险"是"险些"的意思，那么这句话就有停电没有发生之意，而实际上停电行为是发生了的。编辑本意是想表达停电的范围不大，有关方面及时采取了相应措施没有造成大面积停电，但显然意思走了样。

案例 2：

非典重现纯属传言

标题里的"传言"不准确。《现代汉语词典》里对"传言"的解释是：辗转流传的话，可以看出，这个词并没有定性的意思。传言并不就指谣言，传言可以是谣言，也可以是真言，可以是虚假的，也可以是真实的。但新华社这篇稿子的核心意思是"非典在京重现传言不实"，即对"传言进行定性"，主要就是否定。

案例 3：

5 小时封堵西直门管涌

标题中的"管涌"这个词用得很不准确。"管涌"是水利和堤坝工程学上的专用名词，其意思是指在汛期高水位情况下，堤内平地发生"流土"和"潜蚀"两种不同含义的险情的统称。简而言之，就是洪水通过渗透作用侵蚀堤坝，将堤坝下面的砂层淘空，从而在堤坝内形成空洞，可导致堤（闸）骤然下挫，甚至酿成决堤的灾害。我们在过去的抗洪救灾报道中多次用过这个词，许多读者对此都很熟悉，这种情况下，我们犯下这个很不专业的错误就会出现贻笑大方的后果。

案例 4：

误食工业盐放倒 16 人

这个标题给人的直接感觉是本来最无辜的民工要自己为这个事件负责任。实际上，民工是没有任何责任的，他们根本就不存在与工业盐发生关系的可能，"误食"一说难以成立。

案例 5：

房山灭门案凶手昨覆灭

"覆灭"一词多用于团伙遭法律制裁时使用，用于一个人身上不恰当。

案例 6：

大货克隆奥拓　放胆到处闯祸

克隆的本意是指复制，照此理解就是用大货车复制出一辆奥拓车，这是根本不可能的。根据文章的意思，是大货盗用了奥拓的车牌照。

案例 7：

月球土地也能论亩卖？

月球土地为什么不能论亩卖？月球土地应该论什么卖？平方米、英亩还是公顷？这个新闻的"眼"在"月球土地居然也能卖"，而不是以什么单位来卖。

案例 8：

"十一五"规划取代计划

标题里的"取代"用得有问题。取代的字面意思：排除别人或别的事物而占有其位置，那么就是说，被排除的这个事物首先要是现实存在的事物。那么，根据这个报道标题的字面意思推理，就是"十一五规划"取代了"十一五计划"，而事实上后者根本就不存在，不存在的事物何来取代之说？

案例 9：

太空游客的两年炼狱生活

这个标题的字面意思是，那位游客在太空中过了两年如炼狱一样的生活，真的是这样吗？

案例 10：

900 万元将封正阳门六道裂缝

这个标题的字面意思与新闻事实是不符的，正阳门六道裂缝是不可能用900 万元（钞票）来封的，我们可以说"封正阳门六道裂缝花费 900 万元"，但是不可以说用"900 万元封正阳门六道裂缝"，我们的语言里没有这种表达方法。另外，900 万元并不只是用来封裂缝的，还会用于许多修复工程，比如地砖更换等。

案例 11：

私企老板首次参选全国劳模

这个标题很不严谨，给读者的第一感觉是新闻事件已经发生，就是私企老板已经参选全国劳模，是"过去时态"或"完成时态"，但从新闻的内容看，这是一个"即将发生"的新闻：全国总工会副主席张俊九表示，私企老板将可以参选全国劳模，可以改成:《私营业主可参评全国劳模》或《私营业主纳入劳模评选范围》，都比较准确。

案例 12：

三成学生不每天做眼保健操

这个标题里有个毛病，否定词"不"的位置不对，依现在的位置，我们可以理解为：不每天做，那就是隔三岔五地做，偶尔做。而根据文章本意，是说三成学生每天不做眼保健操，也就是天天都不做。

案例 13：

全球去年军费看涨

整个报道都是对世界各国去年的军事开支情况进行回顾和总结，既如此，为什么要用表示将来时态的"看涨"这个概念？

案例 14：

车主为爱车讨要精神赔偿

爱车再好，也就是个物件，何来精神损失？既无精神损失，何来"为爱车讨要精神赔偿"？根据文章内容，应是车主因为爱车被撞自己受到精神损伤，所以要为自己讨要精神赔偿。标题里的这个"为"，并不能直接让读者产生是表示因果关系的"因为"的意思，而恰恰是介词"为了"的意思。

案例 15：

明年考研取消英语听力

文章中明确指出"听力考查调整到各招生单位的复试中进行"，而不是像我们的报道标题中提到的那样是"取消"，容易误导读者。

案例 16：

科学家证实发现千万年前老鼠

如果真如这个标题所说，那么科学家发现的只能是化石，绝不可能是活物。但是，看了文章，读者才能明白，原来是科学家在老挝发现了一种曾被认为在 1100 万年前就已灭绝了的老鼠，其在科学上的意义相当于我们在恐龙灭绝 6000 万年后又发现了仍然活着的恐龙。

案例 17：

喇叭沟门大火刚熄灭

怀柔城北昨又起山火

这个新闻说的是"怀柔城北昨起山火"，与"喇叭沟门大火"无关。编辑这么做题，等于是把两件不相干的事叠加在一起，从而加重了第二件事的严重程度。

案例 18：

苏丹红始作俑者昨过堂

苏丹红是一种人工合成的红色染料，常作为一种工业染料，被广泛用于如溶剂、油、蜡、汽油的增色以及鞋、地板等增光方面。苏丹红本身并没有罪过，有罪过的是把苏丹红用做食品添加剂的不法商人。应改为：苏丹红事件始作俑者昨过堂。

8. 不合逻辑，混淆是非误导读者

这一类标题的错误可以分成两种情况，一种是肩题、主题、副题之间缺乏逻辑关系，各题各说各话，莫名其妙。另一种是肩主副题之间虽然存在逻辑关系，但却是错误的关系，直接导致读者对新闻事实、意义和后果的判断出现偏差。

案例1：

肩题：北京进入森林防火期

主题：30 分钟必达林火现场

这个标题让人莫名其妙，因为肩题和主题的新闻主体出现"无理跳跃"，肩主题在逻辑上看不出有关系。可以改成：主题：森林消防 30 分钟要到火场，副题：北京启动全国最先进森林防火系统。

案例2：

第一行题：神秘场外电话

第二行题：671 万买走乾隆珍宝

作为双行题而言，一般两者间都需要有逻辑联系，但这两行标题之间在字面上没有什么逻辑联系。另外，这个标题还犯有"以偏概全，集合名词不作限定"的错误。乾隆珍宝这个词内涵过大，很容易让人理解成是乾隆御用的珍宝或乾隆年间出产的珍宝，都是复数概念，根据新闻事实，这两种理解都不对。标题所要阐释的事实唯一性不够，违背了新闻真实性原则。

案例3：

肩题：冒充杂志社行骗　细心人察出破绽

主题：5 小时报案难为被骗女作者

这个标题不知所云。根据肩题的引导作用，主题中的新闻主体应是行骗人，但实际上是被骗女作者，两个标题中的新闻主体不一样，因此，是不合逻辑的。另外，这个标题还犯有"用词不当，新闻本意招致曲解"的错误。被骗女作者的提法不准确，根据文章内容，显然她识破了这个骗局，则何谈"被骗"？再者，"5 小时报案难为被骗女作者"中这个"难为"让读者如何理解呢？根据文章内容，更好像是说"5 小时报案难"，那么后半句"为被骗女作者"作何意？要是把"难为"当作一个词来用，则其本意是使人为难，用在这句标题里，意思就成了"5 小时报案使被骗女作者为难"。难为还有一个引申意思，就是做了不容易做的事情，用到这句话里就成了"5 小时报案是被骗女作者不容易做的事情"，实际显然也不对，女作者报案并没遇到什么阻碍，问题出在河南警方不愿意立案而已。

案例 4：

肩题：**外地游客的孩子在地铁口突然不省人事**

主题：**女司机逆行　好的哥免费　五龄童获救**

这个标题很奇怪，肩题（有何必要突出外地游客的孩子这个概念？）、三行主题之间看不出逻辑联系，制作太粗糙。可以改成："一男童突发病　两司机接力救人"，言简意赅。

案例 5：

肩题：**桑塔纳盗车团伙偷车 60 多辆价值 400 万元**

主题：**工商所所长买卖被盗车**

这个标题的肩题"桑塔纳盗车团伙偷车 60 多辆价值 400 万元"从逻辑关系看无法引出主题"工商所所长买卖被盗车"。另外，这个标题还犯有"以偏概全，集合名词不做限定"的错误。哪的工商所、什么级别的工商所都没有交代，但这些内容都是可能引起读者阅读兴趣的东西。因为消息是处理在本市新闻版，读者，包括本市工商系统的各级领导，都会直接以为是本市工商系统的人出了事，实际上是河北一个县级工商局（科级）下面的一个工商所所长出了事。

案例 6：

肩题：**造成直接经济损失 3 亿元　生态环境约 5 年才能恢复**

主题：**沱江污染责任单位总裁引咎辞职**

肩题与主题在逻辑上没有直接的关系。肩题的主要目的是渲染和引出主题,那么按现在肩题的处理,引出的主题应该是"沱江发生严重污染"。而根据现在的主题倒推肩题的话应是"沱江污染责任人受到惩处"。实际上,"造成直接经济损失3亿元 生态环境约5年才能恢复"是事件的背景。

案例7:

厕所没发票 地铁成被告

何以"厕所没发票地铁就成了被告"?"厕所""发票"和"地铁"本身之间有什么必然的关联?实际上是因为乘客花钱上地铁站的收费公厕才产生索要发票的问题。可以改成:花钱上厕所为何不给开发票?

案例8:

分赃5元钱 妹妹判死缓

此标题严格来说存在偷换概念的嫌疑。它在转接含义上存在问题,两行题之间虽然存在逻辑关系,但却是错误的关系。仅从法律的角度讲,绝不会因为"5元钱"就被判死缓这样重的刑罚的,这不是法院判决,这简直是草菅人命。事实上是因为该女孩参与了以她哥哥为主谋的抢劫杀人犯罪,是共谋杀人犯,所以她才会获此刑,分赃5元钱是其中最为细小的一个枝节问题。法院是根据整个犯罪事实而绝不是这样一个枝节问题来判案的。编辑把这样一个枝节问题突出出来,虽然达到了抢眼的效果,但却有失客观,犯了新闻制作的大忌。

案例9:

为躲小狗 司机身亡

这个标题让人忍俊不禁,两行题缺乏逻辑关联,从字面意思看,"躲小狗"这个行为并不能必然地引出"司机身亡"这个行为,我们很不必要地省略了一个最重要的中间环节,也是该新闻事件的核心事实,那就是撞车、车祸或严重交通事故。同样的报道,我们对照一下某外报的标题:"司机躲狗 撞车身亡",同样8个字,显然更准确。

9. 标题"不平"，盛气凌人有如命令

新闻标题应尽量保持句子文法结构的完整，新闻主体不可或缺；一定要避免用动词开头，这会给读者以下命令或教训人的不友好感觉。

案例：

肩题：为使"公车私用"得到监督要求必须在车前粘贴带有国徽的统一标识

主题：万辆公务车贴标识

这个标题的毛病首先是重复，肩题是"贴标识"，主题里还是"贴标识"。这个标题最大的不妥之处是主题，"万辆公务车贴标识"，哪啊？北京的、天津的，还是上海的？这里的"哪"，就是新闻要素里的 WHERE，是新闻的"眼"，是新闻的主体，但在肩题和主题里都没有提及。我们来看这个新闻标题：主题：温州万辆公务车贴标识；副题：公车私用将得到监督。主题陈述新闻事实，副题是对主题提到的新闻事实的性质和功用的解释，非常简洁和准确。

10. 冗题拗口，长而不当读者生厌

新闻标题应简洁准确，这是制作标题的基本原则。

案例：

肩题：单独或伙同妻、子涉嫌受贿 401 万元

主题：省政府副秘书长与子同堂受审

这个标题的毛病是长而不当，而且拗口，肩题里把妻、儿的关系说得那么清楚有何必要？再有，标题也缺失关键的因素，新闻主体不够明确——哪的秘书长？这个"哪"是不能省略的。我们看这个标题：湖南省原秘书长与儿子一道受审。简洁明快，而且好像还很解气。

11. 模棱两可，含混歧义无所适从

新闻标题不能有多种含义，这将导致读者无所适从。

案例1:

16 神秘客买走百万天价金币

标题容易产生多种歧义:比如:16 位神秘客买走"一枚"价值百万的天价金币、16 位神秘客买走"百万枚"天价金币等。

案例2:

苏州一幼儿园儿童昨被歹徒砍伤

这个标题很容易让人产生歧义,而且可以有两个歧义,首先最明显的是,标题给读者的第一感觉是苏州有一名幼儿园儿童昨天被歹徒砍伤,这样的话,新闻的意义将大大降低;另外,"一"在汉语里还有全部、整体的意思,因此这个标题也存在第二个歧义,那就是苏州有一整个幼儿园儿童昨被歹徒砍伤。这两个歧义都是可以避免的:苏州一幼儿园 28 儿童遭刀砍。

12. 幸灾乐祸,事不关己权当儿戏

一定不要对发生在我们身外的天灾人祸抱轻佻、讥讽,甚至是幸灾乐祸的态度。

案例1:

给美军餐厅喂大号炸弹

这是头条的标题,处理非常醒目,"大号炸弹"还用了特强烈的粗体反白效果。编辑想将这个标题做出巧劲的心思是好的,但却没有考虑到这个新闻事件的性质,这是一个黑色事件,死了很多人,这样的新闻是绝不能用这样调侃的语气来讲述的,因为以我们政府喉舌报纸的身份,会很容易让某些人联想到是反映了政府的态度。

案例2:

伊朗客机头栽首都机场

标题欠考虑,"头栽"这个词不但使新闻事件的严重程度被夸大,更重要的是其有幸灾乐祸的潜台词在里面,对于报道这样一个不幸的事件是不妥当

和不严肃的。

案例3：

百箱啤酒"醉倒"国贸桥

这个"醉倒"充满了调侃意味，与车祸这样的黑色新闻的特点是不符的。

13. 语言歧视，弱势群体受到轻视

从根本意义上讲，现代文明社会的精神核心是天赋人权、人人平等，但由于一些编辑的封建等级思想根深蒂固，对人权平等的理念缺乏深刻理解，这种情绪时不时会流露在稿件编辑工作中，如果这种思想体现在了文章标题中，就构得上是比较严重的问题了。

案例：

农民工3毛钱就能看场病

这个标题给人的直接感觉是拿农民工兄弟开涮，拿弱势群体开玩笑，从根本上讲，这也是一种歧视。过犹不及的道理大家都明白，在这个标题上犯的恰恰是这个毛病。3毛钱连买根冰棍都不够，怎么就能看病？可能在非常偶然的情况下，发生过一个农民工花了3毛钱看了场病的情况（比如肚子疼，医生给开了一片止痛药），但是，是否就能因此得出一个普遍的规律：所有农民工花3毛钱都能看病？难以置信！这个标题是"和谐社会"栏目下的一篇报道的标题，本来是一个正面报道，但收到的却只能是适得其反的效果。构建和谐社会是一件伟大的严肃的事业，但是在我们的这个标题下，却显得不那么严肃和实在了。我们的目的是阐发一个普遍的社会理想和政策，弘扬的是中国政治生活的主旋律，没有必要用一个极端个案统领报道主题，而且这个个案也根本没有能力统领这样一个宏大的选题。

14. 先入为主，一厢情愿强加于人

这分两种情况，一种是编辑把自己的立场而不是新闻主体的立场强加在标题上，另一种就是媒介审判，对新闻事件、新闻主体妄加定性。

案例：

"冷面"被告狡辩开脱罪责

在审判过程中，被告仅是犯罪嫌疑人，其地位与原告在法律上是平等的，被告有为自己辩护的权利，不能说他"狡辩"。记者不能用"冷面"这样的侮辱性词句，应该客观报道他的自我辩护，只要客观报道了，自然显示出当事人是否在狡辩，让读者来判断，不要由记者来判断。

15. 标题设计，不合常规有失体统

标题的编排也是要符合中国报纸出版物的基本规范的，标题中不能出现外文字母，标点符号的使用也须慎重。此外，标题以什么样的设计形态出现在版面上是有一定之规的，字号、字体、颜色、阅读顺序等都有各自的规矩。

案例：

女秘书 PK 跨国公司老版，一封邮件传遍全国外企圈

PK 是指什么？报纸的读者是不确定的多数，在使用表达的符号时，要以读者的知识水平的下线为基准，不要使用只有部分人群才懂得的外文字母组合，这是大众化报纸的职业要求。

第九讲　导语惊艳
优秀导语的共同特质是神秘

导语是新闻专业术语，也就是文章的开头。在新闻圈里有句行话：写好了新闻导语，等于新闻写成功了一半。这句话很耳熟，新闻圈里说新闻标题的重要性，也是这个比喻。可见，新闻导语与新闻标题一样重要。因此，新闻媒体和记者都非常重视导语的写作。

第一节　独家重大新闻，落选总编辑奖

盼望着，盼望着，东风来了，春天的脚步近了。

一切都像刚睡醒的样子，欣欣然张开了眼。山朗润起来了，水涨起来了，太阳的脸红起来了。

小草偷偷地从土里钻出来，嫩嫩的，绿绿的。园子里，田野里，瞧去，一大片一大片满是的。坐着，躺着，打两个滚，踢几脚球，赛几趟跑，捉几回迷藏。风轻悄悄的，草软绵绵的。

桃树、杏树、梨树，你不让我，我不让你，都开满了花赶趟儿。红的像火，粉的像霞，白的像雪。花里带着甜味儿；闭了眼，树上仿佛已经满是桃儿、杏儿、梨儿。花下成千成百的蜜蜂嗡嗡地闹着，大小的蝴蝶飞来飞去。野花遍地是：杂样儿，有名字的，没名字的，散在草丛里，像眼睛，像星星，还眨呀眨的。

这是朱自清的散文《春》的前几段，上过高中的人不仅都学过，而且几乎能背诵全文。但是，就这样著名的文章，却在高中语文新课改中被删除了。这是我发现的重大独家新闻，第一时间写成新闻发回编辑部，编辑部也做了

重要处理，大标题刊登在头版重要位置，全文用了半个版进行刊发。第二天，该新闻不仅被各个网络疯狂转载，而且还被其他媒体快速跟进。

"这篇新闻我都提名总编辑奖一等奖，但却被值班副总编辑否定了。"一次偶然的机会，报社新闻研究室主任跟我说，"否定的理由是，一个老记者，竟然不会写导语。我看了看见报的新闻，导语确实写得不好。"

一个老记者，竟然不会写导语？

对于副总编辑这样的评价，我印象极其深刻，也在反问自己："我的导语写成什么样了？竟然让副总编辑这样评价。"

2007 年我已经多次获得中国新闻奖、北京新闻奖，在整个媒体圈也算是具备顶级业务的老记者。

我先是翻看了一下报纸刊发的新闻，再从邮箱的送件箱中找到我传给编辑的原文。对比看了一下，见报的新闻是从我传给编辑的文章第二段开始的。就是说，我写的消息导语被删掉了，或者莫名其妙地没有了。

我把发给编辑的原稿发给了新闻研究室主任，主要想说明我写的导语被编辑弄没了，见报的新闻导语是我原文的第二段文字。

"其实，你这篇新闻完全具备冲击北京新闻奖一等奖的实力。但是，见报的导语降低了新闻的写作水平。"新闻研究室主任不无遗憾地说。

从此，为了吸引大家读完我的文章，我更加注重导语写作。每一篇文章的写作，都是从打磨好导语起。新闻写完后还要不断地对导语进行修改，有的新闻稿件因为导语的改变又重新对整篇文章进行梳理。比如 2009 年我采写的关于中国足球教育的报道，就用"中国足球学校是个例外！"这样的句子开头，激起读者极大的往下阅读兴趣。

中国足球学校报名人数由 3500 猛降到 50
记者独家专访中国足球学校招生办　揭秘中国足球学校缘何由盛到衰

中国足球学校是个例外！2008 年学校计划招生 160 人，报名考试的却只有 50 多人。2009 年的招生计划仍然是 160 人，报名人数是否再创新低，连招生办老师都说有可能。这个在鼎盛时期报名人数达到 3500 多人的学校，缘何衰败到目前这种境地？日前，记者独家专访了中国足球学校学生管理处处长沈兆军，揭秘中国足球学校由盛到衰的沉重历程。

■去年计划招生 160 人，应考者仅 50 多人

从北京坐动车不到两个小时，记者就抵达了河北秦皇岛。在当地，提起中国足球学校，就跟提起山海关、北戴河一样，人人都知道它的方位。

1994 年建校的中国足球学校，如果从 1996 年正式招生之年算起，它今年才 13 岁。

上午 10 点多，记者走进中国足球学校。看着冷清的校园，中国足球学校学生管理处处长沈兆军赶忙解释："学生上午集中上课，下午集中训练。当然，这与鼎盛时期没法比，那时候学生多得训练场都不够用，只能将学生分成上下午两拨儿上课和训练。"

目前，中国足球学校在校生有 300 多人（小学五年级、六年级各 10 多人，初一 20 多人，初二、初三各 30 人左右），学生最多的时候有 1149 人，所有的学生宿舍全住满了。

回忆当年，沈兆军充满着自豪。

1996 年首次招生 286 人，报考的学生就达 3000 多人；第二年，报名人数更是达到 5000 多人，学校也将招生计划增加到 300 人。

"当时正处于国家足球巅峰时期，家长也很狂热。"沈兆军说，"于是全国各地掀起一场举办足球学校浪潮，一时间猛然成立了 4000 多所足球学校。"

一哄而起的热浪迅即减退。仅仅经过 3 年的平稳期后，2001 年中国足球学校如同中国足球一样，开始逐步走下坡路。

"2008 年更是跌到了低谷，计划招生 160 人，实际考试的仅 50 多人，女娃娃总共才有 5 人报名，考试时还有两人没来。"沈兆军说，"学校没什么选择余地，最后经过考试才淘汰了 7 个人。"

今年中国足球学校招生计划仍然是160人，招生对象从小学五年级一直到中专，各年级都可报考。

"目前看，这个招生计划很难完成。"沈兆军无奈地说，"但学校不会停止招生。"

■八块曾经的足球场改成其他项目训练场

中国足球学校的环境，确实是一个读书训练的好地方。学校大门距离大海仅一条马路之隔，校园里的几块足球训练场，无论是真草地还是人工草地，都是全国最好的。

看记者对一块沙滩排球场地感兴趣，沈兆军说这是由原来的足球训练场改造的，"学校原来大大小小有21块场地，现在已经只剩下13块标准足球场了。其余的改成篮球场、沙滩排球场、综合训练馆、多功能训练馆等"。

原来饱满的学生宿舍，也将改建成运动员公寓，用以接待到这里集训的篮球、手球、排球等运动员、教练员。沈兆军告诉记者，这里也将作为全国青少年训练基地。

"我们也在改革，正筹划与部分省市联合，比如让当地选拔足球苗子，然后委托到这里进行专业训练和文化课学习。"沈兆军说，"这也将是今后我们办学招生的新路子。"

沈兆军说，目前学校仍然能容纳600多名学生，教学设置从小学五年级到高三。

■什么原因让狂热的足球娃娃远离足球教育

据不完全统计，目前全国的足球学校已由最多时的4000多所锐减到20多所。

是喜欢足球的孩子少了？还是教育体制本身出现了问题？

"在中国，喜欢足球的孩子很多，愿意接受足球教育的孩子也很多，但是家长不支持。"沈兆军说，"家长怕的是孩子学足球将来没出路，或者学足球将来的路太窄，他们宁愿多花钱让孩子学舞蹈、音乐。我们看中的一些好苗子，就是给人家钱家长也不让学足球。"

沈兆军惋惜地说，地方运作的不规范寒了不少家长和学生的心，导致足球娃娃的减少。

"另外，萧条的足球环境也影响着家长的选择。"沈兆军说，"中国足球都看不到希望，家长又怎么会让孩子去搞？"

对于体育锻炼伤害问题，沈兆军承认有但毕竟很少。"关键的是中小学都很少有搞足球的了，孩子从小就没养成锻炼的习惯，何况踢足球。"沈兆军说，"中国的教育体制不改，应试教育不改，以升学率为主的评价体系不改，不要说是足球，就是孩子的身体健康都难保证。"

家长喜欢给孩子铺路的教育观念，随时影响着包括足球在内的各种教育、培训的盛衰。"早年的足球热潮，在一定程度上家长起了推动作用。"沈兆军说，"家长培养孩子的应该是兴趣而不是选择什么路，比如家长逼着弹钢琴但孩子不一定是这块料，也许孩子因此学会弹钢琴了，但最终肯定不会有多大成就，因为有了兴趣的孩子才会全身心投入学习。"

■幼儿园开始琢磨要推广娃娃足球教育

庆幸的是，足球教育还没有彻底淡出中小学校园。目前，在北京、广东、辽宁等省市的一些幼儿园，也开始琢磨着推广娃娃足球教育。

在北京博凯智能全纳幼儿园，所有的男生都要跟着体育老师学习踢足球，并定期举行班级足球园级大赛。"幼儿智慧足球是幼儿体能发展关键期的最佳教学内容。"北京博凯智能全纳幼儿园园长殷红博说这是经过长达8年的实验结果。

著名幼儿心理教育专家殷红博教授认为，只有在7岁前的发展关键期，开展以开发幼儿智能素质和心理素质的基础，以培养幼儿优势足球运动兴趣、运动心理、运动习惯和初级足球运动素质为核心的幼儿足球教育，才可能在不远的将来真正为国家培养出国家级和国际级的足球巨星，同时也为孩子终身热爱体育锻炼打下基础。

记者了解到，本市中小学开展足球教育的很少，校方主要担心会出现安全隐患，同时也没有专业的师资队伍。对此，殷红博教授指出，幼儿园娃娃的柔韧性很强，跑起来不快、体重不大，8 年的实验证明安全隐患很少，再加上禁止幼儿铲球等危险性动作以及科学的防护动作，幼儿园开展足球教育比较适合，尤其在锻炼男孩阳刚方面作用很大。

目前博凯幼儿园正与国内另外 8 家开展幼儿足球运动的幼儿园，以及韩国、日本、英国、美国、加拿大等国幼儿运动水平较高的幼儿园建立联系，开展相互学习交流活动，准备举办"首届博凯杯国际幼儿足球友谊交流赛"。

■记者手记■

谁左右着教育培训项目的盛衰

中国足球学校由当年的所有宿舍都住满了学生，到现在不少场地、宿舍改作他用。业内人士告诉我，这样的发展轨迹，不管从事什么内容培训的或者教育的机构都会经历，比如曾热门的英语培训、音乐考级、奥数，因为人为的因素太多。

依然以体育举例。据说，今年全运会足球比赛的甲级组冠军，可以在全运会省市金牌总数时算作三个冠军。因为，要刺激足球的发展。

同样的道理，为了升学率，学校可以放弃学生的健康，而逼迫着学生提高学习成绩。因为，各级领导要看升学率，要在自己的任期内有政绩。

于是，不同的人上任了，都要有自己的政绩。在政绩导向的推动下，底下的人开始推波助澜，要么从舆论上造势，要么从经济上支持，于是一个"教育"火了，另外一个"教育"就冷了。

家长和学生为了适应这种现实的需要，必须功利地追逐着这种"火爆"，因为他们都想将来走一条通衢大道。

但是，某些"教育"却不能"忽冷忽热"，比如传统文化教育、传统礼仪教育、体育锻炼教育等。常言道，十年树木百年树人，有些教育内容一定要长久坚持，从娃娃抓起，才能产生良好的教育效果。

2017年，我接到北京大兴行知学校校长黄鹤的求助电话。他说，学校要停办，已向区教委递交了停办申请。这个消息着实让我感到震惊。为了这个学校，也为了更多的打工子弟能接受教育，黄鹤付出了毕生心血。学校虽历经磨难，但也在一次次风浪中存活了下来。

深入沟通后，我了解到黄鹤申请学校破产也是迫不得已的事情，因为学校欠债50万元。如果找社会资助还上这50万元欠款，学校还是可以继续维持下去。其实，黄鹤一给我打电话，我便猜中了他的大体想法——希望我通过媒体呼吁社会帮助他们一把。

多年的职业敏感告诉我，这绝对是一条很好的新闻，几乎符合了好新闻需要的所有要素：儿童、学校、欠债、破产等。

但当时这样的新闻有很多，我开始思考如何突破。首先是在导语上。导语要惊艳，要刺激大家读下去，要动员大家来互动。

"昨天，北京大兴行知学校的50多名教师参加了一次不同寻常的会议。"修改了好几遍，我这样敲定导语，通过"一次不同寻常的会议"激发读者好奇，"这次会议怎么就不同寻常了？"

"会上，校长黄鹤通报了一个让所有人震惊的消息。"

从"不同寻常"到"震惊"，继续强化读者的好奇心，然后抛出答案："因不堪近50万元的欠债，学校要停办，停办申请已于上周五送抵大兴区教委社会教育科。这意味着学校的1200多名学生在新学期将面临无学可上或重新寻找学校的困境。"

一名儿童的失学，都能激发读者的同情心，何况是1200多名儿童。

导语这样写是否就可以告一段落？

我认为还没有，还可以把读者的同情心激发到最高潮，因为这篇文章的目的是唤起社会关注，得到社会援助，延续学校存在。我要把读者可能存在的疑惑打消，或者再次把他们与学校粘连。于是，我在导语的末尾加了一句："据记者了解，这也是本市第一个主动申请停办的打工子弟学校。"这样的导语起势高，下面的内容如开坝之水，从高往下一泻千里。

■教师大会通知学校停办

在 1 月 7 日上午 9 点开会之前，有的老师们忙着为学生印刷期末考试的卷子，有的老师则赶写校本课程。当从校长口中得知这个消息后，女教师黄宝凤流泪了。2001 年毕业于北京师范大学的黄宝凤，从学校一创办就来任教了，目前是初三年级的数学教师。"这个消息太意外了！"已经快四个月没领到工资的黄宝凤哽咽着说，"我不要工资了，只想把学生们顺利送走。"

其实，从去年 10 月开始，大兴行知学校就有许多老师没有领到工资了。28 岁的女博士高玲说，"说实在的，现在我有点不知所措。"高玲告诉记者，她毕业于军事医学科学院，目前担任学校初一、初二生物以及小学五年级环保课程教学。来自新疆建设兵团一个偏僻连队的她，在 2005 年被行知学校曲折的发展历程所吸引。"学校确实面临着许多困难，但我觉得它很有发展前景，加上这些孩子也确实需要良好的教育。"高玲说，"我还想跟校长一起，为创办行知师范大学而努力。"

■近 50 万欠款拖垮学校

行内流传打工子弟学校招收 200 多学生就能盈利，为何有着 1200 多学生的行知学校却出现财政赤字？

"我们这里的教师工资比同类的学校高出一倍，平均为 1450 元，而其他同类学校教师月平均工资为 700 元。"黄鹤对记者说，教育公平不仅是农民工子女有学上，更主要是教育标准的公平。农民工子女也应该享受合格的标准的教育质量和教育资源，而教师素质是根本保证。"打工子弟学校靠什么吸引优秀的师资？除了给他们创造成功的机会外，还应该给予比较好的待遇，比如较高的工资等。"

据了解，2004年10月18日，大兴行知学校成为北京市第一批合法的打工子弟学校。目前该校有1200多名在读学生，从学前班到初三年级。学校目前有教师五十多人，其中博士学历为一人，硕士学历为两人，本科学历为35人，教师平均年龄29岁。

此外，救助家庭困难的流动儿童免费接受教育，以及为他们配备的校车，更增加了学校的财政负担。"五年来学校共救助学生880人，共减免学费近25万元。其中这个学期救助学生54人，减免学费6880元。"学校还需要相当的资金来支付房租、水电费等。黄鹤告诉记者，私人房东已经多次发出通牒，再不交纳水电费就断学校的水电，断水断电的最后期限是1月8日。

记者了解到，尽管行知学校每年都能接受一些社会捐款，但仍然不能达到收支平衡。据悉，行知学校平均每年支出超过收入10万元左右，五年来累计欠款必须在今年春节前支付的达到49.6万多元，其中包括教师工资23万元、食堂米面以及水电费和供暖用煤合计5.5万元等。

■20个工作日能否度过经济危机

据了解，从学校申请停办到最后确定停办，有关部门的承诺时限为20个工作日。20个工作日大兴行知学校能否度过经济危机？校长黄鹤和老师们都不知道。毕竟近50万元人民币不是一个小数目。

"我还会尽力地去想办法！"校长黄鹤说。

"我们会坚持到最后。"老师们说，"我们暂时不要工资。"

"这些学生，如果没有了老师的关爱，真的也就没人关注他们了。"老师们说，"我们希望社会或者政府能帮扶一把。"

行知学校如果度不过这个经济危机，那么目前在读的1200多名学生将面临新学期无学可上或重新寻找学校的担忧。

■部分学生还在学校补课

与悲愁笼罩着老师们不一样，在这里学习的孩子们仍然是快乐无忧的。尽管 1 月 7 日是星期天，本周即将进行的期末考试，使许多学生来到学校，接受老师的免费补课。课间十分钟，许多学生兴奋地从教室里跑出来，在操场上开心地追逐着、打闹着……

"学校要关闭？不可能啊！"来自安徽的 12 岁男孩谢允龙惊讶地说，"学校好好的，为啥要关闭呢？"来自河南的孤儿张荷谱听到学校要关闭的消息感到很意外："要真是这样，我会很伤心。"15 岁的张荷谱和上小学二年级的弟弟张成谱吃住都在学校里："没有了学校，我们也就没了家。"

■区教委已与学校接洽

大兴区教委社会教育科的工作人员告诉记者，对于这样一个口碑较好的学校突然申请停办，刚接到申请时感到特别震惊。这位工作人员说，此事已经上报给了区教委一把手，并已经与学校商量下一步怎么办，比如能否渡过这个难关、万一停办学生如何安置等。

据了解，北京市有打工子弟学校 200 多所。截至目前，北京市教委共审批了打工子弟学校 56 所、取缔了 58 所。

这篇题为《负债 50 万打工子弟学校申请停办》消息刊发当天，大兴打工子弟学校又发生了新情况。我做了追踪报道。导语依然是重要的写作内容。刚开始，导语中我想先写文章刊发后的读者反馈，然后再讲述新的变化。但是，这样的导语写作太套路了，丝毫不会引起读者的关注，尤其是没有看到当天刊发新闻报道的读者。最终确定，继续从学生、失学的角度切入，重复激发读者的社会关切。

昨天一大早，前来上学的大兴行知学校的学生惊讶地发现，学校没水没电了。原来，因学校没有交纳所欠的水电费，房东早上 8 点就断了学校的水电。而从媒体上得知负债 50 万学校申请停办后，学生们的心一下子凉透了。

写完这个导语，我自己都感到兴奋。"学生惊讶地发现""学生们的心一下子凉透了"等，一下子勾起了社会高度关注，尤其是富有爱心的成年人对这些孩子成长现状的担忧。

顺着这样的思路，我就像做电视广播现场直播一样，走进校园让师生们发声。

上午 9 点 20 分左右，记者走进大兴行知学校。初中网络课教师无奈地通知学生："因学校停电，无法上网络。"课间，学生们从每个教室里蜂拥而出，在操场上跑着闹着。一个正忙着追其他同学的男生说："教室的暖气温度很低，到外头跑跑暖和。"学校后勤老师告诉记者，学校供烧暖气的煤也没多少了，烧的温度只能保证学生不被冻着。

"房东收取我们的水电费太高了！"行知学校副校长李勇说，"大兴区居民和学校用电平均为 0.49 元 / 度，而我们的房东北京赛尔捷科技发展有限公司向学校的收取标准却是 1.5 元 / 度。为此学校曾经与之交涉过几次，但结果非常不理想。"

一个有着 1200 名学生的合法打工子弟学校，缘何会欠债近 50 万而主动申请停办？这是必须要回答的问题，而且必须是校长回答才最具权威。

"除了我们付给教师的工资较高外，过高的房租让我们不堪重负。"北京大兴行知学校校长黄鹤道出心中的苦衷。

根据行知学校提供的资料，占地 7200 平方米的行知学校是从北京赛尔捷科技有限公司租来的，年租金为 30 万元，并每年以 2.5% 到 3% 递增，租期为 10 年。"该公司是以较低的租金从大兴区黄村镇辛店村村委会租来的，其中的年租金与我们付给该公司的租金差异太大。"行知学校一位校领导说。

"赛尔捷公司与村委会签署了租赁合同，年租金在 11 万元左右，即便按照每年以 2.5% 到 3% 递增，最多也肯定不会超过 15 万元。"辛店村村长霍轮接受记者电话采访时明确地说，"我们的租期为 15 年。"

追踪报道的完整，一定不能缺少消息刊发当天读者的反馈。我用了一小部分介绍社会关注学生命运。

《负债 50 万打工子弟学校申请停办》昨天刊发后，引起社会极大的关注，尤其是 1200 多名打工子弟学生面临的上学难题。一家著名教育集团的工作人员向记者询问了整个事态的详细情况后表示，将考虑给予援助帮助学校渡过这个难关。许多读者还纷纷来电说，想帮助学校渡过难关，别让孩子们面临失学危机。他们纷纷向记者咨询如何向学校捐款。

事实证明，尽管这次报道只有两篇，但由于导语处理得高明，引发了社会高度关注，除了有个体纷纷咨询表示关注和提供帮助外，中国青少年发展基金会联合中央电视台，决定主办一场名为"春暖 2007——我有一个梦想"晚会，为学校的存续募集社会善款。

2 月 4 日，我作为独家报道的记者被邀请参加了晚会的拍摄过程。

当然，我也顺便做了新闻报道。导语一如既往地讲究。

昨晚 9 点 20 分，随着熊倪捐赠的一块跳水金牌在中央电视台"春暖 2007——我有一个梦想"拍出 128 万元天价，本报曾报道的负债 50 万的打工子弟学校也终于没有了停办的担忧。记者了解到，连同此前另外一块金牌拍卖所得款以及社会的捐助，大兴行知学校获得了社会总计 202 万元的资助。

在这篇报道中，还简要地回顾了报道刊发后引起的社会关注。

1 月 8 日，本报独家报道了具有北京市合法办学资格的打工子弟学校——大兴行知学校因负债 50 万而申请停办一事。该报道连同昨天本报刊发的《走在城市边缘的"孩子王"》，都引起了社会各界的关注。中国青少年发展基金会专门拿出著名体育运动员李玲蔚、熊倪捐赠的两块金牌，参与中央电视台"春暖 2007——我有一个梦想"拍卖，拍卖所得全部用于该校今后的发展。

晚上 9 点，当中央电视台播放完大兴行知学校的现状后，立即引起在场人士的关爱之心。在李玲蔚的金牌拍出 44 万元，掀起一个小高潮后，熊倪的 2000 年第 12 届世界跳水锦标赛冠军金牌拍卖竞价把现场的爱心气氛推向最高潮。经过几个回合的激烈竞争后，继拍得李玲蔚的金牌后，苏宁电器以 128 万元再次竞得第二块金牌。大兴行知学校的学生李祥和他的同学哭了："谢谢叔叔阿姨们！"

据悉，此前，两家不愿透露姓名的私人企业也为大兴行知学校的生存捐赠了 30 万元。

大兴行知学校校长黄鹤告诉记者，在还完所有的欠款后，将由中国青基会、中央电视台以及学校成立专门的理事会管理剩余的基金，共同研究剩余基金如何使用。"这个基金不只局限于大兴行知学校，还将服务于整个中国农民工子弟学校的发展。"

第二节　导语写作追求十分惊艳

一般的开头写作，把新闻的主要要素交代了即可，不一定都要交代。比如：

11 月 9 日（时间），2017 年北京教育系统关工委捐赠军训服装仪式（何事）在河北承德二中（地点）举行，北京市教育系统关工委（何人）向承德市捐赠大学生军训服装约 1 万套（结果）。

显然，这样的开头太平淡。我们必须通过高超的技巧和出色的语言，让事件具有一种感人的力量。吸引读者继续阅读下去。

每年都会发生数不清的救落水儿童的事件，但是很少有人因为对类似事件出色的描述而一举成名。美联社实习记者切尔西·J.卡特就做到了这一点。说《17 分钟：一次成功的营救》这篇文章改变了卡特的一生，是绝不夸张的。在文章发表之后，她接到了美联社的录取通知，并获得了美联社年度最佳年轻记者的称号。这篇文章的开篇是这样写的：

在一个池塘里，一辆车正在缓慢地下沉，车里困着 4 岁的莱恩。在冰冷的水中，一名男子游到了车后窗，用力地想要砸碎玻璃……

画面感太强了！

国内也有这样的好记者。《工人日报》记者这样开始《职工愤然把万余斤鲜奶倒进县府大院》报道：

> 4月25日陕西省扶风县食品厂职工把五汽车臭牛奶倒在县政府大院。令人窒息的奶浪，冲出大门，蜿蜒流过县城的半条街。至今，没有人对这件事负责，人们还在愤怒地议论着。

太震撼了！

没有这样的故事，就从读者最感兴趣的内容写起，吊起读者强烈的阅读欲望。下面这条我写的独家消息这样开头：

> 秘而不宣的择校费到底是多少？小学、初中、高中哪个阶段的学生家长最爱为孩子择校？北京市教育科学规划办公室委托北京师范大学教育管理学院通过对北京市中小学择校情况的大规模调查结果表明……

> （《"择校"平均费首次被公开》 北京青年报）

死亡，意外死亡，政府官员意外死亡，总是能引起公众极高的关注。

> 5月21日12时许，北京市政府副秘书长王晓明参加完一个工作会议后坠楼身亡。经公安机关现场勘查和调查走访，已排除刑事嫌疑。据其家属反映和相关医院诊断记录显示，王晓明长期患有抑郁症。目前，相关工作正在进行中。

> （《北京市政府副秘书长王晓明患有抑郁症坠楼身亡》 新浪网）

导语写作可以通过凸显时效性、重要性、接近性、影响性、有用性等吸引读者。怎样吸引人，咱就怎样写。要不拘一格写好导语。

> 就连好莱坞也编造不出这样的故事：为了侦破一起神秘的盗窃案，一个联合特别行动组成立了；联邦调查局也被请来了；一条特殊的电话热线开通了，悬赏破案的赏金是5万美元。什么被偷了？英王皇冠上的珠宝？比尔·盖茨的财产？都不是。被盗的是对洛杉矶市来说更重要得多的东西：奥斯卡金像奖不见了！

> （《奥斯卡金像奖悉数被盗》 路透社）

青岛港明港公司桥吊队有个劳模队长，叫许振超。他只是个初中毕业生，却主持了前湾码头两台国内最大桥吊的安装。

（《振超效率：赶超世界第一》 青岛日报）

联合国的代表们今晚击败了美国为保住台湾在联合国的席位所做的努力，从而为北京进入联合国铺平了道路。代表们在走廊里大声发笑，他们唱歌、喊叫、拍桌子，有人甚至跳起舞来。

（《中国将进入联合国》 路透社）

总结我的经验，新闻导语写作还有两个追求，一是追求短句子，二是追求短段落。按照目前流行的微博总字数要求，不超过140字，我的建议则是不超过100字，导语是整个新闻的起头甚至是核心概要，100字便于读者迅速读完，形成完整记忆和转述。

所谓的追求短句子，就是尽量不要出现10个字以上的长句子，如果10个字以内表达不完整，就用两句话或三句话，不要让人一口气读不完，这样既不利于阅读，也不利于理解。

又是一年高招时，近年来关于部属高校招生地域歧视问题，今年再次成为社会关注的焦点。连日来，记者通过大量的调查采访发现，曾经让人痛斥的高招地域歧视现象，已经从自主招生悄然松动。

这是我在2008年刊发的报道《高招地域歧视　今年悄然松动》中的导语。这个导语总共只有两句话，每一句完整的表达都很长，总计都在40—60字。我就用逗号将其分割成多个小句，每小句控制在12—15字左右，每小句的意思既保持相对完整，又读起来有节奏、有韵律，非常便于记忆和传播。

高招在京招生计划人数缩水　2%—3%自主招生部分调整进行中
高招地域歧视　今年悄然松动

又是一年高招时，近年来关于部属高校招生地域歧视问题，今年再次成为社会关注的焦点。连日来，记者通过大量的调查采访发现，曾经让人痛斥的高招地域歧视现象，已经从自主招生悄然松动。

■惊人数据■

北京学生上北大概率是河南的 60 倍

在日前举行的"教育改变中国——第二届信孚公益论坛"上，就高考招生地域歧视现象，中国社会科学院研究院徐友渔教授公布了一个惊人的数据。

在 2004 年，北京大学在北京地区招收 380 人，清华大学在北京地区招收 360 人；而同年，北大在河南招收 72 人、贵州招收 32 人，清华也差不多。"河南省人口是北京的 8 倍，贵州省人口是北京的 3.36 倍。"徐友渔教授说，"也就是说北京考生考上北大的概率是河南的 60 倍，贵州的 34 倍。"

北京之外的部属高校也存在严重的地域歧视问题，招收本地学生要远远高于其他地方。比如地处上海的复旦大学在上海的招生计划占了总招生计划的 40%，湖北武汉大学招收本地生占总招生计划的 50%，浙江大学招收浙江省的考生占总招生计划的 70% 等。

"这个事实太惊人了！"徐友渔教授认为这种不公正实在不能容忍！正是这样"畸形"的招生体系，造成了很多学生把自己户口转移到了其他省份，还有一批家长甚至牺牲自己的工作和生活条件，千方百计要转到北京、上海等地工作，纯粹是为了解决子女念书的问题。

教育专家们说："如果这种现象不解决，高考移民这个现象是不会解决的。"

■原因分析■

地方财政支持造成高招地域差异

现象多发生在教育部直属全国重点大学，如：北京大学、清华大学、复旦大学、浙江大学等。

既然是教育部直属院校，本应服务于全国人民，为什么会产生

"招生地域歧视"呢？全国政协委员、复旦大学历史地理研究所葛剑雄教授谈了自己的观点。

"比如我是复旦大学的教授，原来复旦大学招的学生没有那么多上海人，'文化大革命'前，上个世纪60年代以前最多是福建人，因为那时候福建高考分数全国第一，但是为什么近年来，从10%扩大到40%呢？"葛剑雄教授说，"就是因为实行共建，这样主管部门给复旦大学拿6个亿，上海也拿出6个亿，这样就要提高本地招收的比例，否则钱为什么给你。武汉大学、浙江大学也受这样因素的影响。"

■专家观点■

高招地域歧视完全可以逐步解决

在目前的中国，许多人仍然把"上大学作为改变个人或家庭命运"的重要途径。教育专家认为，高招取消地域歧视则是保障公民公平接受高等教育的基础。高招地域歧视能否取消？教育专家们肯定地说，完全没有问题。

高招的地域歧视问题已经议论了很多年，但是也有一点缓慢的进步。徐友渔教授认为真正解决这个问题并不是太难。"我觉得主要问题还是认识问题和政策问题，不像一些问题要没有钱就做不了。"徐友渔教授说，"高考分数歧视问题主要是思想问题和政策问题，并不是什么需要慢慢发展的问题，原则上并没有不可逾越的障碍。现在解决这个问题实际是为不为的问题，而不是能不能做的问题。"

葛剑雄教授对此观点表示认同。"在我们现在的条件下还存在高校招生地域歧视现象，其根本原因在于有些人的不作为。"葛剑雄教授说，"国家规定GDP的4%投资教育给予落实，北大、清华、复旦等高校都是中央拨款，然后中央明令教育统一分配，高校就可以改变地方政府的干预。"

如何通过保障学生公平地接受高等教育权利构建和谐的社会？

徐友渔、葛剑雄等教育专家提出了自己的建议：首先中央政府要保证国家重点大学在招生上面向全国；其次要使地方政府、地方财力办的大学，包括民办大学要采取措施鼓励促使他们多招经济、文化发展不如他们地区的学生；最后要搞好义务教育，如果我们所有的孩子都在同样的起跑线起跑，到时候我们就可以平等地按照分数全国招生。

■惊喜发现■

高招地域歧视随自主招生悄然松动

高招地域歧视到底能否打破僵局？连日来记者的调查采访发现了一个惊喜的结果：继中国政法大学在全国率先实行按人口比例、考生数量等较为科学的招生计划分省配置外，高招地域歧视也已经随自主招生悄然松动。

"自从 2006 年以来，中国政法大学一直都实行按人口比例、考生数量、生源质量、历史原因等分配招生计划。"中国政法大学学生处副处长刘琳琳说，"由于实行了新的招生计划配置方案，山东、河南、四川等省份的招生计划历史性地突破 100 人，而北京的招生计划却相应减了不少。"

中国政法大学的新招生计划分配方案，目前还有没有高校效仿？刘琳琳副处长没有对此回答。但记者对北京大学、清华大学近年来在北京投放的招生计划研究发现，北大、清华也在减少在北京的招生计划。2007 年北大（含医学部）在北京招生计划为 484 人，比 2006 年减少 7 人；2007 年清华在北京招生计划为 319 人，比 2006 年减少 9 人。业内人士介绍，教育部也正在出台文件，限制部属院校在学校属地的招生比例。

不仅如此，种种迹象表明，高校实行的自主招生则已经悄然推动着高校招生走向地域公平。北京大学、清华大学等高校公布的 2008 年自主招生简章中，就没有文字显示自主招生计划要按省实行。

多所高校招生负责人则告诉记者，随着高考制度改革的发展，高校招生的权限会越来越大，而最能体现高校招生目标的"自主招生"比例也将会从目前的5%有所突破。北京多所高校招生负责人说："为了让更多的学生拥有平等上大学的权利，教育部也一再要求加大对经济、教育欠发达地区的招生计划。"

所谓的追求短段落，就是导语段总字数不要太长，最好一眼能望到尾，一口气能读到尾。"2011年，民办高校办学取得新突破。"对于这样专业性比较强的窄众新闻，我更加注意采用短段落的方式，给读者营造轻松的阅读感觉，一段一段吸引读者读完全文。

全国共有5所民办高校首获研究生教育招生资格
民办教育名分取得重要突破

从明年开始，进行研究生资格教育，将不再是公办高校的专权。昨天记者获悉，日前，在教育部组织的"开展服务国家特殊需求人才培养项目"试点工作中，北京城市学院（招生办）申报的社会工作专业硕士项目通过了专家评审，并被正式批准参加2012年全国硕士研究生统一招生考试。这是新中国成立以来，我国民办高校首次获得研究生教育资格，也是《国家中长期教育改革和发展规划纲要（2010—2020年）》颁布实施以来，民办教育取得的最重要突破。

■新闻事件■

民办高校首次开招硕士生

日前，在教育部组织的"开展服务国家特殊需求人才培养项目"试点工作中，北京城市学院申报的社会工作专业硕士项目通过了专家评审，并被正式批准参加2012年全国硕士研究生统一招生考试。同时，陕西、河北、吉林、黑龙江四省市也各有一所民办高校获得同样的招生资格。

中国教育科学研究院研究员蒋国华告诉记者，这是新中国成立以来，我国民办高校首次获得研究生教育资格，也是《国家中长期教育改革和发展规划纲要（2010—2020 年）》颁布实施以来，民办教育取得的最重要突破。教育部启动的"服务国家特殊需求人才培养项目"，要求申报的院校必须符合"择急、择优、择需、择重"的原则。

北京市教委有关负责人表示，《国家中长期教育改革和发展规划纲要（2010—2020 年）》中指出民办教育是我国教育发展的重要增长点和教育改革的重要力量，明确了大力支持民办教育发展的方针，提出对于符合硕士、博士学位授予条件的民办高校予以审批。北京城市学院等民办高校获得研究生教育资格批准，正是这一精神的重要体现。

我国民办高等教育自上个世纪 50 年代全部取消后，随着改革开放政策的推行和深入发展，从 1984 年开始重新审批新的民办教育。至此我国民办高等教育得以恢复发展，经历了"萌芽复生、艰难探索、蓬勃发展"三个重要发展阶段，现已进入规范发展阶段。

据国家教育部《2010 年全国教育事业发展统计公报》数据，截至 2010 年 12 月 31 日，全国共有民办高校 676 所（含独立学院 323 所），招生 146.74 万人，在校生 476.68 万人，分别占全国普通高校总数、高校本专科招生总数、高校在校生总数的 28.6%、22%、21.3%，成为我国高等教育的重要组成部分。

但是民办高校学历层次问题一直是社会各界关注的热点话题，也是长期困扰民办教育发展的关键问题之一。1984 年，北京城市学院的前身海淀走读大学成为全国第一所国家承认学历的民办大专院校。2003 年，该校成功升格为本科高校，成为全国首批民办本科院校之一。此次该校获得研究生教育资格，打破了全国 797 个研究生培养单位全部为公办高校、科研院所一统天下的局面。

■记者追问■

北京缘何选中北京城市学院?

全国有 5 所民办高校获得研究生教育资格。北京城市学院申报的社会工作专业硕士项目通过了专家评审,并被正式批准参加 2012 年全国硕士研究生统一招生考试。据悉,2012 年研究生招生工作将于 11 月启动,这意味着首批研究生将于明年 9 月走入民办高校。

"之所以此次申硕成功,就在于学校立足学校城市特色,找准了北京社会建设这一短板为突破点,并在与行业合作办学、合作育人、合作研究、合作就业上下功夫,真正培养首都社会建设所需要的下得去、用得上、留得住、干得好的应用型研究生人才。"北京城市学院有关负责人说,"社工专业研究生教育在北京大学、中国人民大学等 6 所公办院校也开办,但这些院校的教育更偏重于培养研究能力,而我们学校则更注重实务能力的培养。"

北京城市学院有关负责人举例说,相对于公办高校侧重于研究不同,北京城市学院的社工专业研究生教育从入学到课程设置都注重解决实际问题。"将来研究生入学的第一课,不是导师给他们上课,而是学生带着项目给导师介绍遇到的理论和实际困惑。"北京城市学院有关负责人说,"比如社区的停车位问题如何解决,首钢拆迁后原居民如何安置,社区服刑人员如何更好地回归社会等。他们的研究生学习就是在探讨和解决这些实际问题中进行的。"

因此,民办高校的研究生从招生到毕业都要进行阶段性淘汰。"我们计划招生 30 人,报名资格要求是具有一年以上社会工作经验,或者有 600 小时社会工作经历的应届本科毕业生。"北京城市学院有关负责人说,"在复试环节,学校将和北京社会工作委员会等单位行业专家一起,淘汰实践经验不强的;入学后在学生项目研究过程中,将根据每个阶段的成果进行年级性淘汰,这跟传统的研究生教育都不同。"

2012年研究生统一招生考试报名从10月15日已经启动，民办高校研究生教育资格刚刚公布，民办高校研究生报名情况最终会怎样？北京城市学院有关负责人对此持乐观态度："这几年，政府鼓励大学生面向社区就业，目前已有5280名大学生在社区上岗。但他们最大的问题是专业化程度不够，同时他们学历层次整体也不能满足担负社区管理工作的需求，社会想培养社区领导人，个人的发展也需要高学历和高能力，因此社区工作者很需要'塔尖'人才。"

■专家声音■

领导了高教改革的一种方向

提起这次民办高校首次获得研究生教育资格事件，中国教育科学研究院（原中央教育科学研究所）研究员、中国民办教育研究院副院长蒋国华一口气说出了多条重大意义。

"民办高等教育申硕成功，表明了我国民办高等教育经过30多年的发展，教育行政部门终于对他们的办学水平给予肯定。这也是我国改革开放在教育领域取得的成就之一。"蒋国华研究员说，"在1952年之前，北京有13所大学，除了6所公立大学外，还包括3所教会学校和4所私立大学，私立大学中就包括知名的辅仁大学。"

记者注意到，在《国家教育和发展规划纲要》中明确提到硕士学位要考虑增加审批。"此次民办高校获得硕士学位教育资格正是国家落实《规划纲要》的重要举措，也表明中央政府说话算数，民办高校从此与公办高校具有了同等的法律地位。"蒋国华研究员说，"此次民办高校申硕成功也让民办教育的发展看到了方向，让民办高校有了更好的追求，未来民办大学也将获得博士学位授予资格。"

近几年来，大多白手起家的民办高校由于师资、管理等诸多问题，导致招生受到了极大的冲击，民办高校的发展存在争议很正常。"民办高校申硕成功具有时代意义，这不仅是政府的一种高表态，而且还领导了一种方向。"蒋国华研究员说，"民办高校具有研究生教育资格并不是终身制，而是经过 5 年左右还要进行评审，不合格者将被取消。我国的高校改革，公办高校由于各种原因难以突破，现在通过民办高校进行试点，民办高校已经被作为促进我国教育改革的重要力量，实际也成为我国教育改革的重要举措之一。"

蒋国华研究员分析指出，民办高校试点的研究生教育属于专业硕士范畴，这在国内外高校改革中都属于新事物，只不过民办高校抢先了，因此也有破冰的意味在里面。"此次北京城市学院试点的为社会工作专业硕士，这代表着我国未来高学历人才培养的方向。"蒋国华研究员说。目前，街道已经成为政府机构的最基层组织，街道也代表行政赋予了很多任务，社区工作人员成为解决社区居民心理、医疗等难题不可或缺的人，社工专业硕士队伍能为国家基层组织增加新鲜血液。高等教育进行这样的改革本身也是国家建设和谐社会、以人为本的教育辅助力量。

我们的日常新闻写作中，比较常用的导语写法有四种：

一是叙述式，就是采用叙述的方法，开门见山地写出最重要、最新鲜、最生动的事实做导语。这也是最常用的一种写法。

二是提问式，就是先提出问题，引人思考，再写出主要事实。多用于抓问题、谈经验的新闻。

三是描述式，就是对新闻事实所处的特征的空间、时间以及某个细节加以简要描述，形成一个"活镜头"，再引出主要事实。多用于特写式新闻。

四是引语式，就是直接或间接引用文件、报告或人物谈话的部分内容，把最重要的部分加以突出。多用于谈话报道或某些公报式新闻。

写好导语，个人的经验还有五个禁忌：一是不能把很多的单位名称、专门术语、人物、头衔写进导语；二是不要把导语写成全篇事实目录，导语只写主要的、能引出全文的事实；三是要少写细节和附属事实，确实需要细节，但只能用一个细节，而且要有典型性；四是不需要新闻五要素俱全，有时只写两三个要素就可以，其他要素可在后文交代；五是不要堆砌数字，数字太多，新闻一开头给人以枯燥感，导语也被拉长了。

　　对于常见的会议新闻报道，导语一定要抓住有价值的信息，跳出会议才能报道出彩。在会议新闻写作中，永远要把会议中最有意思的信息放在导语中，导语中只包含和强调突出一件事情，比如《北京遏制教育乱收费现象　出问题先追究领导责任》，导语中只突出"目前北京教育乱收费有回潮现象。哪个区县教育乱收费出了问题，首先要追究区县教委主任的责任，然后上追到所在区县领导责任"。

　　随着互联网技术的日益发展和普及，人们每天接触的信息量越来越大。怎样让自己的新闻从海量的信息中脱颖而出，新闻写作对导语的要求越来越高。

　　到底什么样的导语才是精彩的？

　　我的观点是，好导语写无定法，只要能引起读者阅读的兴趣就是好导语。因此，评判是否为好导语，关键在于是否有好的结果。因此，我们需要不断地大胆突破程式化的思维方式，不拘一格，勇于摸索创新，就能写出精彩的导语。

第三节　《华尔街日报》如何处理导语

　　如果某人花费了22.95美元购买了一本小说，他一般至少会耐着性子读完故事开头的几十页。首先，他不愿承认自己浪费了22.95美元；其次，小说的形式已经让他提前有了心理准备，愿意长时间地坐在那里，耐心等待故事的进展，他并不期待故事被快速展开。

　　但是同样的人在阅读报纸时，心情是完全不一样的。一份报纸的价钱便宜多了，所以如果报纸上没有可以吸引他的内容，他会毫不犹豫地把它扔进垃圾桶里。相对于他对小说的投资而言，他在报纸上的投资基本可以忽略不计。他懒惰地、不耐烦地扫视这报纸版面，要求找到能否立刻吸引住他的内容，这和他对小说的态度截然相反。在阅读报纸上的文章时，他的第一要求是：作者必须吸引他，抓住他的好奇心，给他一些必须阅读下去的理由。如果故事的导语没有完成这些功能，读者会扭头走开，下面的故事再好，也无法吸引读者的目光。

我们的目标是抓住读者的心，让他们觉得自己的投资物有所值。所以，任何的导语——尤其是第一段，如果导语不止一段——不仅仅要抓住读者的注意力，还要让他产生往下读的愿望。只要他多读几行，就会希望自己投入的时间和精力得到回报，就会更加耐心地读下面的故事。只要是与故事有关的内容，并且能够激发读者的好奇心，任何形式的导语都可以。导语可以是引人注目的，比如要是火星人入侵了新泽西（New Jersey），作者只需要把这个信息放在第一段，就一定能吸引眼球；导语也可以是文笔优美的描写，让读者觉得阅读是一种享受，希望继续得到更多的享受。

抛开这些吸引人的因素不谈，在我看到的优秀导语中，许多都含有一个共同的特质——神秘。第一段首先抛给读者一个悬而未解的问题，迫使他到后面的段落中去寻找答案。就像下面这条导语表现的一样：

　　去年暑假的一天，在圣彼得海滩上有一名叫比利·香农的男孩。他正在墨西哥湾里游泳。他已经靠近了深水区的标志，他突然感到腿部碰到了一个有弹性的东西，就在这时，他看到水面上浮动着鱼翅。

这段文字出自佛罗里达州的一位小学四年级的学生之手。其实，鱼翅属于一条友好的海豚，但这位同学的导语迫使我们想把故事继续读下去，一探究竟。所以，请记住读者对导语的要求。

一条使用引语的导语，同样也可以是神秘的。来看看下面这条：

　　路易维尔，肯塔基——查尔斯·戴维斯说："我的工作就好像每天都在被人亲吻，亲的嘴巴都疼了，但我喜欢这份工作。"

这个导语看上去有点粗俗，但它达到了目的。我们想知道这个人是何方人士，他的工作又到底是什么。继续读下去，我们发现戴维斯是通用电气公司的货运部经理，那些货运公司不停地找他，奉承他，希望从他那里拿到运单。他的公司和其他公司都越来越重视他从事的这项工作。

请注意，这条导语里没有细节，也没有与主题陈述相混淆的内容。因为在这个时候，读者对于故事还没有产生感觉，他们只是漫无目的地浏览，如果碰到一条描述细节的导语，他们可能马上略过。省略细节的导语不仅简洁明了，而且可以让文章的神秘感更加突出，正如上面这条导语所表现的。现在，我们再拿这条导语和下面这条有关药品市场的导语比较一下：

修改前

爱索迪尔是一种硝酸盐类药品的名称，用于缓解心脏病患者的胸痛症状。该药品由美国家用产品公司的艾夫斯实验室研制生产。该药品于1959年上市，现在已经占据了46%的市场份额，年销售额达1.5亿美元。

这条导语好像是药品字典上的一条名词解释。它一开始就把一箩筐的数据和名称抛给读者，为读者的阅读设置障碍。不仅如此，这条导语里还缺乏一个能够吸引读者、刺激读者的噱头元素。让我们看看该如何修改这条导语。

修改后

和一些类似的硝酸盐类药品一样，爱索迪尔是一种用于缓解心脏病患者胸痛的药物。但是这种药品几乎控制了半个市场——并不是因为这种药的成分有多么与众不同，而是因为该药品一直是市场关注的热点。

这样的修改不是最好的，但是已经好了很多。这条导语说明了市场运营的重要性，这也是这个故事真正要讲的内容。但是我们有意在导语中省略了该药品的具体营销内容，以便让读者继续往下读，去寻找答案。导语中仅仅是把这种药品成功的主要原因一笔带过，简单明了，由数字和名称造成的混乱表述不见了。具体这种药品占据了多大的市场份额，它的销售额有多少，它的生产商又是谁，这些在导语中都不重要，完全可以被放在下面的段落中。当读者接受了导语，开始投入时间和精力阅读后，他们对于这些数据和名称的态度会好很多。

有些时候，导语中的神秘感是专门加入的，就像这条有关DC-10喷气飞机货舱门设计错误的导语所展示的：

满载着346名乘客和机组人员，土耳其航空公司的DC-10喷

气飞机从巴黎奥利机场顺利升空，目的地是伦敦。危险发生在12000
英尺的高空。

最后一句话是有意加上去的，目的就是吸引读者继续读下去。在下面的
段落中，作者为我们重现了飞机升空后，尾部货舱门被吹掉，机舱内瞬间减
压，导致飞机控制系统失灵，最后造成了机毁人亡、无一生还的惨剧。

多数情况下，读者之所以会产生好奇，不是因为作者在第一段中说了些
什么，而往往是因为作者在第一段中省略了什么。省略的元素可以是各种各样
的：一个动机、一个证明、一个例证。还有的时候，如果导语包括了好几段的
内容，作者可能会在第一段里制造神秘，在第二段里解答读者的部分疑问，到
第三段才完全揭开谜底的面纱。那个有关墨西哥移民的故事就是这样设计的：

> 那皮扎罗，墨西哥——在这个人口只有1200人的小村庄里，一
> 个令人吃惊的、高效的美国贸易项目正在进行，不过山姆大叔对此
> 却毫不知情。如果他知道的话，他一定不会喜欢。

两个神秘点：什么样的国际贸易正在进行，而美国并不知道？为什么这
个秘密让美国发现了会不高兴？

> 那皮扎罗的街道上已经有了街灯，新盖的砖房屋顶上都伸着电
> 视天线，这里还有一座现代的社区活动中心和一家诊所，另外还有
> 一个名为"加州北好莱坞"的斗牛场。这是一个很合适的名字。斗
> 牛场的开锁，还有这个村庄所有其他地方的建设资金，都来自北好
> 莱坞。作为交换，那皮扎罗最主要的出口物资就是男性人口。

这一段中我们获得了进一步的信息，但是还不够。这项交易的本质到底
是什么？

> 数十年来，这个村庄一直有系统地把村里的男人送到北方加利
> 福尼亚地区的小工厂和商行中工作，他们都是非法的移民。而数十
> 年来，这些人都把他们的劳动所得寄回了老家，其中的一部分成了
> 市政建设的专款。

现在我们知道了所有信息——而且已经花时间读完了故事的前三段，并
很有可能继续阅读下去。

虽然神秘的导语能够吸引读者，但是千万要记住过犹不及的教训。如果导语仅仅是故弄玄虚，毫无实质性内容，全部都是未解的谜语，或者全部都在为后面的内容做广告，还是尽量避免的好。最常见的就是"公告牌型"或者"吹嘘型"的导语。这样的导语从头到尾都在叫嚷着同一句话："喂，我有好听的故事要告诉你。"下面就有一个例子：

> 这是一个充满了电视剧元素的真实故事。

这个故事讲了一位患有罕见血液病的妇女，因为支付医药费而债台高筑。在读完这个故事后，我可以肯定地说，没有医院愿意购买这样的剧本。

"吹嘘型"的导语总是令人失望的。如果导语已经吹得天花乱坠，后面的故事却只是一般程度的精彩，一定会让人失望。遗憾的是，多数故事都是这样。而那些真正精彩的故事，完全可以开门见山，直入主题，让故事本身来抓住读者，而根本不需要在导语中做广告。

还有一种导语，看似轻描淡写，实际上却是精心设计的。注意下面这条导语的作者是如何以一种带有迷惑性的平静和轻松感觉，来为一个有关俱乐部足球联赛中出现的种族冲突问题揭开面纱。

> 洛杉矶——一个寒风凛冽、阴云密布的早晨，朱利奥·玛切桑，一位厄瓜多尔地方足球的教练，正在观看他的球队与一支美国足球队激战。球场上，美国队的形势很不利。突然，一位在球场上受挫的美国球员冲向玛切桑先生——打掉了他的鼻子。

接下来，让我们说一说一条好的导语可以采用哪些形式。什么时候在特写故事中采用直截了当的硬新闻导语会有更好的效果？什么时候该采用具体事例作为导语？什么时候该选择描述性导语，通过与主题有关的一句引语或者一个生活片段来吸引读者的目光？什么时候又该选用带有变化的总结性导语呢？

究竟选择什么类型的导语，要取决于故事的性质。在特写的写作中，许多记者都把直截了当的硬新闻导语排除在外，而选择一些讨巧的噱头放在故事的最前面，毕竟，他们是在写一篇特写，不是吗？但是如果故事含有硬实的新闻价值，作者应该让这种价值开门见山地表达出来，就像下面这条导语：

贝弗利山——保险业历史上最大的丑闻就要找到主角了。这就
是美国公正基金集团，一家在保险销售行业蒸蒸日上的金融机构。

这篇文章，是揭露公正基金破产内幕的第一篇报道，它详细介绍了后来
被人称为是美国历史上影响最大的商业欺诈行为。公正基金集团伪造了数十
亿美元的保险销售记录，欺骗再保险人；伪造死亡证明和政策文件；大范围
伪造公司账簿。

这条导语没有俏皮的语言，它只是迫切地告诉读者，发生了重要的事情。
趣闻性的导语或者举例式的导语，会埋没这条新闻的价值，而带有噱头的概
括性导语，则很可能淡化了新闻的重要性。

话说回来，多数的特写故事都缺少硬新闻的那种中心新闻事件。所以，
作者在选择导语时，更倾向于趣闻式的或者举例式的。这两种类型的导语被
广泛运用，一部分原因是它们容易操作，另一部分原因在于太多的作者都认
为，这两种导语既能吸引读者的注意力，又比较简单安全，不用费太大力气。
这种想法没有错，但是这样的导语也是有标准的。如果作者选择的生活片段
没有达到一定的标准，很可能产生相反的效果。

举例式导语的使用标准包括：

（1）简洁：导语中的例子必须清楚明了，能够被立刻理解。

读者不愿意思考任何复杂的东西。如果你描写的场景需要加以解释才能
说明它与故事主题的关系，那么哪怕是最简洁的解释，也会让故事陷入困境，
让读者逃之夭夭。最理想的举例式导语就像一个吸引鱼儿上钩的鱼饵，其长
度最多一两行。

如果鱼饵不能做到优美简洁，最好放弃，改用其他形式的导语。用更简
单的信息代替复杂的例子，把复杂的例子留到后面再用，那时候读者已经投
入到故事中，会更愿意听你讲例子。来看下面这条导语，这是一篇关于 PIK
计划（Payment-In-Kind，美国政府于 20 世纪 80 年代初推出的实物支付计划。
根据该计划，政府以国有农业商品支付给因耕种面积减少而造成经济损失的
农民。旨在减少库存的谷物、大米和棉花，稳定市场价格和降低政府仓储成
本。）的故事，当时美国政府为了减少一些农产物的储量，决定向同意减少农

田的农民支付一定的农业商品。

> 罗彻斯特，明尼苏达——乔·汤普森的农场上，玉米已经堆成
> 山了。这都是最近两年丰收的玉米——足足有 27 万蒲式耳，足够全
> 国人民吃上两个星期的玉米薄饼。但是政府还想给他更多的。

这样的描写非常简单，但是却完美反映了 PIK 计划的现状，不需要做任何解释说明，就把事例和主题连接在了一起。导语还同时抛给了读者一个谜团，为什么还要给更多呢？作者会在后面解释什么是 PIK 计划，这样谜团就自然解开了。

（2）与主题表达方向一致。

在一篇关于迈阿密的古巴人居住区小哈瓦那的故事中，作者在导语中描写了一位老人，他知道这位老人被称为"拿着画像的老人"，因为他走到哪里，都带着一副古巴独裁者巴提斯塔的画像，这位独裁者后来被卡斯特罗取代。在导语里，抱着画像的老人正在咖啡馆里，滔滔不绝地讲述着革命之前古巴的繁华生活。

这段素描式的描写非常棒，既有号召力，又有感染力。如果这篇故事讲的是那些背井离乡的古巴人，在经历了这么多年后，依然在精神上对家乡恋恋不忘，希望回家的话，这将是一个非常好的导语。

但是恰恰相反，这篇故事讲的是迈阿密的古巴人如何开始切断他们与故乡的情感纽带。他们已经放弃了回家的可能性，开始申请成为美国公民，并且积极参政议政。导语的内容和故事的主题完全是自相矛盾的。

这时，导语中的骗局被揭穿，观众的心理期待发生了 180 度的大转弯。他们不喜欢这样。谁也不喜欢被误导。在这种情况下，导语中那位拿着画像的老人，最好作为一个客观元素放到范围板块中去（说明在有些古巴人心中，回家的渴望依然是强烈的）；也可以把这位老人放到故事的结尾里去，让整个故事在结尾处产生一种出乎意料的感觉。

（3）有内在的趣味性：只有精彩的生活片段才能让导语光彩照人。

如果导语中的人物本身很无趣，或者事件根本没有意思的话，只能是画蛇添足，效果还不如一条普通的导语。至少后者能够让读者快速地进入到故

事主体中去，而不是在毫无意义的事情上绕圈子，就像下面这条导语一样：

埃斯特维勒，艾奥瓦——当约翰·莫雷尔公司宣布将在 11 月关闭这里的牛肉加工厂时，"每个人都很着急。"迪恩·汉森说，他已经在这里宰了 25 年的牛，切了 25 年的牛肉了。

典型的废话型导语。引语非常普通，完全是意料之中的，整个段落的语言单调乏味。汉森的观点，缺乏能够激发读者内在兴趣的元素，而这正是举例式导语所必需的。

报纸上有许多这样的废话型导语。如果说有一部分记者热衷于在文章中使用相反的例子，那么更多的记者热衷于在导语中使用没用的例子，他们以为只要有人物出现，就能够化腐朽为神奇，把青蛙变成王子。事实从来不是这样。如果拿不出一个充满活力的导语，最好还是选择一个普通的导语。

（4）有焦点：被导语中的描述所吸引的读者，会期待导语中的内容与故事的主体有密切关系。

在通常情况下，导语中选择的事例都应该反映出故事主题的某个方面。因为导语实际上是为整个故事设定的基调，被导语中的描述所吸引的读者，会期望导语中的内容与故事的主题有密切关系。如果你摆放在导语中的事例，和故事的主题毫无关系，或者关系不大，读者完全可以指责你在导语中故弄玄虚，挂羊头卖狗肉。

反过来，如果导语中的事例选自故事的关键部分，而且很快就在后面得到了重点强调，读者会有一种导语中的承诺终于兑现的感觉。在那篇有关耕地减少的故事中，导语中描写了番茄种植者斯特拉诺和他失去的土地，然后迅速把这个问题扩大到整个戴德镇，并且在主题陈述前后，把这个问题扩展到国家层面。导语告诉了读者，"范围"是这个故事中要强调的板块，紧接下来的内容也证实了这一点。

不过，什么事情都不能走极端，要灵活对待。如果你从故事的关键部分中选不出非常好的例子，而其他部分又刚好有一个非常动人鲜活的小片段，并且这个片段能够很顺利地引出你的主题陈述，那你还等什么呢？当然要用在导语里。如果一条导语遵守了所有的原则，但依然像白开水一样平淡，这条导语就犯了一个最致命的错误：它对读者没有吸引力。

不管怎样，一定要有焦点，一定要有突出的东西。不要把你的导语变成水果沙拉，这种导语往往是把各个部分里的细节和有趣的片段都汇集在一起，堆成满满的一盘，在一个混乱的段落里呈现给读者。下面的导语就是一个典型。这是我多年前看到的，原作已经找不到了，但是我记得十分清楚，除了个别名称有所改动：

> 亚的斯亚贝巴，埃塞俄比亚——从玻璃建筑高耸入云的现代首都出发，来到最现代的新机场搭乘飞机，穿过埃塞俄比亚高原贫瘠的土地，进入西南部绵延起伏的山区，就到了布吉乌吉部落的帐篷前，部族长老阿布布鲁每天早上起来，都会到帐篷前的平地上小便，借此测试风向……

这当然是一个有趣的段落，但不是导语。从首都到高原，到山区，到部落，内容很丰富，但我们还是不知道这篇文章究竟要说什么。我们只知道这是在埃塞俄比亚，而这一点信息是远远不够的。

以上，就是我们为一条优秀的举例式或趣闻式导语列出的必要条件，这一系列的条件也许会让许多作者望而生畏。考虑一下，还是首选概括型导语或总结型导语吧。这样的导语相对简单，而且能够更快地把读者带入到故事主体中去。下面这条导语就非常直接，这个故事讲的是电脑在商业交易中的广泛使用所带来的问题：

> 电脑来了——紧跟而来的，是骗子。

仅仅用了 12 个字，作者就点明了他的故事主题，并暗示了"电脑"和"骗子"这二者之间有关系，这种神秘感吸引读者继续看下面的故事。在接下来的几句话中，我们了解到电脑在商业交易中被广泛使用，但同时也可能导致更多的盗用资金以及其他类型的欺诈行为。

概括型导语也可以包括重要的焦点和人物。但是通常情况下，在作者掌握的材料中，这种够分量的材料也不多。如果他在导语里说得太多，故事的主体就会显得缺少描述，变得不可信、没有分量。

其实，写好一条概括型的导语，也绝非易事。这样的导语必须对故事的各部分进行简单概括，但是作者如何能够把这样的概括变得有趣、吸引人呢？悬念又从哪里来？

正如我们前面所言，当作者正在用左半边大脑撰写故事的主体部分时，这样的灵感很可能从右半边大脑里突然蹦出。如果灵感没有蹦出，作者可以在完成故事的主体部分后，再来重新组装故事的主题陈述，从中挖掘出一条概括性导语。

在这样做的时候，作者可以选择一种比主题陈述更加轻松、更具戏剧性的语气来撰写导语。同时，他的导语中可以省略主题陈述中的一个或多个重要元素，为故事制造一种神秘气氛，吸引读者的阅读兴趣。他实际上是把主题陈述包装成了一条概括性导语。我在撰写下面这篇文章时，虽没有出现灵光闪现的瞬间，但还是从主题陈述中挖出了我的导语：

> 麦克道尔堡，亚利桑那州——360名亚瓦派印第安人生活在狭小的保护区里，他们的祖先曾经在亚利桑那州1000万英亩的土地上驰骋。如今，他们终于第一次打赢了与白人的官司。这个白人想往印第安人的口袋里送上3300万美元，但那些印第安人却叫他滚开。
>
> 这笔钱是为了购买亚瓦派部族的一块沙漠，因为计划修建的欧姆水坝将淹没这片沙漠。欧姆水坝是耗资10亿美元的联邦水利计划中最关键的项目，整个亚利桑那州的政界和商界已经为这项耗资巨大的项目蠢蠢欲动13年了。但是这座建立在索尔特河与佛得河交汇处的巨型水坝，将淹没1.7万英亩亚瓦派部族的土地，而该部族拥有的土地总面积也只有2.5万英亩，这意味着整个部族不得不迁移到其他地方去。
>
> 于是，在1968年修建水坝的提案被通过时并没有提出任何异议的亚瓦派人，决定发起最后的抵抗。他们到国会去游说，在首都华盛顿发动了名为"泪迹斑斑"的游行活动，并且在公共场合把巴里·戈德华特议员团团围住。"这是我们最后的家园，"部族长老诺曼·奥斯汀说，"我们已经在这片土地上生活了那么多年，我们不想去其他地方。"

政府让步

政府当然可以没收这片土地，支付给亚瓦派人一定的土地征用费用，然后把他们的请求抛到一边。但是面对亚瓦派人"千金不换"的坚决态度，面对公众对亚瓦派人不断增长的同情心，面对印第安人和他们的环保盟友们（水坝将淹没佛得河两岸的居住地，淹没秃鹰的栖息地，并破坏考古遗址）提起的法律诉讼，那些支持修建水坝的人，最终选择了投降。

现在，多数支持修建水坝的人决定另辟蹊径，他们选择了一个不会影响亚瓦派人居住地的替换方案。最后的决定将由内政部长詹姆斯·沃特做出，而他已经在非正式场合里表达了对替换方案的支持。尽管官方的最后决定要等到环境影响报告出台后才能公布，但是公众普遍认为，原来的欧姆水坝项目已经胎死腹中。

"真是太神奇了。"劳伦斯·阿肯布雷纳说，他是美洲原住民权利组织的律师。他帮助亚瓦派人取得了斗争的胜利。律师说："许多好心人告诉亚瓦派人，他们是在回避现实，如果他们愿意和政府谈判，他们可以好好赚上一笔。3300万美元仅仅是暂定的补偿额度，实际上还可能给得更多。但是，亚瓦派人用他们的行动为其他部族树立了榜样，他们现在可以大声地说：'苍天在上，只要我们团结在一起，只要我们不放弃，我们就可以取得胜利。'"

现在，在群山环绕的索诺拉沙漠上，印第安人们正在奔走庆祝，因为他们没有接受山姆大叔的钱。一个月之前，当沃特部长青睐修改方案的消息传来时，一些老人喜极而泣。"我在这里停下来大声抽泣，我的女儿说：'你怎么啦？病了吗？'"73岁的贝西·迈克回忆说，她是一位编织工匠，会编各种各样的篮子。

贝西身材矮小，穿着一身印花服装，坐在屋前的一棵树下。旁边是她的小屋，一间用炉渣砖砌成的淡紫色小屋。一辆顺风公司出产的复仇女神小轿车刚刚消失在远处的沙漠里。她刚刚收到了1100

美元，这是 4 个月来她编篮子换来的收入。她为什么不愿意要 10 万美元呢？她为什么不愿卖掉土地呢？"这是我们的地方。"回答就这么简单。

并非所有的亚瓦派人都反对修建水坝。米歇尔·格雷罗没有住在保护区里，他住在梅瑟市。他曾经公开批评部族的决定，他认为出售土地换来的巨款对于改善部族的生活水平和教育水平有不可估量的作用。许多白人也因为同样的原因，觉得部族的决定是不可思议的，"想想看，他们有了这些钱可以做多少事情"。

但是一些亚瓦派人却兴高采烈地说，即便他们拿到了这笔钱，也很可能会把大部分钱浪费在狂欢上。这样的事情的确发生过。70年代中期，该部族曾经通过出售土地权换来了 510 万美元，有一位亚瓦派人从中获得了 1500 美元。他用这笔钱购买了全套西部牛仔的豪华装备，包括一双红色皮靴，然后开始和朋友们喝酒狂欢，并答应借钱给那些讨好他的人。第二天早上醒来，他已经身无分文，身上的东西都不见了，连那双皮靴也没了。

所以，对于亚瓦派人而言，白人的钱就像冰块一样，转眼就会化掉，只有土地才是真正的钻石。在亚瓦派人充满对抗性的血液中，对土地有一种深厚而神秘的感情，这是一种许多白人都无法理解的情结。5 年前，部族曾经就土地的出售问题举行投票表决，144 人投票要求保留土地，57 人投票要求出售土地。这 57 人中大部分都居住在保护区之外的地方。现在，要想在麦克道尔堡找到那些投票赞成出售土地的人已经很难了。

和其他部族一样，亚瓦派人对土地也采取共同管理的策略，而不是把土地划分给个人。他们把土地视作他们的信仰和文化中不可分割的一部分。"土地不应该归属于人——人是属于土地的。"弗吉尼亚·莫特说，他是水坝工程的公开反对者。

眼下，部族的信仰和文化正在被忽视，而且因为白人文化的影响而慢慢淡化。亚瓦派族的语言已经到了濒临灭绝的境界，部族里最后一名巫师也过世了，只有那些老人还知道古老的信仰和习俗。还好在土地的问题上，亚瓦派人依然坚守传统的信仰，所以哪怕仅仅是淹没土地的想法，也是对土地的一种亵渎。

光荣牺牲

在亚瓦派保护区里，有些地方被巫师规定为神圣不可侵犯的圣地，基地就是其中之一。亚瓦派族的墓地是一个个整洁的小土包。所有的坟墓都整齐地面向一个方向，那是神山的方向，神山的名字叫"四峰山"。在亚瓦派人看来，逝者依然是部族的一部分，打扰他们的休息将会为整个部族带来厄运。有一座坟墓埋葬着伟大的卡洛斯·蒙特祖玛，这位亚瓦派族的医生，是印第安人的代言人，他一生都在为广大印第安人的利益四处奔波，直到 1923 年去世。他曾经预言，有一天白人将要修建水坝，淹没亚瓦派人的保护区。"白人们个头高大，能够高瞻远瞩，"他写道，"他们能够看到很多年以后的事情。"

圣地还包括了亚瓦派族的保护神和守护者居住的地方。在亚瓦派族的传统中，他们受到一群精灵的保护。这些身高一米左右的精灵，居住在四峰山、迷信山和红山里面，还有亚瓦派人不敢靠近的麦克道尔堡废墟里。用大水冲走这些精灵？想都不敢想。

除了本身对土地的敬畏外，还有一些历史上的原因，让亚瓦派人对于白人的承诺总是非常怀疑。19 世纪 60 年代，美国骑兵向他们许诺，如果他们搬到部队的兵营附近居住，他们将获得食物、衣服和土地，结果他们得到的是饥饿和天花。不仅如此，因为被安排和好战的阿帕契人住在一起（现在还有人称他们为"莫哈维－阿帕契人"，尽管两个部族使用的语言完全不同），他们的许多族人惨遭屠杀。

建立保护区

当亚瓦派人再次聚集到规定属于他们的土地上后，白人又一次欺骗他们，把他们赶到了180英里以外阿帕契人的保护区去，许多人都在途中死去。1903年，亚瓦派人终于在这里建立了他们自己的保护区，从此以后，他们就再也没有离开过这片土地。尽管曾经有人威胁说，要把他们搬到索尔特河保护区附近，和他们祖祖辈辈的对手——比马人住在一起。

这就是为什么，他们对于白人的许诺都非常谨慎，在水坝事件中也是一样。白人们为了修建水坝，曾经许诺亚瓦派人，如果水坝建成，他们可以在人工湖里划船和钓鱼。其实亚瓦派人讨厌钓鱼，也不喜欢平静的水面。但是更让他们气愤的是，最近他们才知道，由于水面落差的关系，多数时间里所谓的人工湖都将是一片泥地，印第安人拥有的码头，将是全美独一无二的旱地码头。

尽管这次他们在欧姆水坝的战斗中取得了胜利，但是不论是亚瓦派人，还是他们的盟友，对于他们能否从此过上平静的生活，都没有太多信心。卡罗莱娜·巴特勒是一位活跃的白人主妇，来自斯科特斯德市。她从一开始就在帮助亚瓦派人。她希望建立法律来保护弱小的印第安部落，不让他们的家园被这种大型工程破坏掉。亚瓦派人菲尔·多切斯特在得知菲尼克斯和斯科特斯德的水井都被化学物质污染了以后，绝望地说："迟早他们会到这里来，从佛得河里获得更多的水。他们只能这么做。"

年轻人应该保持警惕。"我现在是个废人，"77岁的约翰·威廉姆斯坐在轮椅上指了指自己没用的双腿，"但是我会告诉那些年轻人：上苍为他的人民造就了这片土地，不要把它卖掉，不要把它借给别人，把它一代一代传下去。这也是我的父亲亲口对我说的。"

故事的导语在第一句话中就告诉了读者，亚瓦派部族现在是一个很小的部族，他们已经被历史上著名的白人扩张运动挤到了墙角，濒临灭绝。作者强调了亚瓦派人现在的数量，这个数字正好和后面出现的土地赔偿金额形成了对比，用人数的稀少衬托出赔偿金的可观。导语的第二句话，揭示了整个故事的转折点：印第安人，一直以来的失败者，终于有了一次战胜白人的机会。最后一句话是对整个故事内容的粗线条勾画。

基本上，整个导语就是我在开始准备这个故事时制定的主题陈述，只不过我有意省略了几项内容：为什么会给3300万美元，要买什么？还有最令人疑惑的问题，印第安人为什么会拒绝这么一大笔钱，一笔足够让保护区里的每个人都脱贫致富的钱。正是这个在导语中没有被说明的动机，吸引着读者要继续读下去，为他们心中的"为什么"找到答案。

还有些导语留给读者的疑惑不是"为什么"，而是"如何"。在这样的导语中，读者可以知道故事的大致内容，但不会知道具体的过程和行动，这些内容只能在后面的故事中找到。这个小小的疑惑已经足够吸引读者。下面这个故事很简单，讲的是一种职业，从事这项职业的人的工作就是告诉别人如何寻找快乐。让我们来看看故事的导语：

　　洛杉矶——如果你不知道该如何打发空闲的时间，你可能会用一部分时间去思考剩下的时间该去做些什么。如果你愿意付出一笔小小的费用，就会有一位休闲顾问给你解决烦恼。

导语已经告诉我们这个故事要讲些什么，但是休闲顾问具体做些什么，我们不知道。作者正是依靠这项职业的独特性来吸引读者的好奇心，他在导语中非常小心，尽量不去解释这项工作的具体内容。

这个导语已经很不错，但是我们还能让它变得更好。如果能换成下面这条，神秘感就会更浓。

　　洛杉矶——如果你不知道该如何打发空闲的时间，你可能要花上一些时间去听一位新出现的专家来告诉你该如何使用剩余的时间。

　　不过，记得带钱。

这条导语不仅模糊了"如何"的问题，同时也给这位专家蒙上了一层神秘面纱。

参考书目

1.［美］威廉·E.布隆代尔.《华尔街日报》是如何讲故事的［M］.徐扬，译.北京：华夏出版社，2009.

2.［美］杰里施瓦茨.如何成为顶级记者——美联社新闻报道手册［M］.曹俊，王蕊，译.北京：中央编译出版社，2003.

3. 邓兴军.升学热点面对面［M］.北京：经济科学出版社，2009.

4. 刘保全.新闻标题制作技巧百家谈［M］.北京：石油工业出版社，2011.

5.［英］卡罗尔·里奇.新闻写作与报道训练教程［M］.钟新主，译.北京：中国人民大学出版社，2004.

致　谢

从起笔到完稿，历时长达 10 年，终于完成《新闻采写有诀窍——从获奖作品探讨新闻采访与写作技巧》，需要感谢很多人。希望这本书的出版，他们满意，读者获益。

首先要感谢的是《新闻与写作》副主编李进和中国传媒大学博士生导师方毅华教授。10 年前一次闲聊，时任《新闻与写作》编辑部主任的李进听说我得了 4 次中国新闻奖、4 次北京新闻奖，还得过其他各类新闻奖几十次，他建议我写一篇总结性文章刊登在《新闻与写作》，题目就叫《从获奖作品探讨新闻采访与写作秘籍》。2020 年，方毅华教授邀请我给中国传媒大学新闻专业本科和硕士新生做一次 3 小时的专业讲座，她说就讲你获奖作品的采访与写作经验。我认真地准备了一个月，做了《从获奖作品探讨新闻采访与写作秘籍》的讲座。

其次要感谢的是北京青年报。我在那里从事新闻采访与编辑工作长达 10 多年，我也由一名青涩的新闻人成长为北京最有名的记者之一，主要得益于北京青年报锐意改革创新的浓烈氛围，以及"哪里有新闻哪里就有我们"的职业追求，使得我入社后持续近十年新闻获奖不断，获得了中国新闻奖、北京新闻奖，以及其他各类新闻奖总计数十个。在北京青年报工作的十多年，我也充分体验到了作为新闻人的骄傲与自豪。

还要感谢教育领域众多的领导、校长和老师们。我担任记者时，他们在教育领域的改革与创新、探索与实践，给我的新闻创作提供了取之不尽的源泉，让我在记录教育时代改革的同时，也创作出了很多优秀的新闻作品。我担任总编时，主导进行的新闻采编改革，得到了他们的肯定与鼓励。让我完整地体验了新闻职业的全行当——采访、编辑、策划、经营、管理、继承、创新等，并都取得了良好的成绩。

最后要感谢国家新闻出版总署马力海、中国文联出版社柏松两位老师。当我写完一个章节征求他们意见时，他们给予了高度肯定。因为他们的肯定，我才有了强劲动力完成整本书的写作。

这本书的完成，很多人都给予了帮助，包括新闻前辈章宗栋、中国新闻奖获得者李哲勇、北京城市学院院长刘林等，一并表示感谢。

邓兴军于北京

2023 年 6 月